长期经济发展视角下的
创新与结构变迁

——一个政治经济学的分析框架

郝 璐 ◎ 著

中国财经出版传媒集团
经济科学出版社
Economic Science Press

图书在版编目（CIP）数据

长期经济发展视角下的创新与结构变迁：一个政治经济学的分析框架／郝璐著．—北京：经济科学出版社，2021.11

ISBN 978-7-5218-3073-6

Ⅰ.①长⋯　Ⅱ.①郝⋯　Ⅲ.①技术革新-关系-经济发展-研究　Ⅳ.①F062.4

中国版本图书馆 CIP 数据核字（2021）第 232862 号

责任编辑：张　蕾
责任校对：齐　杰
责任印制：王世伟

长期经济发展视角下的创新与结构变迁
——一个政治经济学的分析框架
CHANGQI JINGJI FAZHAN SHIJIAOXIA DE CHUANGXIN YU JIEGOU BIANQIAN
——YIGE ZHENGZHIJINGJIXUE DE FENXI KUANGJIA
郝　璐　著
经济科学出版社出版、发行　新华书店经销
社址：北京市海淀区阜成路甲 28 号　邮编：100142
编辑工作室电话：010-88191375　发行部电话：010-88191522
网址：www.esp.com.cn
电子邮箱：esp@esp.com.cn
天猫网店：经济科学出版社旗舰店
网址：http://jjkxcbs.tmall.com
北京季蜂印刷有限公司印装
710×1000　16 开　14.5 印张　240000 字
2021 年 12 月第 1 版　2021 年 12 月第 1 次印刷
ISBN 978-7-5218-3073-6　定价：95.00 元
（图书出现印装问题，本社负责调换。电话：010-88191510）
（版权所有　侵权必究　打击盗版　举报热线：010-88191661
QQ：2242791300　营销中心电话：010-88191537
电子邮箱：dbts@esp.com.cn）

前　言

创新问题是新时代、新形势下关系我国前途命运的重大问题。党的十九大报告指出，"创新是引领发展的第一动力，是建设现代化体系的战略支撑"，这表明以习近平同志为核心的党中央把创新提到了前所未有的高度，创新成为习近平新时代中国特色社会主义思想的重要内容。

2011年，中国GDP规模越过日本成为世界第二大经济体后，《华尔街日报》曾发文宣称，这一消息标志着一个时代的结束。但是，这种偏重增长的发展模式建立在大量物质要素投入的基础上，中国经济在创造了所谓"增长奇迹"的同时，也在持续的高速增长中积累了很多问题。尤其是2008年金融危机之后，中国政府为了应对世界经济低迷为我国带来的经济下行压力，实施了反周期的4万亿刺激计划，进一步加剧了我国经济发展过程中长期性结构不合理现象。2014年11月，习近平总书记在APEC工商领导人峰会上发表《谋求持久发展　共筑亚太梦想》的主旨演讲，提出中国经济呈现出增速放缓、结构升级、动力转换等几个主要特点。面临国内需求和国外需求急剧收缩挤压的复杂困境，习近平总书记在2015年中央经济工作会议上进一步强调，要推进供给侧结构性改革，以适应和引领经济发展新常态。从供给侧入手，根本上改革结构性因素和转变经济发展方式，特别是从科技和管理创新中寻求新突破，从创新中寻找经济增长动力。自此，创新和结构调整再次成为全社会各个领域的关注焦点。创新既是我国当前经济发展的形势所迫，也是面向未来、实现中华民族伟大复兴和"两个一百年"奋斗目标必由之路。那么，我们应该如何理解驱动经济发展的创新？如果创新可以作为结构性改革和长期经济发展的驱动力，那么这一动力是如何发挥作用的？创新与经济结构之间存在怎样的关系，从而驱动社会经济发展？这些问题归结如下：一是就经济发展而言，有必要摆脱传统增长要素理论的束缚，从创新的角度来解读包含结构变化在内的经济发展，而非仅限于增长；二是就创新研究而言，要揭示创新如何驱动发展的内在机理，就必须在现有创新理论研究成果的基础上，进一步考察创新、结构变迁与经济发展之间的动态关系。

本书在社会经济发展的历史进程中，系统考察创新与结构变迁之间的相互作用机制，采用马克思主义政治经济学的分析方法，在演化经济学创新理论和技术-经济范式理论的基础上，尝试构建一个包含创新系统和结构变迁的经济发展模型，以揭示社会经济是如何在创新与结构变迁中实现发展的。全书共分为六章：**第一章 导论** 从我国当前经济发展困境和现实中引出本书创新、结构变迁和经济发展的主题，然后通过对经济学创新理论的简要回顾介绍本研究开展的理论背景和研究价值，并根据创新和经济发展问题的特殊性选择适当的研究方法进行论述，最后介绍本书的研究思路和框架。**第二章 经济学研究中的创新** 主要介绍马克思的创新思想、熊彼特的创新发展理论，以及二战后创新理论的发展，主要包括基于技术创新的现代经济增长理论、制度创新理论、演化经济学的创新理论和"新熊彼特"创新理论，在新熊彼特创新理论中主要选择后期发展形成的技术经济范式理论、技术和制度共同演化理论和国家创新系统理论分别进行介绍并加以评述。**第三章 创新、结构变迁与经济发展——一个理论框架** 由于现有经济学创新理论在解释创新、结构变迁和经济发展上存在局限性，本章借鉴马克思的分析框架和方法，在全面阐释包含制度创新、科技创新、组织结构创新、产品创新等多种创新形式的创新系统基础上，尝试构建一个创新、结构变迁和经济发展的理论框架，解释创新系统与产业结构、就业结构、阶层结构等社会经济结构变迁之间的互动过程——如何从制度创新到科技创新和组织管理创新，科技创新和组织结构创新如何与产业结构、就业结构变迁之间相互作用，就业结构、阶层结构变迁又如何推动制度创新，从而形成一个创新驱动经济发展的理论循环。**第四章 工业革命前后的英国社会** 在第三章的理论框架之下分析工业革命前后英国社会的创新、结构变迁与经济发展，检验本书所提出的从阶层结构变迁开始，由此所产生的一系列制度创新、在社会资本作用下的科技创新、技术创新与组织管理创新的共同发展，以及由各种创新形式所推动的结构变迁和经济发展。**第五章 第二次工业革命前后的美国与世界** 在美国这一阶段的历史发展中再次检验本书所提出的创新、结构变迁和经济发展机制。

不同的是，第二次工业革命时期相较工业革命时期的英国而言，科学与技术更加紧密地结合，组织管理上的变革也更为突出，而且美国特殊的国家政权结构也对美国自身以及世界格局产生了深刻影响。因此，本章的结构与第四章略有不同，但分析的理论框架并未受到影响。**第六章 新一轮工业革命下中国的创新发展** 回到中国创新发展的出发点，在阐述新一轮工业革命对社会经济领域产生广泛影响的基础上，分析新一轮工业革命和世界格局调整背景下，中国如何凭借自身的国家权力优势应对机遇和挑战，通过全方位的创新布局和引导结构变迁，不断推动经济高质量发展和全球治理重构。

目 录
Contents

第1章 导论 ……………………………………………………（1）
  1.1 问题的提出 ……………………………………………（1）
  1.2 理论背景 ………………………………………………（2）
  1.3 研究方法 ………………………………………………（7）
  1.4 研究思路与框架 ………………………………………（12）
  1.5 可能的创新之处 ………………………………………（13）

第2章 经济学研究中的创新 …………………………………（15）
  2.1 马克思的创新思想 ……………………………………（15）
  2.2 熊彼特的创新发展理论 ………………………………（27）
  2.3 熊彼特之后的主要创新理论 …………………………（38）

第3章 创新、结构变迁与经济发展——一个理论框架 ……（61）
  3.1 相关概念辨析与内涵界定 ……………………………（61）
  3.2 创新系统与社会经济结构变迁的互动机制 …………（79）
  3.3 创新与社会经济结构变迁——一个发展的理论框架 ……（87）

第4章 工业革命前后的英国社会 ……………………………（90）
  4.1 工业革命前的阶层结构变化与制度创新 ……………（90）
  4.2 科学创新与社会资本 …………………………………（101）
  4.3 技术、组织管理创新与经济结构变迁 ………………（105）
  4.4 新起点上的阶层结构与国家权力结构变化 …………（113）
  4.5 小结 ……………………………………………………（119）

第5章 第二次工业革命前后的美国与世界 (121)

5.1 工业资产阶级的成长与制度创新 (121)

5.2 科技创新与社会资本 (133)

5.3 组织管理创新与结构变迁 (143)

5.4 金融寡头与国家政权 (160)

5.5 小结 (172)

第6章 新一轮工业革命下中国的创新发展 (175)

6.1 新一轮工业革命概述 (176)

6.2 "大变局"时代的机遇与挑战 (181)

6.3 创新发展与结构变迁 (187)

6.4 小结 (198)

总结与展望 (200)

主要参考文献 (204)

第1章
导　论

1.1　问题的提出

2011年，中国GDP规模超过日本成为世界第二大经济体后，《华尔街日报》曾发文宣称，这一消息标志着一个时代的结束。但是，这种偏重增长的发展模式建立在大量物质要素投入的基础上，中国经济在创造了所谓"增长奇迹"的同时，也在持续的高速增长中积累了很多问题。尤其是2008年金融危机之后，中国政府为了应对世界经济低迷为我国带来的经济下行压力，实施了反周期的4万亿刺激计划，进一步加剧了我国经济发展过程中长期性结构不合理现象。

2014年11月，习近平总书记在APEC工商领导人峰会上发表《谋求持久发展　共筑亚太梦想》的主旨演讲，提出中国经济呈现出增速放缓、结构升级、动力转换等几个主要特点。面临国内需求和国外需求急剧收缩挤压的复杂困境，习近平总书记在2015年中央经济工作会议上进一步强调，要推进供给侧结构性改革，以适应和引领经济发展新常态。从供给侧入手，根本上改革结构性因素和转变经济发展方式，特别是从科技和管理创新中寻求新突破，从创新中寻找经济增长动力。自此，创新和结构调整再次成为全社会各个领域的关注焦点[1]。创新既是我国当前经济发展的形势所迫，也是面向未来、实现中华民族伟大复兴和"两个一百年"奋斗目标必由之路。

当前，世界正经历新一轮的工业革命浪潮。新熊彼特学派的代表人物卡萝塔·佩蕾丝在其著作《技术革命与金融资本》一书中写道，"这些在方向

---

[1]　根据学术统计分析，2016~2019年，关于"创新、经济结构、经济发展"研究的图书、期刊、学位论文数量呈明显增加态势。

上发生的变化也可能是便于新来者利用的时期。一次范式的转变为追赶和赶超打开了必要的机遇之窗,尽管跑在前边的人也在进行学习"①。回顾世界近代史,工业革命的发生在为社会经济生产生活的各个方面带来深刻变革的同时,也必然伴随着经济结构的调整和发展方式的转变,为各国发展和后发国家实现赶超创造了难得的机遇。纺织、煤炭、钢铁等工业的发展使英国在第一次工业革命中独领风骚,率先从农业社会进入工业社会;而美国和德国则抓住了以电力、石油、汽车等为标志的第二次工业革命机遇,由第一次工业革命的追随者转变为第二次工业革命的领跑者,实现了快速崛起,世界格局也随之而变。新一轮工业革命浪潮为各国带来了巨大的发展机遇,如何抓住机遇、通过创新实现社会经济的跨越式发展,开拓新的全球治理格局,是新时代向中国提出的巨大挑战。

在这样的时代和现实背景下,需要我们从创新和结构变迁的角度重新理解发展。如果创新可以作为结构性改革和长期经济发展的驱动力,那么这一动力是如何发挥作用的?创新与经济结构之间存在怎样的关系,从而驱动社会经济发展?这些问题归结如下:一是就经济发展而言,有必要摆脱传统增长要素理论的束缚,从创新的角度来解读包含结构变化在内的经济发展,而非仅限于增长;二是就创新研究而言,要揭示创新如何驱动发展的内在机理,就必须在现有创新理论研究成果的基础上,进一步考察创新、结构变迁与经济发展之间的动态关系。这是当前现实发展为我们提出的理论课题。

1.2 理论背景

经济学中的创新思想由来已久。从亚当·斯密开始,创新思想就暗含于关于"国民财富增长"② 问题的研究中,马克思的创新思想更是贯穿其对资

---

① [英]卡萝塔·佩蕾丝. 技术革命与金融资本——泡沫与黄金时代的动力学 [M]. 北京:中国人民大学出版社,2007:25.

② 这里的"国民财富增长"指代广义的经济发展,区别于发展经济学侧重指发展中国家经济发展问题和罗伯特·索洛等研究中的经济增长。为避免不必要的混淆和歧义,故而此处引用《国富论》原作中的用语。

本主义生产方式（包括生产力和生产关系两个方面）的考察分析，体现社会经济结构变迁和整体进步的辩证视角。1912年，熊彼特在其著作《经济发展理论》一书中正式提出和系统阐述了其创新思想，经济学创新理论由此正式确立。此后，新古典学派、新熊彼特学派、新制度学派、演化经济理论和国家创新系统理论等都从不同的侧面研究了经济中的创新问题，极大地丰富了经济学创新理论。

斯密的创新思想主要蕴含在社会分工有助于劳动生产率提高的分析中。他指出，"有用劳动的生产力"改进取决于劳动者工作所用机械的改进和劳动者自身能力的改进两个方面[①]，并且提到"新的专家阶层是一群勤于思索的人，他们利用知识为经济生产做出重要贡献"[②]。这些论述暗含了技术创新和知识创新的思想，虽未明确提到"创新"，但已充分体现出创新可能对劳动生产率提高和"国民财富增长"的促进作用。

马克思的创新思想寓于生产力和生产关系辩证分析中，内涵更为丰富，也更具系统性。主要体现在以下几个方面：首先，重视科学技术在生产中应用，认为"劳动生产力是随着科学和技术的不断进步而不断发展的"[③]，科技创新可以极大地推动社会生产力发展。"任何一项重大发明或迟或早地总会被应用于生产领域，转化为现实的生产力"[④]，"科学技术的不断进步，对于整个产品的商业化起着重要的支撑作用，从而不断推动整个社会的发展"[⑤]。其次，技术创新在推动生产力发展的同时，也会引起生产关系的变革。"现代工业通过机器、化学过程和其他方法，使工人的职能和劳动过程的社会结合不断地随着生产的技术基础发生变革。这样，它也不断地使社会内部的分工发生革命，不断地把大量资本和大批工人从一个生产部门投到另一个生产部门"[⑥]。技术创新促进社会分工和生产力发展的过程，也伴随着生产关系的变化，这种变化从生产力开始，逐渐蔓延到组织结构和社会关系中。"一

---

① 亚当·斯密. 国民财富的性质和原因的研究（上卷）[M]. 北京：商务印书馆，1988：243.
② 亚当·斯密. 国民财富的性质和原因的研究（下卷）[M]. 北京：商务印书馆，1988：43.
③ 马克思. 资本论（第一卷）[M]. 北京：人民出版社，1972：505.
④ 马克思. 资本论（第一卷）[M]. 北京：人民出版社，1972：97.
⑤ 马克思. 资本论（第一卷）[M]. 北京：人民出版社，1972：226.
⑥ 马克思恩格斯全集（第二十三卷）[M]. 北京：人民出版社，1972：533-534.

旦生产力发生了革命——这一革命表现在工艺技术方面——，生产关系也就会发生革命"①，也就推动了社会经济整体的变迁。第三，生产力的发展不仅需要技术创新，而且需要相应的社会制度环境作保证，"必须变革劳动过程的技术条件和社会条件，从而变革生产方式本身，以提高劳动生产力"②；而制度的变化对技术创新同样具有反作用，工厂立法"通过对工作日的限制和规定所造成的对技术的巨大刺激"③。由此可见，马克思的创新思想不仅涉及科学创新、技术创新、产品创新、组织创新、制度创新等多种创新形式，还揭示出创新与生产力发展、社会经济结构变化、制度变迁等社会经济整体发展各要素之间的关系，是对创新与经济发展辩证的、系统的分析。

熊彼特创造性地从创新的角度解读经济发展和经济周期，将"创新"视作一种发生在生产要素和生产条件组合中的"生产函数"变化，这种变化不断把生产要素和生产条件的"新组合"引入企业生产系统，而企业家则是"新组合"的引进者和执行者。新组合具体包括五种情况：①采用一种新的产品（消费者还不熟悉的产品，或一种产品的新特性）；②采用一种新的生产方法；③开辟一个新的市场；④控制原材料或半成品的新供应来源；⑤实现任何一种工业的新组织。"新组合"在生产过程中的运用会产生巨大的经济增长价值，但经济增长并不是单纯地由增加劳动力和自然资源的投入而引发的。单纯的资源投入"像在自然数据中的变化一样"，并没有引发质上的新现象，因而不能被称为经济学意义的发展，只有执行了"新组合"带来的经济增长，才能被称为发展。④在其后出版的《资本主义、社会主义和民主主义》一书中，熊彼特进一步深化了创新发展理论，强调了技术创新和垄断企业在创新中的作用。由此可知，熊彼特意义上的创新虽包含科技创新、市场创新、组织创新、产品创新⑤等多种创新形式，其理论分析框架很大程度上

---

① 马克思恩格斯文集（第八卷）[M]．北京：人民出版社，2009：341．
② 马克思恩格斯全集（第二十三卷）[M]．北京：人民出版社，1972：350．
③ 马克思恩格斯文集（第五卷）[M]．北京：人民出版社，2009：576．
④ 参见：[美] 约瑟夫·熊比特．经济发展理论——对于利润、资本、信贷、利息和经济周期的考察[M]．北京：商务印书馆，1990：73–74．
⑤ 熊彼特意义上的"产品创新"与马克思的"产品创新"不同，马克思的"产品创新"主要偏向新产业/新部门的兴起，而熊彼特"采用一种新的产品"则偏重市场上新产品的出现。

继承了马克思对资本主义的分析，发展了由创新驱动的动态经济发展理论，奠定了创新经济学的研究基础，深刻影响了后来新古典学派、新熊彼特学派和新制度经济学等有关创新的观点。但是，由于其理论范围仅限于经济领域，在关于经济发展和社会变革的分析中，将创新视为经济发展的唯一动力，资本主义最终走向社会主义也是由于企业家职能衰减、创新无法发生而产生的自然趋向，尽管后来的分析包含了有关政治、社会方面的历史内容，但他的关注焦点在经济理论的累积性进步上，忽视了社会发展的整体性以及经济系统同其他系统之间的联系。这种狭隘的经济学视阈也在一定程度上影响了其后相当长一段时间内经济学关于创新问题的理论视野和研究框架，尤其是基于技术创新的现代经济增长理论和早期新熊彼特学派技术创新理论。

二战后，随着欧美经济的快速发展、科学技术的作用日益突出，以索洛（R. Slolw, 1956, 1957）、弗里曼（C. Freeman, 1974, 1982）、曼斯菲尔德（E. Mansfield, 1971, 1988）、卡米恩和施瓦茨（M. Kamien and N. Schwartz, 1982）等为代表的一批经济学家，开始关注技术创新在经济中的重要作用，从技术进步和经济增长的关系、技术创新的动力来源和扩散机制、技术创新的市场结构等方面丰富发展了技术创新理论。如果说新古典增长模型从宏观经济的角度将技术创新引入了经济增长视角，将技术进步对宏观经济增长的影响量化核算呈现于众，那么早期新熊彼特学派[①]的研究则丰富和发展了熊彼特企业视角的经济学微观创新研究，在微观经济和管理学领域得到了广泛应用，并发展形成了技术创新学派。20世纪70年代，随着采用不同发展模式的国家表现出不同的发展效果，一些经济学家开始意识到制度环境对经济发展的巨大影响，以诺思（D. North）、戴维斯（L. Davis）等为代表的新制度经济学家在继承熊彼特创新观点的基础上，将熊彼特"创新"理论与制度学

---

① 新熊彼特学派的发展可以分为几个阶段，这里主要指20世纪50年代至70年代围绕技术创新的动力来源、扩散机制、适于技术创新的市场结构和企业规模等问题展开的技术创新研究，与后期以弗里曼（C. Freeman）、多西（G. Dosi）、佩洛兹（C. Perez）等学者以技术创新为起点系统性研究创新加以区分。关于新熊彼特学派几个发展阶段的划分参见：黄志贤，郭其友. 当代西方经济学流派的演化 [M]. 厦门：厦门大学出版社，2006：264-267.

派的"制度"理论相结合，提出并发展了制度创新（institutional innovation）[①]理论。制度创新理论包含对制度创新动力机制问题的研究，突出了不同国家/社会历史背景的特殊性和在利益驱使下"人"或者"集团"的作用。相对新古典学派和早期熊彼特学派而言，更加强调社会内部的结构性变化和经济发展的动态过程，成为技术创新理论的重要补充。创新理论研究视野的拓展也为技术创新和制度创新走向融合和创新系统理论的形成和发展奠定了基础。不可否认的是，这一时期关于创新的经济学研究通常只侧重从技术或制度的角度强调创新的某个侧面，而忽略了创新本身以及社会经济发展的系统性。尽管在诺思后来出版的《经济史中的结构与变迁》一书中，多处体现了制度创新、科学创新、技术创新、组织管理创新等多种形式的创新与社会经济结构变迁的互动，但他关于制度、产权、国家和意识形态的强调突出的还是制度创新，而非将多种形式的创新视作一个系统进行分析，更没有明确揭示创新与社会经济结构变迁规律。

20世纪80年代以来，随着信息技术的发展、知识经济的兴起，在多元化经济的背景下，学者们逐渐认识到创新的多主体性、动态性、复杂性等综合特性，因此在研究视角上，技术创新和制度创新开始走向融合，出现了一批新的理论和创新模型。例如，纳尔逊和温特（Nelson and Winter, 1982）提出的创新"演化理论"、多西（G. Dosi, 1982）的"技术范式—技术轨道"模式、佩洛兹（C. Perez, 1983）的"技术—经济范式"理论；以伦德瓦尔（B.-Å. Lundvall, 1985, 1988）、弗里曼（C. Freeman, 1987）、纳尔逊（R. Nelson, 1993）为代表的学者，开始以系统理论为基础对创新机理、创新网络的形成进行研究，发展形成国家创新系统理论，创新的系统范式逐渐形成，并延伸出区域创新系统、产业创新系统等创新系统理论。创新系统理论自产生以来广受欢迎，受到很多创新经济学研究的追捧，并为许多国家和国际组织政策制定者所借鉴采用。但是，它虽强调创新系统的构建，却只

---

① "制度创新"一词拥有丰富的内涵，可以指经济组织形式和经营管理方式的革新，也可以指规范各项社会经济活动的政治、经济、社会、法律环境和准则等。在制度创新理论被引入的初期，主要偏向于经济组织形式和经营管理方式的革新，而将后者视为塑造"制度创新"的制度环境和安排（Davis and North, 1970）。在诺思后来关于长期经济变迁的分析中，进一步强调了制度、产权、国家和意识形态，"制度创新"的外延得以拓展，在第2章制度创新理论部分将进行具体说明。

偏重于从宏观角度说明创新系统与政策对经济发展的作用,对创新系统的理解局限于创新主体及其行为所组成的体系上,偏重于静态分析,而忽略了创新系统是在与社会经济各部分之间相互作用的过程中动态变化的,伴随着社会经济结构的变迁。国家创新系统的产生、实践和应用都无法脱离其所处的历史社会背景,不深刻认识创新系统与社会经济之间的互动,就无法真正理解创新系统发挥作用的机制和条件,再广泛的研究应用都会沦为一纸空谈。

综上所述,当前经济学创新理论主要承袭了熊彼特的研究传统,在细化丰富局部创新理论的同时却抛弃了创新的系统性和熊彼特所看重的历史分析,新制度经济学的经济史研究强调制度、产权、国家和意识形态,分析经济史上产权制度与新技术潜在生产潜力之间的不适应性[①],一定程度上弥补了创新研究缺乏历史分析的缺憾和不足,却没能在历史分析中形成创新系统理论。技术—经济范式理论和国家创新系统理论虽然都注意到了创新的系统性及其对结构变迁和经济发展的驱动作用,但是没能揭示创新系统在与社会经济结构变迁的互动中推动经济发展的具体过程和内在规律。因此,本书以创新、结构变迁和经济发展为选题,关注系统性创新和经济发展中的结构变迁问题,通过历次工业革命前后的历史分析深刻认识创新、结构变迁与经济发展的关系,揭示创新系统在与社会经济结构变迁的互动中推动经济发展的具体过程和内在规律,对在我国当前的发展阶段和新一轮工业革命、世界经历百年未有之大变局的背景下,深入理解创新驱动的发展,具有重大的理论价值和现实意义。

1.3 研究方法

选择合适的研究方法是研究得以顺利进行的保障。本书以经济发展和结构变迁中系统性创新为研究对象,考察发展进程中多种创新形式和社会经济结构变迁之间的互动机制,涉及长期、动态、系统的逻辑分析和抽象。赖纳

---

① 新制度经济学的历史分析一定程度上借鉴了马克思的历史分析框架,诺思(1994:68)曾指出,"在详细描述长期变迁的各种现存理论中,马克思的分析框架是最有说服力的,这恰恰是因为它包括了新古典分析框架所遗漏的所有因素:制度、产权、国家和意识形态"。

特曾指出，创新和发展本质上是一个非均衡的变化过程，但主流经济学范式提供的工具，无法同时抓住导致经济发展的大多数重要因素①。因而在方法论上，本书遵循马克思主义辩证唯物主义和历史唯物主义的基本逻辑，将唯物史观和辩证法作为总的指导方法，贯穿各章节始终，尽量做到全面而非片面、联系而非孤立、发展而非静止地看待、思考问题。在研究过程中主要采用以下几种方法：

1. 抽象与具体相统一的方法（科学抽象法）

在《资本论》第一卷德文第一版"序言"中，马克思提到，"分析经济形式，既不能用显微镜，也不能用化学试剂。二者都必须用抽象力来代替"②。抽象力是人类思维的一种特殊的能力，运用抽象力也就是通过人脑的抽象思维排除各种外在的、非本质的东西，抽取某种共同的、本质的东西，从而认识客观事物发展的本质及其规律，形成科学的概念和理论体系③。社会科学和自然科学不同，认识自然现象可以借助科学实验的方法通过反复试验归纳总结其本质和规律，而社会经济现象则只能通过观察大量占有感性材料，然后运用科学的思维抽象去认识其背后的本质，揭示社会经济发展的规律。科学抽象法包括两个环节，其一是从具体的感性的现实抽象出一般概念，其二是从简单的抽象在思维中演绎出复杂的具体。④人类凭借抽象力对认识对象内在矛盾加以分析，把具体事物的许多规定性加以取舍，形成概括的抽象，使人类的认识透过现象深入本质，同时又从抽象的规定出发，把具体在思维中再现出来。

本书尝试运用科学抽象法，从创新的角度研究社会经济变迁，揭示社会经济在创新与结构变迁中发展演进的过程和机制。从经济发展历史中，抽象出创新自身的发展规律、创新在社会经济发展进程中与结构变迁的互动规律，以及创新驱动社会经济发展规律，并以此展望未来社会经济的结构变化和发

---

① 赖纳特. 富国为什么富穷国为什么穷 [M]. 北京：中国人民大学出版社，2010：36.
② 马克思恩格斯全集（第二十三卷）[M]. 北京：人民出版社，1972：8.
③ 程恩富，胡乐明. 经济学方法论 [M]. 上海：上海财经大学出版社，2002：37-38.
④ 参考马克思在《〈政治经济学批判〉导言》中关于政治经济学有两条研究路径的论述。"在第一条道路上，完整的表象蒸发为抽象的规定；在第二条道路上，抽象的规定在思维行程中导致具体的再现。"

展趋向。理论描述或许可以对科学抽象法进行简要的概括，但在实际运用中却往往复杂和困难得多，由于思维和能力的局限，笔者只能在行文中尽可能地贯彻这一方法，尝试对创新、结构变迁和经济发展间的关系进行分析和探讨。

2. 逻辑与历史相统一的方法

历史从哪里开始，思想进程也应当从哪里开始，思想进程的进一步发展不过是历史过程在抽象的、理论上前后一贯的形式上的反映。历史的方法是逻辑的方法的基础，逻辑的方法是历史在理论思维中的再现，是一种由历史派生出来并摆脱了历史的形式以及对历史发展起干扰作用的偶然因素的方法[①]。人们对创新的认识深化也是在创新实践不断发展的过程中实现的。从熊彼特提出"创新"概念之初，这一概念就是从经济发展过程中经过思维提炼得到的；之后创新理论的丰富、发展也伴随着人类社会经济发展更高阶段和创新实践的不断深化。马克思、熊彼特、诺思、弗里曼等许多对创新研究产生重要影响的先驱学者都十分重视历史分析。熊彼特曾在 1942 年予友人的信中直言："迄今为止，任何科学理性（区别于政治偏向）均表明，在我们经济学家的训练和知识武装中，对经济理论唯一的补救办法就是将经济史置于更为崇高的地位……理论知识，如果没有充分的经济变迁过程的历史作为完整的基础，比根本没有理论更糟。"

逻辑与历史相互依托、互为补充。逻辑的方法必须以历史的方法为基础，历史可以为逻辑的演绎提供实际的例证和事实的支撑；同样，历史的方法只有依靠逻辑的方法，用概念和范畴之间的逻辑联系，才能再现历史整体的辩证发展过程和内在秩序，将历史现象上升为科学理论。本书中模型的建立正是基于对创新实践和经济发展历史的详细考察，是对多种创新形式与社会经济中各部分之间联系的逻辑抽象。通过历史分析，将理论模型建立于多重经验事实之上，反复检验和论证模型的逻辑合理性，以保证本书的结论在逻辑上同历史发展脉络的一致性，增强研究的理论应用价值和现实指导意义。

3. 系统分析方法

20 世纪中叶，系统科学潮流开始风靡全球，从整体上导致了系统观思维

---

① 程恩富，胡乐明. 经济学方法论 [M]. 上海：上海财经大学出版社，2002：42.

方式的兴起；到20世纪末，一场"系统范式"的方法论革命已经深入整个科学乃至思维领域，系统观思维方式也成为主要的思维方式。美国著名社会历史学家伊曼纽·华勒斯坦（Immanuel Wallerstein）将系统观思维方式的兴起视作一种新的科学理性的开端，他在其著作《开放社会科学》一书中指出，"或许，我们正亲眼目睹一种不再适合于我们这个时代的理性类型的结束"，"它要求我们认识到，在着手解决一个复杂社会所面临的主要问题时，我们绝不能把这些问题分解成一些便于分析性处理的小的部分，因为那样做是无济于事的。相反，我们必须认清这些问题的复杂性和相互联系，认清人与自然的复杂性和相互联系，只有这样，才能真正解决问题"[①]。

系统观既强调组织性或整体性，又强调系统的动态性或历时性，这与唯物辩证法整体与部分、运动与发展的观点基本一致。一方面，它要求我们用相互联系和整体的观点来看待世界，把所考察的复杂事物当作一个系统整体，在整体的运动变化中来研究整体与要素之间的关系和联系，研究要素与要素之间的关系和联系，整体与外界环境之间的关系和联系。从显微镜下的微生物到人类自身，任何有机体都是组织起来的系统，其特定结构来源于其组成部分之间的相互作用和相互依赖，一旦被拆开成为孤立的元件或原有部分之间的平衡被打破，无论是物质的还是理论的，系统就会走向解体，系统的特性也会随之消失。另一方面，系统的各组成部分及其相互之间的关系是处于不断的运动变化中的，系统通过这种内在的变革也在不停地发展进化，并伴随着旧特性的消失和新特性的出现。无论是创新本身，还是社会经济结构，都处于这种不断的运动变化之中。

本书正是以系统观为指导而将创新放在整个社会经济发展的背景中进行考察，并且将创新本身看作一个变化发展的系统，探索其与社会经济内部结构变化之间的相互作用机理。在不同的历史发展阶段，社会经济各组成部分及其相互联系会出现新的变化，创新也在这一历史发展进程中呈现出新的特点和发展趋势。正是在社会经济的不断演进中，创新的重要性才日益突出，也对理论研究提出了新的要求，本书正是在新的时代背景和经济发展进入新阶段的现实背景下，对创新、结构变迁和经济发展展开深入研究。

---

① 华勒斯坦等. 开放社会科学 [M]. 北京：生活·读书·新知三联书店，1997：85–86.

4. 跨期比较研究法

比较经济学强调制度分析，同样注重制度的历史溯源。比较历史分析学派①的代表人物阿弗纳·格雷夫（Avner Greif）曾在其著作中指出，"历史既提供了相关的初始博弈规则，而且协调了随着产生的制度结构中的各种机制，进而影响了制度变迁的方向"②；他的比较历史分析得到了我国比较经济学先驱张仁德教授的认同。贾根良教授在此基础上提出比较与历史创新体制的研究框架，在研究方法上也承袭了这一传统，"比较历史创新体制的特点是从过去的历史中寻求资料，以便对创新体制产生和发展的历史经验进行比较研究"③。被誉为"中国发展经济学第一人"的谭崇台教授曾指出，"经济发展是一种复杂的社会历史现象，研究经济发展规律的发展经济学必须历史地研究发达国家的早期发展历程，必须从发达国家早期经济发展的具体历史条件和历史环境中寻求可以为当今发展中国家借鉴的发展经验和教训"④。他因此提出了"跨期比较"的研究方法，即"对发达国家早期发展与当今发展中国家经济发展进行'不同时点'的跨期比较研究"。这种方法加强了比较分析方法的合理性和适用性，相对于一般的比较历史研究来说，更加强调具体的、历史的特殊性，因而在对处于不同发展阶段和历史背景的主体进行比较研究时，更具有针对性，也更易于在比较中得出更符合事实和逻辑的规律性结论。

本书旨在研究包含多种形式的创新系统与社会经济结构变迁之间的互动机制，进而揭示创新推动经济发展的内在规律，因而不可避免地建立在广泛历史分析的基础之上，涉及多个国家不同历史阶段的比较，也只有在综合的跨期比较研究中，才能更好地认识创新与结构变迁之间的相互作用机制，揭示出更为一般和合理的创新驱动经济发展规律。

---

① 根据张仁德教授对新比较经济学学科体系的划分，具体参考其著作《新比较经济学再研究与构建——评西方比较经济学危机与创新》。

② 阿弗纳·格雷夫. 大裂变：中世纪贸易制度比较和西方的兴起 [M]. 北京：中信出版社，2008：14.

③ 贾根良. 比较创新体制与比较历史创新体制——开创比较经济学研究的新框架 [J]. 经济理论与经济管理，2011（5）：17-26.

④ 谭崇台，叶初升. 在跨期比较中拓展发展经济学的研究领域——发达国家早期发展与当今发展中国家经济发展比较研究论纲 [J]. 社会科学研究，2005（1）：32-36.

1.4 研究思路与框架

本书将在社会经济发展的历史进程中，系统考察经济发展过程中创新与结构变迁之间的相互作用机制，采用马克思主义政治经济学的分析方法，在演化经济学创新理论和技术—经济范式理论的基础上，尝试构建一个包含创新系统和结构变迁的经济发展模型，以揭示社会经济是如何在创新与结构变迁中实现发展的。全书共分为六章，主要内容与结构安排如下：

第1章　导论。从我国当前经济发展困境和现实中引出本书创新、结构变迁和经济发展的主题，然后通过对经济学创新理论的简要回顾介绍本研究开展的理论背景和研究价值，并根据创新和经济发展问题的特殊性选择适当的研究方法进行论述，最后介绍本书的研究思路和框架，以及主要创新与不足。

第2章　经济学研究中的创新。根据本书的研究对象，可以将经济学创新理论以两个标准进行划分：①是否关注经济发展过程中的结构变迁；②是否关注创新的动态性、系统性。本章围绕以上两个标准进行理论梳理和文献综述，主要介绍马克思的创新思想、熊彼特的创新理论以及二战后创新理论的发展，包括基于技术创新的现代经济增长理论、制度创新理论和新熊彼特（Neo-Schumpeterian）创新理论，并分别加以评述。

第3章　创新、结构变迁与经济发展——一个理论框架。由于现有经济学创新理论在解释创新、结构变迁和经济发展方面存在局限性，本章借鉴马克思的分析框架和方法，在全面阐释包含制度创新、科技创新、组织结构创新、产品创新等多种创新形式的创新系统基础上，尝试构建一个创新、结构变迁和经济发展的理论框架，解释创新系统与产业结构、就业结构、阶层结构等社会经济结构变迁之间的互动过程——如何从制度创新到科技创新和组织管理创新，科技创新和组织结构创新如何与产业结构、就业结构变迁之间相互作用，就业结构、阶层结构变迁又如何推动制度创新，从而形成一个创新驱动经济发展的理论循环。

第4章　工业革命前后的英国社会。在第3章的理论框架之下分析工业革命前后英国社会的创新、结构变迁与经济发展，检验本书所提出的从阶层结构变迁开始，由此所产生的一系列制度创新、在制度创新和社会资本共同作用下的科技创新、技术—组织管理创新与产业—就业结构的交织互演,最后引起阶层结构再度变化的发展框架。

第5章 第二次工业革命前后的美国与世界。在美国这一阶段的历史发展中再次检验本书所提出的创新、结构变迁和经济发展机制。不同的是,第二次工业革命时期相较于工业革命时期的英国而言,科学与技术更加紧密地结合,组织管理上的变革也更为突出,而且美国特殊的国家政权结构也对美国自身以及世界格局产生了深刻影响。因此,本章的结构与第四章略有不同,但分析的理论框架并未受到影响。

第6章 新一轮工业革命下中国的创新发展。回到中国创新发展的出发点,在阐述新一轮工业革命对社会经济领域产生广泛影响的基础上,分析新一轮工业革命和世界格局调整背景下,中国如何凭借自身的国家权力优势应对机遇和挑战,通过全方位的创新布局和引导结构变迁,不断推动经济高质量发展和全球治理重构。鉴于中国国家制度的特殊性和政治力量在社会经济各领域的强大影响,本章并未严格遵循创新与结构变迁的发展框架,而是以一个综合性的视角讨论中国在全方位创新和引导结构变迁中的发展。

1.5 可能的创新之处

研究试图在以下几个方面有所贡献。

在研究对象上,本书所涉及的创新不仅是一个横向的综合系统,而且作为一个子系统内嵌于社会经济整体系统中,随社会经济的发展演进而变化。一者这种变化包括在社会经济发展的不同历史阶段其内部结构呈现出不同的特点,在考虑创新系统与社会经济整体的互动中把握创新系统自身的变化发展规律,一定程度上弥补经济学创新研究这方面的不足;二者现有文献或只关注创新对社会经济发展的影响,或只讨论什么样的社会经济环境有利于创新,本书则将社会经济发展视作一个动态过程,将创新放在社会经济整体系统中,综合考察创新与社会经济各部分之间的双向作用机制。

在研究视角上,本书从生产力和生产关系角度的综合界定创新,融合了技术创新、制度创新、组织管理创新、产品创新在内的多种创新形式,突破传统创新系统理论以政府、企业、科研机构等主体研究视角的限制,为创新系统研究提供了一种新的思路。

在理论框架上，笔者将创新和经济结构同时引入研究视野，并提出了一个关于创新、结构变迁和社会经济发展的有机模型，一方面跳出传统要素增长理论的框架，从创新的角度来解读包含结构变化在内的经济发展；另一方面深入挖掘创新驱动发展的内在机制，揭示社会经济是如何在创新系统与经济结构的互动影响中实现发展的，从而丰富了关于经济发展问题的研究。

需要指出的是，虽然本书在最后结语与展望部分，结合当前新一轮工业革命背景和部分理论框架，简要分析了我国未来发展的机遇和挑战，但是正在进行中的新工业革命方兴未艾，其经济潜力尚未得到充分释放，政治社会影响更是才初见端倪，世界各主要国家和地区之间正在进行激烈角逐和竞争，谨慎地看，未来的世界格局演变尚未可知，我们很难像讨论前两次工业革命一样在当前的形势中识别出一个代表性国家，并结合其社会经济状况进行系统分析。这是本书研究最大的遗憾也是未来需要持续关注的课题和进一步研究的方向。

第 2 章
经济学研究中的创新

从经济思想发展历程来看,创新思想和研究经历了一个不断丰富、逐渐细化的发展过程。本书研究社会经济长期发展变迁中的创新,关注创新的系统性、动态性和发展过程中的结构变迁,故而在系统梳理和评述经济学创新理论的同时,更侧重长期变迁中的创新研究,主要包括马克思的创新思想、创新经济学奠基人熊彼特的创新理论及其发展①、制度创新理论、演化经济学的创新理论,为下一章导出本书的理论研究框架提供基础。

2.1 马克思的创新思想

马克思的著作中虽未对创新进行专门研究,也没有明确的关于"创新"的表述,但字里行间的论述中却蕴含着内涵丰富的创新思想,对后来创新理论的创立和发展有着深远影响。西方经济学创新理论的公认创始人约瑟夫·熊彼特本人曾坦承马克思创新思想对其创新理论的影响。"从这种看来无足轻重的源泉,产生了——正如我们将要看到的——经济过程的一个新概念(即'创新'概念),它会克服一系列的根本困难,并从而证明我们在正文中对这一问题的陈述是正确的。这个问题的新陈述同马克思的陈述更加接近。因为根据马克思,有一种内部的经济发展,而不只是经济生活要与变化着的情况相适应。但是我的结构只包括他的研究领域的一小部分。"②马克思创新思想的内涵边界决定于其所创立的唯物史观,并渗透在其关于生产方式变迁、

---

① 关于熊彼特创新理论的发展主要包括基于技术创新的现代经济增长理论和早期新熊彼特学派的技术创新理论,由于二者不涉及长期经济发展和结构变迁,故不做重点阐述;制度创新理论一定程度上也是对熊彼特创新理论的发展,但由于其中"制度创新"内涵的扩展,因此另起一节单独讨论。

② [美] 约瑟夫·熊比特. 经济发展理论——对于利润、资本、信贷、利息和经济周期的考察[M]. 北京:商务印书馆,1990:68.

生产力和生产关系矛盾运动分析的框架之中。对此,新制度经济学的代表人物道格拉斯·诺思在其著作《制度变迁与经济绩效》一书中指出,马克思最早阐述的生产力(它常常被马克思用来指技术状态)与生产关系(常意指人类组织和具体的产权方面)的相互关系,是将技术限制与制约同人类组织的局限性结合起来所做的先驱性努力①。本节从马克思唯物史观的视阈出发理解其创新内涵,在此基础上系统梳理其在对资本主义生产方式变迁分析中所蕴含的创新思想。

2.1.1 研究视阈与逻辑起点:唯物史观

马克思在对人类历史进程和社会经济发展的考察中,批判地借鉴吸收黑格尔和费尔巴哈的哲学世界观,在《1844年经济学哲学手稿》《关于费尔巴哈的提纲》《德意志意识形态》《哲学的贫困》《共产党宣言》《资本论》等著作中逐步发展完善了唯物史观,其中《关于费尔巴哈的提纲》《德意志意识形态》的问世,标志着唯物史观的诞生。唯物史观是马克思关于人类社会历史的总的看法和根本观点,是在实践基础上关于人的发展与社会发展的一般理论。它是马克思创新思想的研究视阈与逻辑起点,规定了马克思创新思想的内涵边界和分析框架,因此本书的研究从唯物史观出发,由此认识马克思视角下"创新"的本质与内涵特征。

1. 创新的本质:现实的人及其实践活动

马克思研究的出发点是现实的人,现实的人为满足自己生产生活需要,在物质资料生产的劳动实践活动中创造了历史,并推动社会历史的前进。对此,马克思在《德意志意识形态》中写道,"一切历史的第一个前提,这个前提是:人们为了能够'创造历史',必须能够生活。……因此第一个历史活动就是生产满足这些需要的资料,即生产物质生活本身。"②在人类社会发展历史中,创新作为人类社会重要实践形式,其本质应该从"现实的人"及其"有目的的实践活动"两方面加以理解。

---

① [美]道格拉斯·诺思. 制度、制度变迁与经济绩效[M]. 上海:上海三联书店,1994:177.
② 马克思恩格斯选集(第一卷)[M]. 北京:人民出版社,1995:78-79.

(1) 创新的主体是现实的人。

马克思针对宗教神学世界观中绝对精神世界的"人"的概念，提出了"现实的人"，认为"全部人类历史的第一个前提无疑是有生命的个人的存在"①。他在《德意志意识形态》中写道："这里所说的个人不是他们自己或别人想象中的那种个人，而是现实中的个人，也就是说，这些个人是从事活动的，进行物质生产的，因而是在一定的物质的、不受他们任意支配的界限、前提和条件下活动着的。"②人的意识、思想、观念、认知也不是先天存在的，而是在物质资料生产的实践活动中得到和积累起来的。

这里作为创新主体和人类历史创造者的"现实的人"，不是单一、个体的人，而是泛指的人类整体。这是马克思创新思想与熊彼特创新理论的重要区别，在熊彼特那里，只有企业家才是创新的主体，这一研究起点和视角的不同，决定了熊彼特的创新理论只局限于企业家活动的经济领域。马克思说："一个人的发展取决于和他直接或间接进行交往的其他一切人的发展；彼此发生关系的个人是世世代代相互联系的，后代的肉体的存在是由他们的前代决定的，后代继续着前代积累起来的生产力和交往形式，从而决定他们这一代的相互关系。总之，发展是不断地进行着的，单个人的历史绝不可能脱离他以前的或同时代的个人的历史，而是由这种历史决定的。"③这里人的整体性不仅包含人的横向连接的社会性，还体现在纵向衔接的历史性上。因此，马克思意义上的创新主体是多样的，可以是科学家、企业家、技术工人、组织管理者、政府等任何以"现实的人"存在的个体或群体。

(2) 创新是现实的人的实践活动。

人类社会的历史是"现实的人"为满足自身生存与发展的需要，通过各种形式的生产实践活动所创造的，社会生活在本质上是实践的，是现实的人有目的的实践活动。

在生产实践活动中，物质资料生产实践是人类社会最基本的实践活动形式，它不仅是"现实的人"的存在方式，也构成人能动地进行创新的前提和

---

① 马克思恩格斯选集（第一卷）[M]. 北京：人民出版社，1995：67.
② 马克思恩格斯选集（第一卷）[M]. 北京：人民出版社，1995：71-72.
③ 马克思，恩格斯. 德意志意识形态（节选本）[M]. 北京：人民出版社，2003：99.

基础，决定着创新的程度和方向。"个人怎样表现自己的生活，他们自己就是怎样。因此，他们是什么样的，这同他们的生产是一致的——既和他们生产什么一致，又和他们怎样生产一致。因而，个人是什么样的，这取决于他们进行生产的物质条件。"①此外，马克思还指出，与物质资料的生产相伴随的是"生命的生产"——繁殖，既包括人的自然生产，又包括人的自然关系的生产，它构成了人类生存发展的自然前提，但是绝不是脱离物质生产而孤立存在的自然状态的生育活动；在此基础上，许多个人的共同活动构成了社会关系；最后，是作为社会产物的"意识"②。可见，在物质资料生产实践之外，人类的实践活动还包括社会关系生产实践和精神生产实践。

人的实践活动是有目的的。马克思认为，人在改造自然的实践活动中，"不仅使自然物发生形式变化，同时他还在自然物中实现自己的目的，这个目的是他所知道的，是作为规律决定他的活动的方式和方法的，他必须使他的意志服从这个目的"③。生产实践活动首先服务于人物质生产生活的需要，随着生产的发展和基本生活需要的满足，逐渐衍生出新的多种形式的需求，构成实践活动的目的性。"一有了生产，所谓生存斗争便不再围绕单纯的生存资料进行，而要围绕着享受资料和发展资料进行"④，最终以促进人的全面发展为导向，体现了马克思创新思想的价值取向。

2. 创新的内涵特征

唯物史观把辩证唯物主义运用于认识人类社会历史发展进程，提出社会基本矛盾运动规律，认为社会基本矛盾是人类历史发展的根本动力。社会基本矛盾运动规律，即生产力和生产关系、经济基础和上层建筑的辩证发展规律：生产力决定生产关系，生产力的发展引起生产关系的变革；经济基础由占统治地位的生产关系总和构成，决定上层建筑；生产关系、上层建筑对生产力、经济基础具有反作用。马克思在《德意志意识形态》中虽然初步阐述了生产力和生产关系的辩证关系原理，但并未明确"生产力"和"生产关系"，而是使用"物质生产""生产方式""交往关系""交往形式"等词汇

---

① 马克思恩格斯选集（第一卷）[M]. 北京：人民出版社，1995：67-68.
② 马克思恩格斯选集（第一卷）[M]. 北京：人民出版社，1995：78-81.
③ 马克思恩格斯全集（第二十三卷）[M]. 北京：人民出版社，1972：202.
④ 马克思恩格斯全集（第二十卷）[M]. 北京：人民出版社，1972：653.

进行表述,在《哲学的贫困》中才加以明确,并在其后的《资本论》等著作中渐趋完善。马克思写道,"起初是自主活动的条件,后来却变成了它的桎梏,它们在整个历史发展的过程中构成一个有联系的交往形式的序列,交往形式的联系就在于:已成为桎梏的旧交往形式被适应于比较发达的生产力,因而也适应于进步个人自主活动方式的新交往形式所代替"①;"生产力在其中发展的那些关系,并不是永恒的规律,而是同人们及其生产力的一定发展相适应的东西,人们生产力的一切变化必然引起他们的生产关系的变化"②。在说明生产力和生产关系矛盾运动的基础上,马克思进一步分析了资本主义,并阐述了阶级斗争的必然性,明确指出阶级斗争是社会发展的动力。"生产力在其发展的过程中达到这样的阶段,在这个阶段上产生出来的生产力和交往手段在现存关系下只能造成灾难,这种生产力已经不是生产的力量,而是破坏的力量(机器和货币)。与此同时还产生了一个阶级,它必须承担社会的一切重负,而不能享受社会的福利,它被排斥于社会之外,因而不得不同其他一切阶级发生最激烈的对立"③。暂且不论这里阶级斗争理论的合理性,马克思关于社会基本矛盾运动的分析为考察其创新思想提供了分析框架,决定了创新的系统性和动态性的内涵特征。

(1) 系统性。

马克思意义上"创新"的系统性是由其研究对象的系统性所决定的。马克思的分析,关注的是人类社会发展、是社会经济整体的系统性变迁。在生产力和生产关系、经济基础和上层建筑这两对社会基本矛盾的辩证关系分析中,建构出关于创新和社会经济的分析框架,将创新分析寓于关于包含社会基本矛盾运动的生产方式变迁中。由于社会基本矛盾理论贯穿科技、经济、政治、社会等各个领域,其创新思想也散布其中,呈现出科学创新、技术创新、产品创新、组织管理创新、制度创新等多种形式,具有系统性的特征。这里,创新的系统性不仅体现在社会各领域的多种表现形式上,还体现在前文所述的创新主体的系统性和特定历史发展阶段和生产方式下不同研究层面

---

① 马克思恩格斯选集(第一卷)[M]. 北京:人民出版社,1995:123-124.
② 马克思恩格斯选集(第一卷)[M]. 北京:人民出版社,1995:152.
③ 马克思恩格斯选集(第一卷)[M]. 北京:人民出版社,1995:90.

（如微观、中观、宏观等）的系统性。这与国家创新系统理论主要从主体角度来理解的"创新系统"无论在内涵外延还是分析框架上都存在本质的不同，在由社会基本矛盾运动和以此为基础的阶级斗争所推动的人类社会历史发展和生产方式变迁中，创新一定是系统性的，且表现在创新主体、形式及研究层面等多方位的整体性和系统性。

（2）动态性。

社会基本矛盾运动决定了人类社会发展是一个动态的历史过程，也决定了处于这一分析框架下的创新的动态性，创新在生产力和生产关系、经济基础和上层建筑各自的独立运动和相互作用中，与社会经济共同发展，呈现出自身独立运动和相互作用规律。一方面，创新内涵于社会经济整体发展之中，受社会经济发展水平的限制。创新的动力来自特定历史阶段和生产方式下人们不同形式的现实需求，这种需求依托于特定的社会历史条件并随之变化发展，进而推动创新的发展。另一方面，创新在社会基本矛盾运动的框架之下，同社会经济内部各要素之间相互作用，共同推动人类社会历史进程。马克思分析资本主义生产方式，认为资本家对剩余价值的不懈追逐促进了技术创新，生产技术进步促进社会分工发展和组织管理创新，提高劳动生产率，引起产业结构变迁，分化工人和资本家，产生阶级对立和阶级斗争，从而推动人类社会历史发展和生产方式变迁。马克思说："我们的利益和我们的任务却是要不间断地进行革命，直到把一切大大小小的有产阶级的统治全都消灭，直到无产阶级夺得国家政权……对我们说来，问题不在于改变私有制，而只在于消灭私有制，不在于掩盖阶级对立，而在于消灭阶级，不在于改良现存社会，而在于建立新社会。"[①]

2.1.2 资本主义生产方式变迁中的创新

遵循唯物史观的脉络，马克思从商品开始，分析了商品的本质、资本的运动，在劳动价值论的基础上创立了剩余价值学说，通过对资本主义生产和流通过程的详细分析，揭示了资本主义社会的基本矛盾和资本积累的历史趋势。在这一系列的逻辑抽象中，马克思虽然没有对创新问题进行专门说明，但这套分析的每个环节都体现着马克思内涵丰富的创新思想。本节围绕资本

---

① 马克思恩格斯选集（第一卷）[M]．北京：人民出版社，1995：368．

主义生产过程和资本主义生产关系变革分别进行说明,以展示马克思创新思想的内在结构和在生产方式变迁中的作用①。

1. 资本主义生产过程中的创新

马克思在《资本论》中详细分析了资本的生产和流通过程,以此为脉络呈现了资本主义生产方式中所包含的创新及其与社会基本矛盾运动的关联。

(1) 资本的生产过程。

马克思在分析资本生产过程二重性的基础上,提出了剩余价值的概念,并阐述了剩余价值的生产过程及其由超额剩余价值向相对剩余价值的转换过程。这一过程所包含的创新思想体现如下。

第一,科学创新是技术创新的基础,二者均是在一定生产力发展水平的基础上,为满足相应的社会需求而产生,并构成了特定生产方式的物质基础。在《1861—1863年经济学手稿》中,马克思分析了纺织机、蒸汽机、电报机的发明过程,指出机器的设计与制造离不开力学、热学、化学、电学、电磁学等基础科学的指导,并提到机器制造业的发展离不开滑动原理的发现,将科学转化为技术所产生的新机器或机器的改进称为"科学在生产上的应用"。这些机器的发明和改进是适应当时社会经济发展的实际情况而产生的,一定社会经济条件下所产生的实际需要构成了科学技术创新的可能性和必要性。代表一定科学技术水平的生产工具生产出了与之相适应的生产方式和社会历史发展阶段,正如马克思所言,"手推磨产生的是封建主为首的社会,蒸汽磨产生的是工业资本家为首的社会"。

第二,技术创新和组织管理创新相互促进,共同推动生产力发展和结构变迁。新技术的引入促进了分工和协作的发展和新生产组织形式的产生,并催生出新的生产部门;适应生产力发展需要的生产组织管理方式反过来又促进了技术进步和生产发展,生产部门和产业结构也随之变化。协作的方式代表着一定的生产组织形式,在新技术促进分工、改变协作方式的同时,适应

---

① 现有关于马克思创新思想的研究多从科学创新、技术创新、制度创新等不同创新形式出发,笔者深以为不妥,这种方式虽能在一定侧面展示马克思创新思想的系统性,但马克思的创新思想从来不是孤立的,其内涵寓于生产方式变迁和社会历史发展中,体现在与社会基本矛盾运动相关联的方方面面,伴随着深刻的社会经济结构变化,因而这里不做创新形式的割裂,而是从生产方式变迁的整体视角对马克思的创新思想进行系统概括与分析。

新技术的协作需要相应管理制度的规范，因此协作的发展也意味着组织管理上的创新。以手工工场为例，手工工场的产生是分工与协作发展的结果，而在手工工场中，分工和协作进一步发展，在新的市场需求的推动下，产生了机器生产的需求，机器的改进和创新成为工厂制度——一种新的组织管理形式产生和发展的技术基础，18世纪英国棉纺织业的发展完整地呈现了技术创新和组织管理创新相互促进，推动生产力发展和结构变迁的过程。

第三，资本不断追求剩余价值的本质是科技创新和组织管理创新发生和扩散的动力。在资本主义市场竞争规律的作用下，个别资本家为追求超额剩余价值，会首先采用任何可以提高劳动生产率、降低单位产品的成本的工艺和方法，进行技术或组织管理创新；行业内其他资本家为分享由于单位产品成本降低所带来的超额剩余价值，就会争相引入新的技术工艺或组织管理形式，当技术创新或组织管理创新从单个资本家扩散到整个行业甚至全社会时，社会劳动生产率普遍得到提高，个别资本家之前所获得的超额剩余价值就会消失，转化为全社会资本家的相对剩余价值。新一轮的创新活动又会在资本对剩余价值孜孜不倦的追求下驱动展开。这一过程既是资本家不断追求超额剩余价值、超额剩余价值转化为相对剩余价值的过程，也是资本主义市场竞争条件下科技创新和组织管理创新不断发生和扩散的过程。

（2）资本的流通过程。

马克思在详细剖析资本循环和周转的基础上，分析了社会总资本的再生产和流通，指出社会资本再生产得以顺利实现的关键在于社会总产品的实现，并由此揭示出社会总资本运动中的矛盾和根源，这一矛盾主要表现为生产与消费的矛盾，由这一矛盾所导致的资本主义周期性的经济危机实质上是生产相对过剩的危机。为缓解这一矛盾和危机，马克思在《1857－1858年经济学手稿》中提出了三种解决方案："第一，要求扩大现有的消费量；第二，要求把现有的消费推广到更大的范围，以便造成新的需要；第三，要求生产出新的需要，发现和创造出新的使用价值。"换句话说这种情况就是：获得的剩余劳动不单纯是量上的剩余，同时劳动的质的差别的范围不断扩大，越来越多样化，本身越来越分化。①这里其实暗含了两种创新形式——市场创新和

---

① 马克思恩格斯全集（第四十六卷上）[M]．北京：人民出版社，1979：391．

产品创新①。

关于市场创新问题,马克思在分析资本主义早期发展的过程中曾有所提及,认为市场创新是早期资本主义快速发展必不可少的条件,它构成了科学、技术、组织管理、产品等多种创新形式产生和发展的重要需求。马克思分析指出,海外市场的开辟和全球市场的建立,不仅为资本主义生产提供了大量新的原材料,降低了生产成本,它所产生的巨大市场需求,也不断推动着技术创新和组织管理变革,古老的工业生产形式被摧毁,为新的技术和生产组织形式下大规模的产品生产找到了归属,有力地推动了物质财富的快速增长和资本积累。"资产阶级,由于开拓了世界市场,使一切国家的生产和消费都成为世界性的了……古老的民族工业被消灭了,并且每天都还在被消灭。它们被新的工业排挤掉了,新的工业……所加工的,已经不是本地的原料,而是来自极其遥远的地区的原料;它们的产品,不仅供本国消费,而且同时供世界各地消费。"② 当海外贸易的发展使当时英国的手工劳动不能满足需求时,便产生了使用机器的需求,并使18世纪发展形成的机械学有了用武之地③。工场手工业的出现是新市场开辟后,原来那种封建的或行会的工业经营方式不能满足新市场的需求。需求的增加使工场手工业也不能满足时,就有了机器的革命,从而建立了现代化大工业。"机器劳动这一革命因素是直接由于需求超过了用以前的生产手段来满足这种需求的可能性而引起的。而需求超过'供给'这件事本身,是由于还在手工业基础上就已做出的那些发明而产生的,并且是作为在工场手工业占统治地位的时代所建立的殖民体系和在一定程度上由这个体系所创造的世界市场的结果而产生的。"④

---

① 这里的产品创新指建立新部门的创新,沿用门施(Mensch,1979:47-48)关于"基本创新"的定义。关于产品创新和工艺创新的划分问题,高峰在《产品创新与资本积累》一文中也曾提出过质疑,后来,孟捷专门发文《产品创新与马克思的分工理论——兼答高峰教授》做了进一步解释。笔者认为,产品创新本身从字面意义上容易产生歧义,它强调新部门的产生,因而本书将其称为产品/部门创新。
② 马克思恩格斯选集(第一卷)[M]. 北京:人民出版社,1995:276.
③ 马克思恩格斯选集(第一卷)[M]. 北京:人民出版社,1995:166-167.
④ 马克思. 机器、自然力和科学的应用[M]. 北京:人民出版社,1978:111.

产品/部门创新是马克思创新思想中颇具争议的话题①，马克思本人虽然在分析自然科学和机器的发展应用中，多次提到产品/部门创新，强调机器采用和推广所带来的新部门的建立和扩张、旧部门的改造以及机器、工厂制度等新生产方式在部门间扩张所带来的巨大的生产力效应，但是却在由资本积累和资本主义基本矛盾发展所导致的危机中，暗含了产品和部门不变的假定，忽略了产品/部门创新，忽略了资本可以通过产品/部门创新带来分工和交换价值体系的内生性扩张来创造发展空间，从而克服其自身矛盾运动的局限。至于产品/部门创新在资本积累的研究中最终被忽视的原因，或许是因为马克思认为，"在以机器为基础建立起新的生产部门的地方，当然谈不到用机器替代工人。但是这种情况一般来说只发生在机器已经推广，即以新机器为基础的生产方式比较发达的时期，然而即使在这个时期，无论我们把这些新部门的产品同机器排挤了人的劳动而生产的商品相比，或者同取代了原先完全用手工劳动生产的商品的那些商品相比，这些新部门的规模都是微不足道的。"② 尽管从整体来看，产业部门的更替并不能改变资本主义基本矛盾的运动规律，但是持续不断的产品创新和产业更替却可以在很大程度上缓解这一矛盾，为资本主义生产发展创造出更多内生空间，使其更具可持续性③。

2. 资本主义生产关系变革中的创新

关于资本主义生产关系变革的分析同样围绕着社会基本矛盾的运动展开，从资本主义生产方式的确立，到由资本积累和资本主义社会基本矛盾的发展引出无产阶级和资产阶级的对立和斗争，最终爆发无产阶级革命，推翻原有生产关系，建立社会主义和共产主义。这一过程体现了制度创新与包含在生

---

① 波兰马克思主义者罗莎·卢森堡、熊彼特的追随者门施（Mensch）、克莱因克耐希特（Kleinknecht）、调节学派代表人物阿格列塔（Aglietta）以及我国学者林岗、张宇、孟捷等都对此进行过讨论。

② 马克思恩格斯文集（第八卷）[M]. 北京：人民出版社，2009：351.

③ 对此，新熊比特学派代表人物克莱因克耐希特（A. Kleinknecht, 1987）曾以二战后资本主义黄金时期联邦德国的制造业为例，考察了创新部门和传统部门的利润率差异及创新部门对一般利润率趋势的影响，并得出结论，创新部门的利润率上升抵销了这一时期一般利润率的下降趋势；近年来信息通信技术发展所带来的产业变化，更是说明了建立在重大技术变迁基础上的部门创新所拥有的经济增长潜力。

产力中的其他创新形式的关系①。

首先,制度创新为其他创新形式的发生创造了前提和适应的社会环境。马克思在分析以英国为代表的资本主义社会生产方式之前,曾详细考察西欧地区封建制度的瓦解和民族国家的产生,并对英国社会发生的"圈地运动"和农业革命做了特别说明,也就是说,马克思对资本主义社会的分析是从生产关系领域的社会经济变革开始的。恩格斯在《英国状况》一文中将英国工业革命之前的社会经济状况进行分析,指出16世纪和17世纪所确立的政治宗教上的原则,为英国海上贸易的发展和资产阶级的壮大创造了前提,资产阶级通过与旧势力的革命建立了资产阶级政权,并最终确立了资本主义生产方式。制度创新所带来的所有制关系的变革,创造出了与之相适应的新生产力,不断发生的技术创新和科学在生产领域的应用为人类社会带来了巨大的物质财富,极大地推动了生产力发展和社会进步。

其次,决定经济发展水平的科学、技术、组织管理创新等是制度创新的基础。在特定历史发展阶段,科学技术水平和相应的组织管理形式决定着一个社会的生产方式,以及由生产方式所决定的交换方式和分配方式,这些生产关系的形式最终决定着阶级的划分和对立,国家、政治、法律等制度形式在阶级对抗和斗争中变化发展。这里包含了作为马克思理论重要组成部分的阶级斗争理论。在关于工厂立法的描述中,马克思写道,工厂立法在巩固和加强资本统治地位的同时,也加速了财富在资本一方的集聚和贫困在雇佣劳动一方的积累,加剧了资本主义生产的基本矛盾以及无产阶级同资产阶级的对抗,使"新社会的形成要素和旧社会的变革要素成熟起来",使无产阶级不得不团结起来同资产阶级进行革命和斗争,以实现自身的解放。

2.1.3 马克思创新思想的评价

本节从唯物史观的视阈出发,以社会基本矛盾运动为主线,在概括总结马克思意义上创新本质、动力和内涵特征的基础上,系统梳理了马克思在资本主义生产方式变迁分析中蕴含的创新思想。从唯物史观的角度,创新本质

---

① 严格地讲,生产关系中也包含组织管理创新,由于这里分析的是资本主义生产方式的变迁,故而这里生产关系变革中的创新仅指制度创新。

上是现实的人的实践活动,具有主体广泛性和内容多样性;创新内含于社会基本矛盾运动之中,不仅呈现出创新主体、形式及研究层面等多方位系统性,而且参与社会基本矛盾运动的全过程,作为其动力、中介、结果与之相互作用,从而推动结构变迁和社会历史发展。在资本主义生产方式变迁中,创新贯穿了资本主义生产过程、流通过程以及资本主义生产关系的变革,体现了马克思创新思想的内涵丰富的整体性和相互关联的结构性,而且其内涵整体性和结构性的呈现是以社会基本矛盾运动为载体的,在体现创新多方位系统性的同时,还分析了多种形式创新的内在关联和相互作用,展现了创新、结构变迁和社会历史发展的具体过程。

在马克思的分析中,资本主义社会能够表现出前所未有的创新活力,离不开市场竞争规律的一般作用和资本对剩余价值孜孜不倦的追求,借贷资本和信用的发展在加速资本积累和集中的同时,也为创新提供了丰厚的滋养,这是资本主义社会不同于以往社会形态的条件。马克思曾以印度为例解释在漫长的历史时期其社会发展长期停滞的原因,宗教政治环境的严格约束限制了人们需求的发展以及为满足需求的创新实践活动,阻碍了社会生产的发展,从而使社会发展长期处于同一水平。这些条件同资本主义社会基本矛盾运动一道,共同铸就了多样化创新实践活动的发生及其发展规律。它包含了技术—经济—社会—制度—政治的框架,是比熊彼特的创新理论更为广阔、比卡洛塔·佩雷斯的技术—经济范式理论更为详细而具体的分析。后来的经济学创新研究者,从熊彼特到其追随者,以及适应信息通信技术发展、知识经济时代到来所产生的知识创新和国家创新系统理论,其研究内容都未能超出马克思的分析框架。唯物史观作为马克思研究的出发点和指导,决定了其分析框架的系统性和创新内容的丰富性。恩格斯在《致威纳尔·桑巴特》的信中强调:"马克思的整个世界观不是教义,而是方法。它提供的不是现成的教条,而是进一步研究的出发点和供这种研究使用的方法。"[1]因此,本书借鉴马克思分析中的这一研究方法,结合历史分析,呈现社会经济发展中的创新作用和规律,与此同时,更加强调结构变迁和社会发展的过程。

---

[1] 马克思恩格斯选集(第四卷)[M]. 北京:人民出版社,1995:742-743.

然而，马克思虽然在一些地方注意到产品/部门创新，以及它的扩散能够为生产带来"跳跃式"的增长潜力①，却在一定程度上忽视了产品/部门创新对原有生产部门和产品的替代，低估了产品/部门创新及其扩散的经济效应，而当创新所带来生产发展速度快于资本积累时，就会为资本积累和资本主义发展创造出更大的发展空间，从而改变资本积累规律，缓解资本主义社会矛盾的激化。资本主义社会发展运行的历史事实表明，尽管经济危机仍会周期性地爆发，但科技革命所带来的持续的部门创新每一次都使资本主义焕发出新的活力。马克思分析上的这一空缺在一定程度上影响了马克思关于资本主义社会分析的准确性，引起了诸多学者的关注，同时也为后来的创新研究留下了进一步深入探讨的空间。

2.2 熊彼特的创新发展理论*

研究创新问题，绕不开熊彼特的创新理论，他不仅首次明确阐述了经济学创新理论，而且创造性地从创新的角度解读经济发展过程和经济周期，开创了经济学专门研究创新问题的先河，对后来创新理论的发展产生了深远影响。因此，本节同样先从熊彼特创新理论的研究视阈出发，简要介绍其理论渊源、研究范畴、研究方法和价值向度，为更充分、全面地理解其创新发展理论的内涵作铺垫，随之介绍其创新思想的主要内容并进行评价。

2.2.1 研究视阈

作为经济思想史上又一巨匠，熊彼特的研究涉及诸多学科和流派，内容

---

* 由于熊彼特的创新理论服务于对经济发展过程的解释，因此这里将其称为熊彼特创新发展理论。

① 在对机器和大工业消灭工场手工业建立的过程描述中，马克思写道："只要机器生产在一个工业部门内靠牺牲旧有的手工业和工场手工业来扩展，它就一定取得成功……机器刚刚为自己夺得活动范围的这个初创时期……利润不仅形成加速积累的源泉，而且把不断新生的并正在寻找新的投资场所的很大一部分社会追加资本吸引到有力的生产领域……不断地在新采用机器的生产部门重垒。但是，一旦工厂制度达到一定的广度和一定的成熟程度，特别是一旦它自己的技术基础即机器本身也用机器来生产，一旦煤和铁的采掘、金属加工以及交通运输业都发生革命，总之，一旦与大工业相适应的一般生产条件形成起来，这种生产方式就获得一种弹力，一种突然地跳跃式地扩展的能力，只有原料和销售市场才是它的限制。"（马克思. 资本论（第一卷）[M]. 北京：人民出版社，1975：493 - 494.）

复杂多变,以至于存在熊彼特思想的研究者们常常持对立观点,却又都引经据典、言之凿凿的情况。对此,日本学者盐野谷佑一(1997)曾指出,熊彼特的理论包含一些看似前后矛盾的观点,让人感觉既具犬儒主义(cynicism)色彩,又有折衷主义的倾向。为了更深入、全面地理解和看待其理论内容,有必要弄清其研究问题的视角和立场,然而从其涉及诸多学科和流派的广泛研究看,很难简单地用单一归类的方式概括出他所坚持的哲学世界观,这里选择对其理论渊源、研究范畴、研究方法方面进行简要介绍,并在此基础上尝试概括其理论背后的指导思想,虽无法面面俱到,也期望为读者充分理解其创新理论的内容提供一二准则。

1. 理论渊源

熊彼特诞生于马克思逝世的同年,年轻时的学习经历使其深受马克思思想的影响,无论是对创新内涵的定义还是《经济发展理论》《经济周期》《资本主义、社会主义和民主》等著作的理论框架,都可以看到马克思影响的痕迹。对此,保罗·斯威齐(1942)曾指出,熊彼特同样分析资本主义的演进过程,与马克思的理论具有惊人的相似之处①。熊彼特本人也直言不讳地说,他关于创新的陈述同马克思接近,都认为存在"一种内部的经济发展",但他的分析结构只构成马克思"研究领域的一小部分"②。从发展的角度看,熊彼特给予了马克思极大的肯定,认为马克思的理论是一种真正进化的经济理论,展现了经济过程内在进化的伟大景象,称其为"伟大的经济分析家"③。但是,他对于马克思的评价并不全是正面的,在《资本主义、社会主义和民主》一书中,就曾对其劳动价值论、剩余价值学说等理论进行过激烈的批

---

① 参见:保罗·斯威齐《资本主义发展论》一书的注解,"现代正统经济学家,在他们的系统理论分析中,从不试图分析资本主义的演进过程。这点可说已成定论。但有一个重要的例外,那就是熊彼特,他的《经济发展理论》是在这方面离开传统标准的一个突出代表。……熊彼特的理论与马克思的理论具有某些惊人的相似之处"。([美]保罗·斯威齐. 资本主义发展论[M]. 北京:商务印书馆,2009:47.)

② 原文表述为:"从这种看来无足轻重的源泉,产生了——正如我们将要看到的——经济过程的一个新概念(即'创新'概念)……这个问题的新陈述同马克思的陈述更加接近。因为根据马克思,有一种内部的经济发展,而不只是经济生活要与变化着的情况相适应。但是我的结构只包括他的研究领域的一小部分。"([美]约瑟夫·熊比特. 经济发展理论——对于利润、资本、信贷、利息和经济周期的考察[M]. 北京:商务印书馆,1990:68.)

③ 熊彼特. 经济分析史(第二卷)[M]. 北京:商务印书馆,1992:97.

评，这主要源于奥地利学派边际效用理论和瓦尔拉斯一般均衡理论的影响。熊彼特极度推崇一般均衡理论，认为通过一套均衡理论体系构建去概括经济各要素间的相互依存关系是理解经济现象的关键，将瓦尔拉斯的一般均衡理论称为经济理论的"大宪章"①。他的分析从特定环境所制约的经济生活的循环周转开始，这种循环周转就处于一种经济的均衡状态，在这种状态下，存在着价值体系和收入分配的均衡。一方面价值均衡建立在边际效用价值论的基础之上，通过个人效用的稳定性来实现；另一方面价值潜存于生产资料的价值中，生产不创造价值，收入为土地和劳动两种仅存的生产要素所得，故而不存在劳动创造的剩余和利润转化②。在此基础上，他提出与静态相对的动态概念，发展出动态均衡模型，确立了自己的创新发展理论。尽管后来熊彼特的研究范围逐渐拓宽，涵盖经济、政治、社会等诸多学科和经济学流派，但均衡的思想始终影响着他的理论分析和判断。

2. 研究范畴

熊彼特观念中存在一种纯经济学的倾向，认为经济学家的目的是在经济的范围内尽可能为经济现象之间建立联系，一旦两种现象之间的明确的因果关系是非经济的，那么作为经济学家的任务就算完成了。他还列举了土地质量差异影响地租和政府管制引起价格变动的例子来说明这一界限，指出由于引起经济变化的土地质量和政府管制属于非经济因素，"从而不属于我们的纯粹的经济事实这一概念的范畴"③。在《经济分析史》中，这种观念和倾向得到了进一步的阐述。他首先明确区分了"经济分析""政治经济学体系""经济思想"三个概念，认为"政治经济学体系"和"经济思想"只与经济政策相关，在很大程度上受社会历史因素制约，只有"经济分析"属于科学领域，其发展具有自身的内在逻辑，由超历史的标准和规则所支配，相对独立于社会历史的发展。他指出，经济分析史的核心是经济成分相互依存这个概念逐渐被人们所意识的历史，一般均衡理论形成和完善为把握经济现象间

---

① 熊彼特. 经济分析史（第一卷）[M]. 北京：商务印书馆，1991：366.
② 熊彼特. 经济发展理论 [M]. 北京：商务印书馆，1990：47-48；熊彼特. 资本主义、社会主义与民主 [M]. 北京：商务印书馆，1999：75.
③ 熊彼特. 经济发展理论 [M]. 北京：商务印书馆，1990：6-7.

的联系提供了准则①；经济分析的目的就是通过对"科学观念源流"②（the filiation of scientific ideas）的描述来展现科学经济学的历史连续性③。此外，他还强调经济分析④独立于经济学家哲学观点和意识形态，认为经济分析在任何时候都不由经济学家持有的哲学观点所决定⑤，而意识形态的影响会被人们在经济分析中所秉持的科学理性所清除⑥。即使那些持有明确哲学观点或自称受到某种哲学观点影响的经济学家，也只是为其分析穿上了一层外衣，哲学观点的影响并不涉及分析内容本身⑦。熊彼特这种纯经济学倾向的形成，或许跟经济学自19世纪70年代其起逐渐脱离"政治经济学"的科学趋向性有关⑧，使熊彼特特意将经济分析从社会历史环境、经济政策和哲学意识形态中分离出来，以突出经济学纯科学的特性和高度独立性。熊彼特研究中的这种倾向被很多西方学者⑨称为"绝对主义经济思想史观"的代表，"尽管书中（《经济分析史》）包含大量有关经济、政治和社会方面的历史内容，但熊彼特的基本观点是'绝对主义的'而不是'相对主义的'，也就是说，他的

---

① 熊彼特．经济分析史（第一卷）[M]．北京：商务印书馆，1991：365 - 366.
② 盐野谷佑一对此进行解释说，"熊彼特相信，尽管从表面上看，支配科学世界的是冲突、争论和不一致，而不是妥协、合作和调和，但是在更深的层次上，科学是朝着统一的方向发展的……这是科学史的中心问题……在《经济分析史》中，他将引导科学朝着统一的方向发展的过程称为'科学观念源流'。"（参见：Yuichi Shionoya. Schumpeter and the Idea of Social Science [M]. Cambridge：Cambridge University Press，1997：65 - 67.）
③ 熊彼特．经济分析史（第一卷）[M]．北京：商务印书馆，1991：15.
④ 这里的经济分析仅适用于经济学家使用的"工具与'定理'"。（参见：熊彼特．经济分析史（第一卷）[M]．北京：商务印书馆，1991：56.）尽管如此，这一观点仍遭到了一些学者的批判。美国经济思想史学家乔克曾对熊彼特关于经济学和哲学关系的观点进行了专门讨论，指出虽然没有哪一个经济分析的命题是直接从哲学中提取出来或借用过来的，但是哲学世界观会影响经济学家选择"工具和定理"的范围。（Alfred Chalk. Schumpeter's Views on the Relationship of Philosophy and Economics [J]. Southern Economic Journal，1958，24（3）：281.）
⑤ 熊彼特．经济分析史（第一卷）[M]．北京：商务印书馆，1991：55.
⑥ 熊彼特．经济分析史（第一卷）[M]．北京：商务印书馆，1991：74.
⑦ 熊彼特．经济分析史（第三卷）[M]．北京：商务印书馆，1994：42 - 44.
⑧ 约翰·米尔斯．一种批判的经济学史 [M]．北京：商务印书馆，2005：172.
⑨ Mark Blaug. Not Only an Economist：Autobiographical Reflections of a Historian of Economic Thought [J]. The American Economist，1994，38（2）：17；Alfred Chalk. Relativist and Absolutist Approaches to the History of Economic Theory [J]. The Southwestern Social Science Quarterly，1967，28（1）：5 - 12；Roger Backhouse. How Should We Approach the History of Economic Thought，Fact，Fiction or Moral Tale [J]. Journal of the History of Economic Thought，1992，14（1）：19；Nathalie Duval. Schumpeter on Marshall [A]//in Richard Arena et al. The Contribution of Joseph Schumpeter to Economics. London：Routledge，2002：67.

注意力集中在经济理论的累积性进步上,而不是经济思想与其所处的社会历史环境之间错综复杂的关系上。"[1]

3. 研究方法

在均衡分析的基础上,熊彼特在创新发展理论的分析中也尝试实现理论、历史、统计等研究方法的综合。弗里茨·马克卢普在对熊彼特经济学方法论进行总结时写道,不同方法论之间并非存在对立关系,区别只在于它们在不同问题上的适用性,由于熊彼特在许多知识领域的广泛学习与阅读,以及在一般认识论和科学方法上有着过人的理解力,他坚持方法论上的包容性[2]。这里主要从两个方面进行介绍:

(1) 静态与动态的综合。

由于瓦尔拉斯静态均衡分析方法在分析创新和经济发展问题时的不适用性和熊彼特对于经济中存在一种自行变化机制的深信,他提出了创新发展理论,将创新视为经济发展的唯一动力,以解释长期经济发展过程几所呈现的周期波动现象,也因此建立了一套从经济系统内部说明经济发展的动态均衡理论。他的动态均衡分析建立在静态循环周转的分析之上,体现了静态与动态的综合。熊彼特后来也一直坚持动态分析,认为动态理论的发展是经济学未来研究的方向,这一点在其著作《理论经济学的本质与主要内容》和《经济分析史》中都有提及[3]。这种发展虽然超越了一般均衡理论,为之后的经济学研究提供了借鉴,但熊彼特始终相信资本主义经济的内在稳定性,将创新发展内嵌于循环流转的均衡模型之中,与资本主义经济发展事实的相背离,一定程度上导致了其创新发展理论在二战结束前的相当长一段时间内并不为学界所重视。

(2) 理论与历史的综合。

在《经济发展理论》中,熊彼特提到在从创新角度出发阐释经济周期理

---

[1] A. W. Coats. The Sociology of Knowledge and the History of Economics [A]//The Sociology and Professionalization of Economics. London: Routledge, 1993: 6.

[2] Fritz Machlup. Schumpeter's Economic Methodology [J]. The Review of Economics and Statistics, 1951, 33 (2): 145.

[3] Joseph Schumpeter. The Nature and Essence of Economic Theory [M]. New Brunswick: Transaction Publishers, 2010: 124; 熊彼特. 经济分析史(第三卷)[M]. 北京: 商务印书馆, 1994: 560.

论时,综合了不同经济学者提出的长短不同的周期理论,这些理论建立在对历史统计资料的分析之上,因而可以为研究资本主义历史发展过程和经济运行过程提供参考①。这里对于历史统计资料分析的强调,虽有体现历史,但侧重的还是统计和数学的方法。然而,他在方法选择上的历史倾向随着他思想的成熟在后来有加深的趋势,马克卢普在对其方法论进行总结一文的开篇就有提及,而其后的一些著作(如《帝国主义与社会阶级》(1919)、《古斯塔夫·冯·施穆勒和当前问题》(1926)、《同源种族环境中的社会阶级》(1927)等)②也确实体现了他对历史方法的强调。历史方法对抽象掉环境因素的理论演绎经济分析而言,是一种有益补充,以理论分析为核心,在理论演绎中渗入历史统计资料分析,体现理论、历史、统计的综合。这与引入时间序列和时期的动态分析也存在一定的内在关联,方法上的综合充分体现了他在方法论问题上的包容性,因此也为社会经济学和演化经济学所借鉴③。

2.2.2 创新发展理论

熊彼特的创新发展理论涵盖了他先后出版的三本著作《经济发展理论》(1912)、《商业周期》(1939)和《资本主义、社会主义与民主主义》(1942),分别从创新的角度解读了经济发展的内涵、机制、运动形式以及资本主义最终自然过渡到社会主义,这里将围绕以上内容进行简要介绍。

1. 创新发展的内涵

熊彼特认为创新和发展是经济体内部自行发生的、产生质的变化的新现象,是流转渠道中的自发的和间断的变化;它会产生对均衡的干扰,打破之前的均衡状态并使经济进入一种新的均衡④;这一过程伴随着旧的经济结构

---

① 熊彼特.经济发展理论[M].北京:商务印书馆,1990:12.
② 参考斯威德伯格(Swedberg)的《熊彼特传》。(Swedberg. Schumpeter: A Biography [M]. Princeton: Princeton University Press, 1991: 97.)
③ 参见斯威德伯格(Swedberg)的《熊彼特传》和安德森(Anderson)的部分作品。(Esben Sloth Anderson. The Difficult Jump from Walrasian to Schumpeterian Analysis [C]. The International Schumpter Society Conference in Tyoko, 1992: 18; Esben Sloth Anderson. Schumpeter's Evolutionary Economics: A Theoretical, Historical and Statistical Analysis of the Engine of Capitalism [M]. London: Anthem Press, 2009: 12.)
④ 熊彼特.经济发展理论[M].北京:商务印书馆,1990:71-72.

的瓦解和新经济结构的确立，创新不是渐进连续的，而是呈现时高时低的不均匀态势，经济发展也表现为周期波动的形式；资本主义经济发展会随着企业家创新职能的衰弱而停止，社会就会自动进入社会主义。需要注意的是，数据变化所带来的经济增长，无论是受经济因素还是非经济因素的影响，均不能称之为发展。他将生产视作一系列生产要素组合的函数，强调通过小步骤的不断调整从旧组合中产生的"新组合"即使有变化和增长，也不是发展，而只有当"新组合"间断地出现的时候，才具备发展的特点；发展就是执行新的组合，也就是创新。[1]这里可以看出，熊彼特所定义的经济发展同我们通常所理解的包含经济增长的经济发展不同，创新或"执行新组合"是经济发展的本质特征，有创新的经济变化才可视为发展。创新真正的、唯一的执行者是企业家，企业家拥有独特的企业家精神，表现为强烈的渴望、意志和决心，他们在利润驱使下，通过信用机制进行新组合的生产，从而实现创新；企业家的这项特殊职能也是区别创新与发明、创造的关键。

2. 创新的机制

在资本主义经济中，企业家通过信贷从货币市场支取一定的购买力基金——资本，在市场上换取所需的商品用于执行新的组合，新产品生产出来投入市场后，企业家获得利润，资本获得利息。信用是实现新组合必不可少的条件，对于那些不依靠继承财产的企业家而言，信用机制可以使他们在某种程度上独立执行新组合，实现创新。信用是资本主义社会使经济体系进入新循环的独特方法。[2]企业家为实现新组合而从银行获得的信用就是信贷。信贷虽然为企业家提供执行新组合的购买力，但它只是作为一种支付手段，不以任何实物产品为依托。由于这种购买力在市场上创造了新的需求，可能会引起通货膨胀，但是熊彼特认为这种现象只是暂时的，当生产出的新产品被投入市场之后，就会抵销通货膨胀的趋势。[3]资本就是支撑这种购买力的资金，因此这里的资本只能是私人资本。资本和信贷都是发展的概念，为发展

---

[1] 熊彼特. 经济发展理论 [M]. 北京：商务印书馆，1990：73.
[2] 熊彼特. 经济发展理论 [M]. 北京：商务印书馆，1990：77-78.
[3] 熊彼特. 经济发展理论 [M]. 北京：商务印书馆，1990：123.

服务，只有在存在发展的经济体中，才有资本和信贷。发展使信贷渗入循环流转的交易中，导致原有循环流转中货币市场和商品市场的变化。企业家在利润驱使下执行新组合，生产出新产品，新产品问世之初，由于企业家没有竞争对手，价格可以在一定范围内按照垄断原则确定，企业家利润中包含一定的垄断成分，但是随着新企业的不断出现，竞争日趋激烈，新产品产量增加，价格下降，利润逐渐消失，经济趋于一种新的均衡。也就是说，一旦企业家完成他的创新职能，利润就会随之消失。可见，企业家利润一定是创新带来的，利润依附于创新和发展，依附于新产品未来价值的实现①。在循环流转中生产者获得的只是经营管理的工资，这也是企业家与经理人的本质区别。由于企业家是通过借贷才得以执行新组合，因此在获得利润后会从中偿付给银行一部分，作为资本的利息，而利息的数额则由"最后企业家"的利润决定②。这就是在创新发展过程中的经济运行机制。

3. 创新与经济周期

熊彼特的经济周期理论是以创新为基础的，经济的周期波动是发展的具体路径和表现形式。经济波动虽然也受到外部因素的影响，但由于他的研究范畴仅限于经济内部，因此，内部的创新就成为经济周期的唯一动力来源，创新发生扩散过程中所表现出的特征和规律也是经济呈现阶段性周期变化的原因。

他首先根据创新引起的连锁反应和企业家群聚出现的特征，提出只包含上升和下降（即繁荣和衰退）的两阶段纯粹周期模式。在初始均衡状态下，首批企业家为追求利润进行创新，取得成功后，在利润驱使和先行企业家扫清创新障碍的情况下，其他企业家就会纷纷效仿，新企业成群、间断地出现，创新向整个社会蔓延。一方面，随着银行信贷需求的扩大、购买力的大量增加，利息率上升和生产资料价格上涨的同时，还会使许多旧

---

① 熊彼特. 经济发展理论 [M]. 北京：商务印书馆，1990：171.
② 所谓"最后企业家"，是指预期从他的事业项目中所能获得的利润恰好用来支付利息的人。这个企业家处于那些能够获得较大利润的和那些由于所获利润小于要付的利息而被排出货币市场交易之外的企业家之间。这个企业家处于与理论的边际企业家相当的地位，在任何场合，利息等于实际中所实现的最微小的企业家利润，等于最后的或边际的资本家对他的货币的价值估价。总之，利息必须与最后的资本家的估价相等，而后者又必须与最后的估值相等。（参见：熊彼特. 经济发展理论 [M]. 北京：商务印书馆，2000：216 – 217.）

的生产手段焕发出新的生机，推动经济走向繁荣；另一方面，当创新的扩散达到一定的限制，新企业家不再出现，利润逐渐减少并消失，企业家偿付利息变得困难时，也会导致信贷的收缩，从而使经济走向衰退，并再次回到均衡。新的均衡状态相对初始均衡下的生产函数组合，会呈现更高的劳动生产率。

然而，在二阶段纯粹周期模式中，熊彼特抽象掉了创新所诱发的诸多从属现象，如投机的扩张和预期的不确定性等，并将这些由从属现象所引起的波动称为"次级波"（或"第二次波动"），在"次级波"的影响下，经济运行呈现四阶段周期模式，即繁荣、衰退、萧条和复苏。投机活动不仅会产生对信用"非正常"的需求，导致过度投资和产品供应量的大幅增加，使经济出现过度繁荣，一旦大量企业破产、信用链断裂，就会导致人们的恐慌和悲观预期，使经济出现持续衰退而进入萧条；而且由"次级波"造成的许多投机活动虽然是搭创新所带来繁荣的顺风车，本身却发生在与创新活动无关的部门中，扩大经济整体的波动幅度。萧条使正常经济活动遭到破坏的同时，也为新的创新活动腾出了空间，敏锐的企业家回看准机遇开始新一轮的创新，经济慢慢走向复苏和新的繁荣。

最后，他结合18世纪至20世纪的经济运行情况，在大量历史统计资料分析和前任经济周期理论的基础上，归纳总结出分别由创新、固定资本更新和存货变动所导致的由长波、中波和短波，它们相互影响，共同构成经济周期理论的现实印证。

4. 创新与社会形态演进

创新的衰竭是资本主义走向灭亡的根源。熊彼特将创新（"创造性的毁灭过程"）视作资本主义的本质事实，资本主义正是在创新的推动下实现发展的。"开动资本主义发动机并使它继续动作的基本推进力，来自新消费品，新的生产或运输方法，新市场，资本主义企业所创造的产业组织的新形式"[1]。创新会带来产业突变，不断从内部瓦解旧经济结构、创造新经济结构，资本主义经济在间断式创新所带来的周期性波浪运动中呈现螺旋上升的发展态势。创新既是资本主义发展和繁荣的助推器，也是资本主义走向

---

[1] 熊彼特. 资本主义、社会主义和民主主义[M]. 北京：商务印书馆，1999：104.

覆灭的根源所在。创新为资本主义创造辉煌成就的同时，作为创新关键的企业家精神可能就会在实现了高度生活水平的资本主义社会中消失，企业家创新的特殊职能随之丧失，没有了创新发展，资本主义就将活不下去而自动进入社会主义。而这一过程中，资本主义从自由竞争走向垄断，尽管熊彼特十分认可企业家利润中包含的垄断成分，认为正是企业家进行创新之后所取得的暂时垄断地位保证了其利润的获得，然而在不完全竞争条件下与创新无关的垄断却成为资本主义向社会主义过渡的助力。熊彼特写道，"完全官僚机关化了的巨型工业单位不但驱逐中小型企业，剥夺其业主，而且最后也会撵走企业家，并剥夺整个资产阶级，在这个过程中，资产阶级不但失去收入，而且丧失了远为重要的它的职能……社会主义的真正开路人不是宣扬社会主义的知识分子或煽动家，而是范德比尔特们，卡内奇们和洛克菲勒们。"①

2.2.3 熊彼特创新发展理论的评价

熊彼特经历了第二次科技革命，看到了创新的巨大生产潜力和为社会经济带来的翻天覆地的变化，并通过对这一过程的考察建立起一套创新发展理论；同时垄断资本主义的发展也使熊彼特看到这种托拉斯式的资本主义对发展的限制，它将亲手造就埋葬资本主义的坟墓，使资本主义最终过渡到社会主义。

熊彼特意义上的创新意味着经济发展在原有资本积累之上另起炉灶，开辟了资本主义新的发展空间。他指出，在没有发展的循环流转中，通常是生产为满足消费者的需要，而在出现创新发展的地方，则一般是生产者发动经济变化，引导消费者产生对新产品的需求②。这种在对待发展时截然不同的态度，看似前后矛盾，实则强调了经济发展中的创新供给问题，突出了产品/部门创新，对应马克思在《1857－1858 年经济学手稿》中为缓解资本主义矛盾和危机所列举、却在资本积累分析中所忽略的第三种解决方案——"生产出新的需要，发现和创造出新的使用价值"。这一点正是马克思在对资本主

---

① 熊彼特. 资本主义、社会主义和民主主义 [M]. 北京：商务印书馆，1999：168.
② 熊彼特. 经济发展理论 [M]. 北京：商务印书馆，1990：72－73，94.

义生产方式的政治经济学分析中所忽略的,也是其理论缺陷的关键所在。熊彼特式创新强调改变原有生产组合方式的新知识的运用,可能伴随着新的原材料的使用和可用生产资源的拓展①,代表资本主义内生发展空间的拓展。马克思并非没有看到创新引起产业结构的巨大变化,事实上,熊彼特指出,马克思比他同时代任何经济学家更清楚地看到了新商品或新生产方法或者是新商业机会侵入现存的产业结构所导致的产业突变,以及在产业变化过程中创新的枢纽作用②,只是马克思只经历了第一次工业革命前后资本主义社会经济的巨大变化和工人与资本家之间的激烈对抗,却没能看到第二次工业革命为资本主义经济进一步释放出的发展潜力以及一系列生产组织形式和制度的变化,因此他分析资本积累规律和历史趋势时不可避免地以产业/部门不变为前提,熊彼特关于创新内涵的理解虽没有超出马克思的框架,却弥补了马克思分析中在产品/部门创新方面的疏漏。而且熊彼特批判了马克思关于阶级划分与对立的观点,认为创新通常出现在通过竞争消灭旧组合和"新的商号"中,其创立主体可能是与旧组合不相关的新企业家群体,新企业家可能是工人中具有企业家能力的人,而创新可以改变和提升其原有社会地位并影响后代,从而淡化工人与资本家之间的阶级区别。③

然而,研究视阈在很大程度上决定了其理论分析和认识上的局限。首先,他所坚持的效用价值论和纯经济学倾向使创新发展的价值在衡量上只局限于经济利益,而忽视人类全面发展同样不可或缺的社会、人文、生态价值,忽视了社会发展进步所伴生的贫富严重分化、生态环境恶化等问题。其次,他所推崇和采用的均衡分析框架以资本主义内在稳定性为基本图景,不能为陷入深度经济危机时的资本主义发展提供有效的理论支持,以至于其理论不仅没能在资本主义经历大萧条的年代受到应有的重视,反而受到了同样传承马克思思想的垄断资本学派的批判。再者,将创新主体仅限于企业家是对客观历史发展认识的偏颇,忽视了科学工作者、技术管理人员等群体对创新发展的贡献;而将企业家创新的原因归结为企业家精神也是受其效用价值观的影

---

① 熊彼特. 经济发展理论 [M]. 北京:商务印书馆,1990:73-75.
② 熊彼特. 资本主义、社会主义和民主主义 [M]. 北京:商务印书馆,1999:44.
③ 熊彼特. 从马克思到凯恩斯 [M]. 江苏:江苏人民出版社,2000:15-17.

响。但是这些不能否定熊彼特在创新理论上开拓性的贡献，随着二战后科学技术在经济发展中作用的日益凸显、20世纪70年代经济滞胀局面的出现以及后来知识经济的发展，熊彼特的创新发展理论日益受到重视，许多学者在其基础上使经济学创新问题的研究不断深化。

2.3　熊彼特之后的主要创新理论

2.3.1　基于技术创新的现代经济增长理论

现在经济增长理论对创新的关注主要表现为技术创新对经济增长的影响，以新古典增长理论和内生增长理论为代表。

索洛（Robert Solow）在1956年发表《对经济增长理论的贡献》一文，将技术进步作为外生变量引入经济增长模型，以资本和劳动可以相互替代为前提，解释了经济长期增长路径以及技术进步在经济增长中的意义[1]。同年，英国经济学家斯旺在发表的《经济增长和资本积累》中提出了类似的解释经济长期均衡增长模型[2]，被称为索洛—斯旺模型。1957年，索洛又发表《技术进步与总量增长函数》一文，进一步测度了技术进步对经济增长的贡献率。他在文中考察了1909~1949年美国的非农业部门劳动生产率发展情况，发现这一期间美国劳动生产率翻了一番，其中技术进步的贡献率占87.5%[3]，突出了技术进步和要素生产率提高对经济增长的作用。其后，经济学家开始关注技术创新对经济和社会发展的重要作用，技术创新理论研究因此开始成为一个十分活跃的研究领域。新古典增长理论模型虽然考虑了技术进步的因素，但只将其看作外生因素变量。

20世纪80年代兴起的内生增长理论进一步弥补了这一缺陷，从内生性

---

[1] Robert Solow. A Contribution to the Theory of Economic Growth [J]. Quarterly Journal of Economics, 1956, 70 (1)：65-94.

[2] T. W. Swan. Economic Growth and Capital Accumulation [J]. Economic Record, 1956, 32 (2)：344-361.

[3] Robert Solow. Technical change and the aggregate production function [J]. Review of Economics and Statistics, 1957, 39 (3)：312-320.

技术进步出发解释了技术进步的源泉以及由此产生的经济增长效应。内生增长理论在理论根源上可以追溯到阿罗（Arrow，1962）最初阐述的"干中学"相关思想①，罗默（Romer，1986，1987）在阿罗"干中学"模型基础上将知识存量视作内生变量引入经济增长模型，建立了考察知识溢出对经济增长影响的知识溢出模型②，卢卡斯（Lucas，1988）区分了人力资本的内外部效应，强调人力资本外部效应对技术进步和经济增长的影响的人力资本模型③，分别突出了知识资本和人力资本对经济长期增长的作用。此外，格罗斯曼和赫尔普曼（Grossman and Helpman，1991）、杨（Young，1991）、阿吉翁和豪伊特（Aghion and Howitt，1992）等还分别从产品质量、国际贸易、垂直创新与创新吸收等角度进一步丰富了内生增长理论④。这些讨论根本上强调的都是技术进步对经济增长的影响。

新古典增长理论和内生增长理论虽然从不同视角研究创新与增长，但在基本观点上都一致强调创新对经济增长的积极作用，这也基本成为各个流派经济学家们的共识。然而，新古典增长理论和内生增长理论在理论框架上是以动态一般均衡为基础、只研究生产要素和总产出之间的量的关系，而现实的经济发展则往往是一个伴随结构变化和制度变迁的动态非均衡过程，尽管结构和制度上的变化最终会反映到量上，但仅仅依靠量的观察难以真正解释社会经济发展的运行逻辑。⑤

---

① Kenneth Arrow. The Economic Implications of Learning by Doing [J]. Review of Economic Studies, 1962, 29 (3): 155 – 173.

② Paul Romer. Increasing Returns and Long-Run Growth [J]. Journal of Political Economy, 1986, 95 (5): 1002 – 1037; Growth Based on Increasing Returns Due to Specialization [J]. American Economic Review, 1987, 77 (2): 56 – 62; Endogenous Technical Change [J]. Journal of Political Economy, 1990, 98 (6): 71 – 102.

③ Lucas, R. E. On the Mechanics of Economic Development [J]. Journal of Monetary Economics, 1988, 22 (1): 3 – 42; Why Doesn't Capital Flow from Rich to Poor Countries? [J]. America Economic Review, 1988, 80 (2): 92 – 96.

④ Grossman, G, Helpman, E. Quality ladders in the theory of growth [J]. The review of economics studies, 1991, 58 (1): 43 – 61; Young, A. Learning by Doing and the Dynamic Effects of International Trade [J]. Quarterly Journal of Economics, 1991, 106 (2): 369 – 405; Aghion, P, Howitt, P. A Model of Growth through Creative Destruction [J]. Econometrica, 1992, 60 (2): 323 – 351.

⑤ 也有不少学者从经济结构尤其是产业结构变化的角度研究经济增长，并根据数理模型和计量分析检验二者之间的相关性，笔者认为，二者在一定意义上都只是社会经济发展的结果，是发展在结构和总量不同层面的表现，二者本身并不互为因果。

2.3.2 制度创新理论

经济学对制度创新问题的关注同样始于对经济增长原因的解释，最早可以追溯到早期古典政治经济学研究①，如亚当·斯密关于重商主义的论述、约翰·穆勒在国家和产业间关系研究中对习俗惯例等制度问题的关注、德国历史学派对国家体系的强调等，这一点汉密尔顿（Walton H. Hamilton）、康芒斯（John R. Commons）、科斯（Ronald H. Coase）等制度经济学者都曾论及②，凡勃伦更是在《德意志帝国与工业革命》（1915）一书中承袭德国历史学派的传统，探讨了制度环境对德国实现跨越式发展的作用③。然而，将制度创新发展为一个完整的理论框架则始于"新制度经济学"（new institutional economics）。"新制度经济学"一词由威廉姆森（Oliver E. Williamson, 1975）④提出，以科斯（Ronald Coase）分别于1937年、1960年发表的两篇论文《企业的性质》和《社会成本问题》为奠基之作，后被诺思（Dougalous North）等用来探讨经济史中的长期经济变迁问题，强调从制度变迁的角度理解经济增长，并逐渐发展出一套制度变迁理论。在此基础上，阿西莫格鲁（Daron Acemoglu）、青木昌彦（Masahiko Aoki）、格雷夫（Avner Greif）等学者从不同角度诠释制度变迁，丰富了关于制度创新问题的研究。下面将在讨论制度创新内涵的基础上，对长期经济增长中的制度变迁问题进行重点说明。

---

① 这一点为汉密尔顿（Walton H. Hamilton）、康芒斯（John R. Commons）、科斯（Ronald H. Coase）等制度主义者所认可，详见：Walton H. Hamilton. The Institutional Approach to Economic Theory [J]. The American Economic Review, 1919, 9 (1): 309 – 318；约翰·康芒斯. 资本主义的法律基础 [M]. 北京：商务印书馆，2003: 460; Ronald H. Coase. The New Institutional Economics [J]. Journal of Institutional and Theoretical Economics, 1984, 140 (1): 229 – 231.

② 详见：Hamilton, Walton H., 1919, "The Institutional Approach to Economic Theory", The American Economic Review, 9 (1): 309 – 318；约翰·康芒斯. 资本主义的法律基础 [M]. 北京：商务印书馆，2003: 460; Ronald H. Coase. The New Institutional Economics [J]. Journal of Institutional and Theoretical Economics, 1984, 140 (1): 229 – 231.

③ Thorstein B. Veblen. Imperial Germany and the Industrial Revolution [M]. New York: The Macmillan Company, 1915.

④ Oliver E. Williamson. Markets and Hierarchies: Analysis and Antitrust Implications [M]. New York: The Free Press, 1975: 1.

1. 制度与制度创新

（1）关于制度的理解与划分。

制度创新以对"制度"的理解为核心，经济学对于制度的正式研究起于旧制度学派。凡勃伦在《有闲阶级论》中将制度看作一种被习惯化和被广泛接受的自然习俗，并随制度环境的变化而变化①。康芒斯从人的行为出发来理解制度，认为制度是集体行动对个体行动的控制，这种控制及体现在无组织的习俗上，也体现在企业、协会、国家等各类组织的运营中②。

诺思在《经济史中的结构与变迁》中，将制度看作"一系列被制定出来的规则、秩序，和行为道德、伦理规范"③，并在《制度、制度变迁与经济绩效》一书中，进一步将制度划分为正规制约和非正规制约，前者指政治（及司法）规则、经济规则、合约等成文规则，后者主要指由文化延伸出来的不成文的传统、习俗等社会伦理规范，非正规制约往往滞后于正规制约的变迁，是制度变迁路径依赖性的来源④。日本学者青木昌彦（Masahiko Aoki）从博弈论视角研究制度问题，将制度看作一个共有信念体系，认为"制度是关于博弈如何进行的共有信念的一个自我维系系统"⑤，同样将制度的内涵延伸至法律和条令之外。威廉姆森（Oliver Williamson, 2000）曾进一步划分出四个制度层级，分别指社会文化、制度环境、契约规范和组织管理，前两个层级类似于诺思所提出的非正规制约和正规制约，后两个层级主要用于组织创新的研究；四个层级之间相互联系，每一层级都制约着下一层级，下一层级对上一层级也会形成反作用，"新制度经济学主要关注的是第二、第三制度层级"⑥。

尽管经济学界在制度创新研究中对"制度"的具体表述千差万别，但对制度内涵的理解并未超出以上讨论范围，本书中的"制度"沿用威廉姆森指出的新制度经济学主要关注的制度范围。

---

① 凡勃伦. 有闲阶级论——关于制度的经济研究 [M]. 北京：商务印书馆, 1983：138-141.
② 康芒斯. 制度经济学（上册）[M]. 北京：商务印书馆, 1983. 138-141.
③ 道格拉斯·诺思. 经济史中的结构与变迁 [M]. 上海：上海三联书店, 上海人民出版社, 1994：226.
④ 诺思. 制度、制度变迁与经济绩效 [M]. 北京：生活·读书·新知三联书店, 1994：49-64.
⑤ [日]青木昌彦. 比较制度分析 [M]. 上海：上海远东出版社, 2001：5.
⑥ Oliver E. Williamson. The New Institutional Economics: Taking Stock, Looking Ahead [J]. Journal of Economic Literature, 2000, 38 (3): 595-613.

(2) 制度创新、变迁、演化。

在制度创新理论的研究中，制度创新、制度变迁、制度演化常常交替出现，被视为同义。新制度经济学的制度创新理论建立在产权理论和交易费用理论的基础之上，戴维斯和诺思（1979）在《制度变迁的理论：概念与原因》一文中指出，由于规模经济、外部性、风险、市场失灵和不完全改进等外部事件造成制度环境发生变化，改变经济主体或行动集团之间的利益格局，当预期的净收益超过预期成本时，一项制度安排就会被创新，经济主体或行动集团之间通过相互博弈达到新的制度均衡状态[1]。通过制度变迁，社会经济秩序得到不断调整，协作和竞争关系得以确立，形成人类在社会中相互影响的框架。

尽管没能摆脱新古典经济学均衡分析的框架，但诺思同样对新古典经济学进行了批判，"新古典经济学……一旦用来说明某种经济在整个时期的实绩时，它就不大济事了。因此，它并没有，也不可能说明变迁的动态过程"[2]，认为"技术本身并不能说明一系列长期性变化……或者说技术变化没有带来实现其潜力所需要的那种最根本的组织变化"[3]，而将对长期经济增长的理解追溯到技术创新之后更为根本的制度创新上，认为制度创新才是理解长期经济增长的关键。诺思对制度结构的刻画建立在国家、产权和意识形态的基础之上，国家界定产权，而意识形态则可以解释经济中的非经济理性行为，国家、产权、意识形态都是理解制度创新对经济增长作用的基石。

2. 制度变迁的理论框架

诺思将制度创新看作一个实现动态均衡的过程，其制度变迁理论建立在公共选择学派集体行动的逻辑基础之上[4]，利益集团作为制度创新的主体，在制度变迁过程中扮演着重要的角色。制度变迁的具体过程如下：首先是形成第一行动集团，其主体主要是熊彼特意义上的企业家团体，他们为获得潜在的预期收益主动提出各种制度创新方案，然后根据利益最大化原则进行筛

---

[1] 戴维斯，诺思. 制度变迁的理论：概念与原因 [A]//科斯等. 财产权利与制度变迁. 上海：上海三联书店，1996：274.
[2] [美] 道格拉斯·诺思. 经济史中的结构与变迁 [M]. 上海：上海三联书店，1994：63.
[3] [美] 道格拉斯·诺思. 经济史中的结构与变迁 [M]. 上海：上海三联书店，1994：72.
[4] 参见：[美] 曼瑟尔·奥尔森. 集体行动的逻辑 [M]. 上海：上海三联书店，1995.

选，并寻求辅助落实和实施制度创新方案的第二行动集团的支持（第二行动集团的角色通常由政府承担，政府因为拥有强制力可以在很大程度上影响制度变迁的成本和收益），两个行动集团合作促成制度变迁并共享由此带来的收益。同时，制度变迁理论也考虑了集体行动中存在的"搭便车"问题。一方面，"搭便车"行为的存在可以解释制度刚性和以国家为主体实施的强制性制度变迁，另一方面，对意识形态的考虑削弱了"搭便车"行为产生的根基，奠定了制度变迁主体行为的有限理性基础。

此外，他还着重分析了以国家为主体的强制性制度变迁方式。由于国家强制力的存在和不面临"搭便车"问题，相对个人和团体而言，由国家推动的制度变迁面临的社会成本要低得多。然而由于国家的主体特殊性，其制度变迁决策往往受到意识形态刚性、权力制度结构、不同集团利益冲突、有限理性等多重因素的影响，使其进行制度变迁的动力异常复杂，在实现自身（统治者及其代表的利益集团）利益最大化和最大限度的经济发展选择之间存在持久性冲突，因此，从长期经济变迁的视角看，国家既有可能是推动制度创新和社会经济进步的重要力量，也可能成为阻碍制度创新、造成经济衰退的根源。阿西莫格鲁和罗宾逊（Daron Acemoglu and James Robinson，2006）的研究指出，当创新会损害政治精英的利益和威胁其统治地位时，他们不仅不会推动变迁，还可能阻碍经济发展[①]。

速水和拉坦（Hayami and Ruttan，1971，1984）、拉坦（Ruttan，1978）从技术和制度互动的角度理解制度变迁，提出了诱致性制度变迁模型和制度创新理论[②]。诱致性制度变迁是行为主体为获取预期的潜在收益而采取的自发性行为，是一种自下而上、局部到整体的渐进过程。由于经济中"搭便车"现象的存在，自发性的诱致性制度变迁相对以国家为主体的强制性制度变迁而言，往往面临着较高的变迁成本。拉坦的分析建立在对制度供给和需

---

① Daron Acemoglu, James Robinson. Economic Backwardness in Political Perspective [J]. American Political Science Review, 2006, 100 (1): 115-132.

② 拉坦. 诱致性制度变迁理论 [A]//科斯等. 财产权利与制度变迁. 上海：上海三联书店，1996：327-336；Yujiro Hayami, Vernon Ruttan. Toward a Theory of Induced Institutional Innovation [J]. Journal of Development Studies, 1984 (20): 203-223；[日] 速水佑次郎，[美] 弗农·拉坦. 农业发展的国际分析 [M]. 北京：中国社会科学出版社，2000.

求的双向分析之上。其中，制度变迁的需求主要是由资源禀赋和技术变迁的需要引起的，"导致技术变迁的新知识的产生是制度发展过程的结果，技术变迁反过来又代表了一个对制度变迁需求的有力来源"①；他在制度创新模型中，从农业史的角度考察了资源禀赋变化和技术变迁引致制度变迁的过程②。而制度变迁的供给受到社会达成一致的成本的影响，这一成本既取决于既得利益集团的权力结构，也在很大程度取决于一个社会的文化传统、意识形态、社会科学的进步和有助于人们理解其共同利益的教育发展。

阿西莫格鲁（Daron Acemoglu）从社会群体间利益冲突的视角出发来研究制度及其变迁过程。政治权利及其分配决定社会冲突发展的方向和结果，决定基本的利益格局。政治权利和政治制度决定经济制度和经济发展，掌握政治权利的利益集团决定一个社会政治经济制度的形成和变迁，经济制度和经济发展也反过来影响未来的利益格局和政治权利分配。③ 阿西莫格鲁的分析虽然引入了一个政治系统和经济系统之间的互动视角，但他对制度变迁动因的解释缺乏一定的说服力，关于政治权利和政治制度初始设定容易将分析引入一种无解的理论循环。

青木昌彦（Masahiko Aoki）的分析侧重强调共有信念在内生博弈均衡的制度变迁中的作用。制度的形成有自发秩序和精心设计两种原因，精心设计的制度背后代表着集体行动的偏好。共有信念可以在一定程度上解释制度刚性和制度均衡，制度规则为行为主体的认知和共有信念的形成提供了支持；在制度变迁的多重动态博弈中，参与主体在不同博弈域间互动，在这一过程中人的认知和共有信念的变化构成制度变迁的动力。④ 这种以共有信念为核心的制度变迁分析类似于拉坦关于社会达成一致制度供给成本的观点。

---

① 拉坦. 诱致性制度变迁理论［A］//科斯等. 财产权利与制度变迁. 上海：上海三联书店，1996：327.

② Yujiro Hayami, Vernon Ruttan. Toward a Theory of Induced Institutional Innovation［J］. Journal of Development Studies, 1984（20）：203 – 223.

③ 参见：Daron Acemoglu. The Rise of Europe: Atlantic Trade, Institutional Change and Economic Growth［J］. American Economic Review, 2005, 95（3）：546 – 579；Daron Acemoglu, James Robinson. Economic Origins of Dictatorship and Democracy［M］. Cambridge University Press, 2006.

④ 参见：［日］青木昌彦. 比较制度分析［M］. 上海：上海远东出版社，2001；Masahiko Aoki. Endogenizing Institutions and Institutional Changes［J］. Journal of Institutional Economics, 2007, 3（1）：1 – 31.

与之类似的,还有格雷夫(Avner Grief)在理解制度变迁时对文化因素的强调,文化影响人们对制度变迁预期成本和收益的判断,不同的是,他将比较制度分析同特定历史背景相结合,从长期历史变迁的角度分析制度的内生性变化以及由特定历史轨迹所导致路径依赖问题。其中,以他对11~14世纪欧洲"商业革命"时期马格里布和热那亚的比较历史制度分析为代表。文化传统的差异决定了马格里布人和热那亚人对制度的不同选择,并最终将两地的经济与社会引上了不同的发展轨道。①

3. 制度创新理论的评价

新制度经济学的制度创新理论在产权理论和交易费用学说基础上,借用新古典经济学的均衡分析框架,在制度动态均衡的结构变迁中寻求对经济发展的解释。不仅明确提出并讨论了制度创新的内涵,还从经济史的角度综合考虑产权、国家和意识形态的作用和影响,深入探讨了制度创新在结构变迁和经济发展中的作用。虽然强调制度在经济增长中的根本性和重要性,但其制度创新理论并不是单向的制度决定论,而是对经济增长的技术决定论的拓展。诺思在《经济史中的结构与变迁》一书中指出,"知识和技术存量规定了人们活动的上限,但它们本身并不能决定在这些限度内人类如何取得成功。政治和经济组织的结构决定着一个经济的实绩及知识和技术存量的增长速率。人类发展中的合作与竞争形式以及组织人类活动的规则的执行体制是经济史的核心。这些规则不仅造就了引导和确定经济活动的激励与非激励系统,还决定了社会福利与收入分配的基础。"②其历史分析不仅仅强调了制度创新,也在一定程度上呈现了结构变迁和社会经济发展的全过程。在公共选择理论的基础上,还拓展了熊彼特理论中创新主体的范围,开辟了经济学创新理论研究的独立领域。

新制度经济学的制度创新理论在制度经济学、经济史、发展经济学、创

---

① 参见:Avner Grief. Cultural Beliefs and the Organization of Society:A Historical and Theoretical Reflection on Collectivist and Individualist Societies [J]. Journal of Political Economy,1994,102(5):912-950;The Fundamental Problem of Exchange:A Research Agenda in Historical Institutional Analysis [J]. Review of European Economic History,2000,4(3):251-284;Institutions and the Path to the Modern Economy:Lessons from Medieval Trade [M]. Cambridge University Press,2006.

② 道格拉斯·诺思. 经济史中的结构与变迁 [M]. 上海:上海三联书店,1994:17.

新经济学、演化经济学等领域都产生了广泛而深远的影响。在制度经济学和经济史领域，以青木昌彦和格雷夫为代表发展形成比较制度分析和比较历史制度分析范式；在发展经济学领域，因其理论源起与后发国家跨越式发展之间的关联性，被广泛应用于发展中国家和落后国家的制度分析和跨越发展，包括解释我国改革开放以来以体制改革为核心所取得的经济发展成就；在创新和演化经济学领域，制度创新被迅速引入演化经济学和新熊彼特经济学的研究中，与技术创新理论相结合，逐渐发展形成技术—经济范式理论、技术制度共同演化理论和国家创新系统理论等系统性创新理论。

2.3.3 "新熊彼特"（Neo-Schumpeterian）创新理论

第二次世界大战后，随着科学技术在经济发展中的作用日益突出，熊彼特的创新发展理论开始受到重视，很多西方学者沿袭熊彼特创新发展理论的研究思路，对创新问题展开了广泛而深入的研究，经历了从技术创新到技术与制度共演、再到系统创新的发展，形成了涵盖微观、中观、宏观三个层面内容丰富的研究体系[①]。这里仅根据本书的研究需要从中观、宏观的视角出发分别对同时吸收了技术创新和制度创新的技术经济范式理论、技术制度共演理论、国家创新系统理论进行介绍。

1. 技术经济范式理论

1962年，托马斯·库恩在《科学革命的结构》一书中描述科学发展规律时，提出了"范式"（paradigm）的概念，认为科学发展遵循"前科学—常规科学—危机—科学革命—新常规科学"的基本模式，范式是常规科学和前科学的主要区别，也是科学发展的关键[②]。到20世纪80年代，随着科学技术

---

① 新熊彼特经济学的创新研究在微观层面以个体或组织的学习行为为主，中观层面以产业动态演化为主、宏观层面以创新驱动的经济增长和结构变化为主，由于研究方法上的共性，"新熊彼特的"也被称作"演化的"。

② 在书中，库恩解释道：所谓范式就是指可以实现公认的那些科学成就，在一定的时间范围内可以为从事该领域实践的共同体们提供一些公认性的解答或问题；"范式"一词主要有两种意义不同的使用方式：其一为，范式代表了一个共同体成员所具有的具有共性的价值观、信念、技术等整体性的东西；其二为，范式作为一个整体性元素，可以为具体的解密提供范例与模型，以此作为在常规时期的解密基础。（参见：[美] 托马斯·库恩. 科学革命的结构 [M]. 金吾伦, 胡新和, 译. 北京：北京大学出版社，2003：4，157.）

日益紧密地融合，技术创新越来越依赖于科学理论的进展，乔瓦尼·多西（Giovanni Dosi，1982）借鉴库恩所提出的科学"范式"概念提出"技术范式"，认为新旧技术更迭也存在像新旧科学理论交替那样的范式转换，并将其定义为："以自然科学为基础原理的，解决一定的技术——经济问题的模式，以及以创新为目标，且防止这些创新被过快扩散到竞争者手中的特定规则"[①]。技术范式不仅诠释了技术革命本身的发展模式，还囊括了由技术革命所带来的经济上的变化，是基于自然科学发展的一系列技术经济问题及其解决方案的集合。

1983年，卡萝塔·佩蕾丝（Carlota Perez）在"技术范式"的基础上，提出了"技术—经济范式"的概念，用来描述技术革命的扩散及其引起的整个社会经济系统的变化。她在界定技术经济范式转换所需要的"关键要素"（key factor）和部门（branches）基础上详细介绍了在经济上升、下降时期技术革命扩散和结构变迁的过程，考察了五次康德季拉耶夫周期中关键要素和组织管理形式的变化，以泰勒主义管理模式为例说明了技术创新扩散中的组织管理创新及其对技术—经济系统的反作用，最后强调了在技术经济范式变迁中社会—制度结构的变化以及新一轮经济繁荣所需要的制度环境[②]。弗里曼曾从三个方面来描述这篇文章的重要意义[③]：首先，技术变革不仅会带来一批新产业的快速成长，还会影响旧产业利用新技术进行组织管理上的变革，从而焕发出新的生机。其次，随着新技术在新旧产业中的广泛应用和新原料、产品的大规模生产，整个经济会步入一种由重大技术变革所带来的新的常规之中，即"元范式"（meta-paradigm）的变迁。最后，技术变革的影响不局限于经济系统，不仅技术变革本身以及经济系统中的结构性变化伴随着社会、政治、管理上的变革，而且技术—经济系统与社会—政治系统之间也存在一定的相互作用。

---

① [意] G. 多西，等. 技术进步与经济理论 [M]. 钟学义，沈利生，陈平，等译. 北京：经济科学出版社，1992：613 – 653；Giovanni Dosi. Sources, procedures and microeconomics of innovation [J]. Journal of Economic Literature, 1988, 26 (3)：1127.

② Perez C. Structural change and assimilation of new technologies in the economic and social systems [J]. Futures, 1983, 15 (5)：357 – 375.

③ [英] 卡萝塔·佩蕾丝. 技术革命与金融资本——泡沫与黄金时代的动力学 [M]. 北京：中国人民大学出版社，2007：5.

1985 年，佩蕾丝首次在"技术—经济"和"社会—制度"的分析框架下，结合 20 世纪 80 年代微电子为核心的技术革命，对其可能带来的技术—经济范式转换和新一轮经济长周期进行了展望。每次技术革命带来了巨大的财富创造潜力，充分展开这种潜力需要每次都建立一套完整的社会—制度框架（socio-institutional framework）。由于现有的框架并不适于新的技术，因此在新产业和新基础设施启动的前几十年里，技术—经济领域和社会—制度领域之间互不匹配的状况日益明显，而经济系统中的新旧技术也在日益分化。为实现再次耦合并充分展开新的潜力，需要重建良好的、配套的制度并为之创造条件，但这一过程复杂、费时，而且会令社会遭受痛苦。在佩蕾丝看来，技术创新对经济的影响不仅局限于提高生产率，更体现为技术不断成熟和扩散过程中对技术体系（轨迹）、经济社会组织模式带来的影响；技术—经济范式正是在新技术推广应用实践中，原材料投入、生产工艺和技术、组织结构、商业模式、发展战略等多重因素相互磨合兼容，通过程序、流程和结构的完善，逐步消除各种障碍后所形成的一系列普遍遵循的隐性规则和标准。①

1988 年，佩蕾丝和弗里曼进一步从技术—经济范式和经济周期的角度，探讨了 20 世纪 80 年代的结构性危机和投资行为。文章指出技术革命的扩散往往伴随着结构调整危机，必须通过体制改革来使新技术与整个社会更好地"匹配"，逐渐形成一种新的常规，新常规会在未来的二三十年里形成一种相对稳定的长期投资行为模式。文章还通过划分技术创新的四种类型对技术经济范式作了进一步的描述，认为技术—经济范式变更（change in techno-economic paradigm）伴随着许多根本性的创新群和技术系统的变更，"具有在整个经济中的渗透效应，即它不仅导致产品、服务、系统和产业依据自己的权利产生新的范围；它也直接或间接地影响经济的几乎每个其他领域，同时还带来社会层面和制度层面的变革"②。新的技术—经济范式不仅建立在新关键要素的基础上，还伴随着组织管理创新、劳动力新技能和收入分配模式、生产成本和投资格局、大规模基础设施投资，以及新产品、新部门和新消费模

---

① Perez C. Microelectronics, long waves and world structural change: New perspectives for developing countries [J]. World Development, 1985, 13 (3): 441 – 463.

② 弗里曼, 佩雷兹. 结构调整危机: 经济周期与投资行为 [A]//G. 多西. 技术进步与经济理论. 北京: 经济科学出版社, 1992: 58 – 74.

式的形成等九个方面的变化。

2002年在《技术革命与金融资本》一书中，佩蕾丝进一步指出，技术—经济范式是一个最佳惯性模式（a best-practice model），它由一套通用的、同类型的技术和组织原则构成，这些原则代表着一场特定的技术革命得以运用的最有效方式，以及利用这场革命重振整个经济并使之现代化的最有效方式。一旦得到普遍采纳，这些原则就成了组织一切活动和构建一切制度的常识基础。①她在本书中分析了五次技术—经济范式中技术在经济中的扩散和传播，并将每一次技术革命及其范式在整个经济中传播的过程称为一次"发展的巨潮"（great surge of development），不仅在生产、分配、交换和消费方面产生出结构性变化，而且也在社会中产生了深刻的质的变化，每次巨浪导入期和展开期的大致时间如表2-1所示。这一过程从不起眼的事物开始，首先发生在有限的部门和地域，并取决于交通和通信基础设施的能力，它逐渐将核心国家的大量活动囊括其中，并扩散到越来越远的外围。发展是一种通过巨大的跨越或持续约五六十年的高潮而实现的升级过程，每次都会在经济领域和广大的社会领域引发深层的结构变化。②这种结构性变化不仅指生产结构的全面改造，而且会逐渐带来社会的甚至意识形态和文化的治理制度的转型。在此基础上，她重点分析了这一过程中金融资本的作用以及技术和金融资本的关联，金融资本催生了技术革命，并引导新技术在爆发阶段的迅速扩散。

表2-1　　　　　　　每次巨浪导入期和展开期的大致时间

技术革命	主导技术	新兴产业	导入期		展开期	
			爆发阶段	狂热阶段	协同阶段	成熟阶段
第一次：工业革命	机械技术	纺织业、纺织化工业、机械制造业、铸铁铸件业	1771年至18世纪70年代	18世纪80年代至18世纪90年代	1798~1812年	1813~1829年
第二次：蒸汽和铁路时代	蒸汽动力技术	蒸汽机制造业、机床制造业、铁路设备制造业	1829年至19世纪30年代	19世纪40年代	1850~1857年	1857~1873年

---

① ［英］卡萝塔·佩蕾丝. 技术革命与金融资本——泡沫与黄金时代的动力学［M］. 北京：中国人民大学出版社，2007：21.

② ［英］卡萝塔·佩蕾丝. 技术革命与金融资本——泡沫与黄金时代的动力学［M］. 北京：中国人民大学出版社，2007：25.

续表

技术革命	主导技术	新兴产业	导入期		展开期	
			爆发阶段	狂热阶段	协同阶段	成熟阶段
第三次：钢铁、电力和重工业时代	钢铁、电力、天然气、合成燃料技术	电工电气机械及器材、重型武器、船舶用钢、重化学品、合成燃料等制造业	1875~1884年	1884~1893年	1895~1907年	1908~1918年
第四次：石油、汽车和大规模生产时代	石油、化工、航空航天技术	飞机、汽车、拖拉机、机动作战武器等制造业，耐用消费品、石油化工等生产和供应业	1908~1920年	1920~1929年	1943~1959年	1960~1974年
第五次：信息和远程通信时代	信息通信技术	电子信息制造业、电信业、软件和信息技术服务业、互联网行业	1971~1987年	1987~2001年	20世纪	

资料来源：根据弗里曼和佩蕾丝1988年的论文《结构性调整危机：商业周期和投资行为》及《技术革命与金融资本——泡沫与黄金时代的动力学》（pp.17~19）整理。

佩蕾丝等的技术—经济范式理论是对熊彼特创新发展理论的深化和拓展。它不仅具体描述了技术—经济范式更迭中经济的系统性变化，详细考察了五次康德季拉耶夫周期中关键要素、主导产业、基础设施、组织管理创新等方面的变化，而且将研究视角从技术经济领域拓展到社会制度领域，看到了社会经济在两个系统相互作用下的整体变迁和结构变化。其考虑社会经济发展复杂性、系统性的演化特征，提供了一个不同于新古典宏观经济学的分析视角，受到诸多国内外学者的追捧，也成为当前经济学创新理论的代表。只是从本书的视角来看，一方面它的研究起点和核心还是技术创新这一单一的创新形式，对其他形式的创新虽有涉及却并未对它们之间的内在联系和相互作用做系统性考量；另一方面它虽然将研究视角拓展至社会—制度领域，却只将其作为技术—经济变化的辅助和附加，关于结构变迁的论述也主要围绕技术—经济系统的发展进行，对社会—制度层面结构变迁的内在机制没有予以重视。

2. 技术制度共同演化理论

（1）共同演化理论。

共同演化思想同演化一样也是源于生物学领域①。1984 年，诺戈德（Nogaard）将这一概念引入经济学研究领域，用以链接生态系统和经济系统，强调了农业生产中个人和组织的经济行为与生态系统之间的相互作用。共同演化采纳的是一种系统性、多层级、多向性的演化思维，强调不同学科、领域、内容、视角上的包容性和相互丰富，而非单一核心、单向发展的线性模式。不同领域、层级之间的相互作用存在一个复杂的网络式反馈环，只有揭示其间信息交流和反馈的互动机制，才能清除认识它们之间的相互作用关系；在动态共同演化过程中，社会经济系统的每个要素/子系统在相互作用的同时，也都存在自己独立的演进轨道，因此各自的发展除受整体和系统影响外，还受自身原有发展轨道的影响，也就是存在一定的路径依赖；使各个要素/系统间相互作用实现共同演化发展的主体，一定是以个体或各种群体形式存在的有意识的人，社会经济系统的演化发展在很大程度上是以人的认识发展和知识积累为基础的。

随着近年来共同演化思想在社会经济领域的扩展，逐渐兴起了一场关于共同演化的研究热潮，其中经济学领域的研究主要集中在以下两个方面：①组织与环境的共同演化，以麦肯利（McKelvey，1997）、勒文（Lewin，2001）②、波特（Porter，2006）③ 的研究为代表，麦肯利（McKelvey）在其研究中将演化经济学比作"冰山"，认为共同演化才是演化经济学隐藏在水下"更丰富而有意义"的部分，共同演化应该成为演化经济学的研究主体④。②技术和制度的共同演化，代表人物有纳尔逊（Nelson，1994）、佩利坎（Pelican，2003）、穆尔曼（Murmann，2003），主要集中在产业层面、对产业在技术和

---

① 1964 年，埃尔利希（Ehrlich）和拉文（Raven）在《蝴蝶与植物：关于共同演化的研究》中最早使用共同演化的概念，研究蝴蝶与花草类植物间的共同演化关系，指出共同演化是自然多样性的基本机制之一。（P. Ehrlich and P. Raven. Butterflies and plants: A study in co-evolution [J]. Evolution, 1964, 18（4）: 586 – 608.）

② A. Y. Lewin, C. P. Long and T. N. Carroll. The co-evolutionary of new organization forms [J]. Organization Science, 1999, 10（5）: 535 – 542.

③ T. B. Porter. Co – evolutionary as a research framework for organizations and the natural environment [J]. Organization & Environment, 2006, 19（4）: 479 – 504.

④ B. McKelvey. Quasi-natural organization science [J]. Organization Science, 1997, 8（4）: 351 – 380.

制度相互作用下的演化过程和规律进行研究。同样由于本书的研究需要，这里只侧重介绍技术和制度的共同演化研究。

（2）技术和制度的共同演化。

受新制度经济学制度创新理论的影响，1994年，纳尔逊在《技术、产业结构和支持性制度的共同演化》一文中将公司和产业结构随技术演化同与之对应的制度发展联系起来，强调它们之间的关联与相互作用①。事实上，他在《美国支持技术进步的制度》（1987）一文中就看到了制度与技术演化之间的协同，只是当时更侧重对支持技术创新的制度分析，而没有明确指出二者之间的协同演化关系②。随后，他在原有"惯例"概念的基础上进一步区分了"物质技术"和"社会技术"，前者指具有纯技术特征的具体技术和分工程序，后者指具有制度特征的分工间的协调，包括企业组织制度、市场制度、国家政策等③。创新和产业发展需要"物质技术"和"社会技术"的共同作用，技术创新带来的新的"物质技术"的使用需要"社会技术"的协调，不同的"社会技术"会对"物质技术"产生不同的反作用，二者在不断地相互作用中共同演化。也就是说，技术创新和扩散的速度和生产力效应受制度结构的影响，而制度创新——制度结构不断的适应性调整可能会加快新技术及其应用走向成熟的进程，因此，创新过程伴随着技术和制度的交织演进。

之后，佩利坎（Pelikan）进一步描述了技术和制度共同演化的过程机制④。一方面，他认为技术创新对制度的影响主要体现在改变制度创新的社会经济成本和新制度的适应性调整上；另一方面，制度创新会改变组织管理方式，其进展也会影响技术创新及其扩散的速度。当制度演化的进程无法适应技术创新时，制度就会阻碍技术创新及其扩散；反之，当制度创新与新技术的应用相互匹配时，制度就会促进技术演化和产业发展。

---

① R. Nelson. The Co-evolution of technology, industrial structure, and supporting institutions [J]. Industrial and Corporate Change, 1994, 3 (1)：47 – 63.

② 理查德·R. 纳尔逊. 美国支持技术进步的制度 [A]//多西，弗里曼，纳尔逊，西尔弗伯格，苏蒂合编. 技术进步与经济理论. 北京：经济科学出版社，1992：380 – 390.

③ R. Nelson. Bringing institutions into evolutionary growth theory [J]. Journal of Evolutionary Economics, 2002, 12 (1)：17 – 28.

④ P. Pelikan. Bringing institutions into evolutionary economics: another view with links to changes in physical and social technologies [J]. Journal of Evolutionary Economics, 2003, 13 (3)：237 – 258.

在经济变迁中，技术创新的作用是通过产业发展实现的，但是技术无法自动扩张为产业创新，只有在制度创新带来组织管理模式适应性变化的情况下，才能进一步激发技术创新的潜力，提高激励水平，通过产业发展和更迭加速技术创新在产业和部门间的扩散，使技术创新上升为产业创新。因此，当前这一理论的运用主要集中在技术创新后的产业动态变化上，用以解释新兴产业从孕育到成长的过程机制。穆尔曼（Murmann，2003）通过对第二次工业革命期间德、美、英三国合成染料产业发展的经济史分析，揭示了合成染料产业技术和制度之间的演化反馈机制。他认为不同国家之间的制度差异是导致不同产业发展模式的主要原因，并将德国合成染料产业的领先归结为德国在国家、产业、市场等层面为技术创新和产业发展创造了一个良好的制度环境，大学教育和培训制度、工业实验室的建立、规范成熟的市场等使德国形成了一种有益的产学研合作模式。当采用新技术的企业获得高利润后，就会对技术创新和制度创新产生更大的激励，从而加速产业发展并取得领先地位。这一研究建立在实证分析的基础上，对在技术和制度共同演化框架下合成染料产业发展过程的详细考察一定程度上增加了技术制度协同演化的说服力。在这方面我国学者孙晓华和秦川（2011）的研究也较具代表性，他们通过理论和历史分析考察了技术和制度在我国水电行业发展历程中的协同作用，并图示了基于技术与制度协同发展的产业演进过程（见图2-1）。

技术制度共同演化理论提供了一个从技术创新、组织管理创新和制度创新的多维角度分析经济变迁过程的演化视角，关注社会经济系统中多主体、多领域、多层面之间的相互作用，具有深刻的理论内涵和强大的现实解释力，其研究应用范围应该在产业动态之外得到广泛拓展。弗里曼和卢桑（Freeman and Louçã，2001）在其《光阴似箭：从工业革命到信息革命》一书中指出，在技术革命扩散和制度调节框架下，从康德拉季耶夫周期的角度，用共同演化观研究了过去两个世纪现代资本主义社会经济发展和结构变迁过程，指出每个时代的经济增长都以一种技术集群为标志，而这些特定技术的开发应用则需要必要的制度结构支撑[①]。他们在研究长期经济增长问题上的视阈拓展，为本书在长期社会经济演变过程

---

① Chris Freeman, Francisco Louçã. As Time Goes By: From the Industrial Revolutions to the Information Revolution [M]. Oxford: Oxford University Press, 2001: 127.

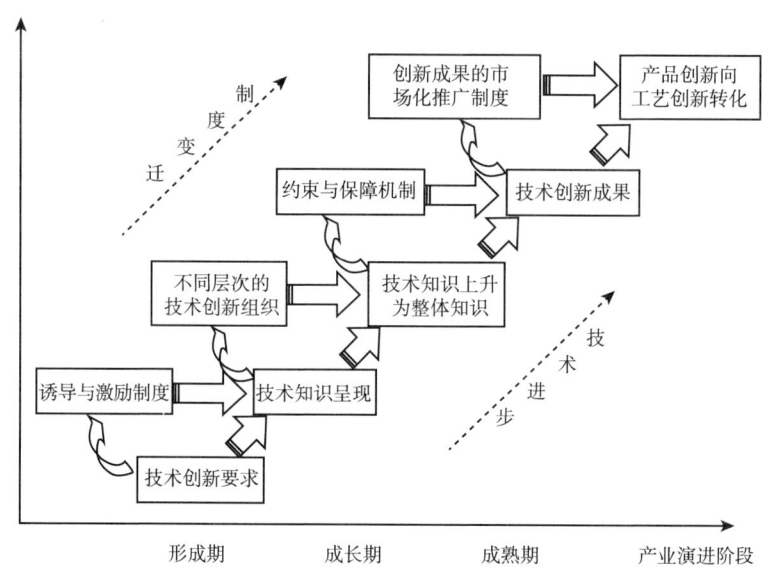

图 2-1　基于技术与制度协同提升的产业演进过程

资料来源：孙晓华，秦川. 产业演进中技术与制度的协同演化——以中国水电行业为例 [J]. 中国地质大学学报（社会科学版），2011，11（5）：78-85.

中系统研究创新、结构变迁和经济发展间的作用和机制提供了有益借鉴。

3. 国家创新系统理论

国家创新系统思想可以追溯到德国历史学派代表人物李斯特（Freidlich List, 1841），他在《政治经济学的国民体系》一书中指出，一国的政策选择及所构成的政策体系对其经济发展绩效会产生重要的影响，而不同国家在进行政策选择时要充分考虑自身自然地理环境和历史文化传统的差异性，这种国家政策选择的系统视角为国家系统理论的形成提供了参考。20世纪80年代，科技发展和创新日益成为经济发展繁荣的关键，备受主要国家和世界组织的重视，尤其是一些科学技术原先相对落后的国家经济发展逐渐显出后来居上的态势，创新问题的研究扩展到国家政策方面。1987年，英国新熊彼特学派代表人物弗里曼（Chris Freeman）在《技术政策与经济表现：来自日本的经验》一书中首次公开[①]使用国家

[①] 这一概念的初次使用是在弗里曼1982年提交给OECD的一份未公开的关于竞争力的文章中，这篇文章后来于2004年公开发表，弗里曼在文中指出，这篇文章或许是第一篇使用"国家创新系统"概念的论文。参见：Chris Freeman. Technological infrastructure and international competitiveness [J]. Industrial and Corporate Change, 2004, 13 (3): 541-569.

创新系统（National Innovation System，NIS）概念，将其定义为"由公共部门和私营部门中各种机构组成的网络，这些机构的活动和相互影响促进了新技术的创造、引入、改进和扩散"[①]，用以解释二战后日本经济在落后情况下迅速实现追赶、跨越。国家创新系统在技术创新与经济发展绩效之间扮演着重要角色，其参与者不仅包括企业，还包括其他私营和公共部门，他们在各种制度安排下共同推动技术创新、扩散和经济发展，构成国家创新系统；国家创新系统通过与创新相关的各种政策制度来激励经济主体的技术创新及应用、扩散行为。1988年，他在《日本：一个新国家创新系统》一文中进一步区分了广义和狭义的国家创新系统，认为广义的国家创新系统包括国家经济体系中涉及引入、扩散新产品的所有机构，而狭义的国家创新系统涵盖与科技活动直接相关的机构及支撑这些机构的教育系统、技术培训系统等[②]。这一理论一经提出，就在创新研究领域引起巨大反响，受到一批学者以及政策制定者的重视和追捧，尤其是其研究对象一开始就锁定在后发国家，使其不仅在主要西方国家盛行，还在广大发展中国家备受欢迎。

1987年，纳尔逊（Nelson）在《作为演变过程中的技术变革》一文中重点分析了美国对技术创新的支持，认为创新是大学、企业、政府等相关机构在市场专利制度、研究开发制度、国家政策计划等支持技术创新的制度安排下，相互协调、共同作用于企业的创新行为[③]。在1993年的著作《国家创新系统：比较分析》中，他对分别代表高收入大国、小型高收入国家和低收入国家和地区的15个代表国家和地区进行了比较分析，认为国家创新系统受到各国资源禀赋差异、政治经济环境、历史文化传统等因素的影响各具特色，具体体现在教育科研系统、R&D系统、金融系统、基础设施、国家政策等方面[④]。

1992年，丹麦学者伦德瓦尔（Bengt-Ake Lundvall）将知识视作经济中最

---

① C. Freeman. Technology policy and economic performance: Lessons from Japan [M]. London: Pinter Publishers，1987：12 – 18.

② 克里斯·弗里曼. 日本：一个新国家创新系统 [A]//G. 多西，等著，钟学文，等译. 技术进步与经济理论. 北京：经济科学出版社，1992：402 – 419.

③ Richard R. Nelson. Understanding technical change as an evolutionary process [M]. Amsterdam: Elsevier Science Ltd，1987；纳尔逊. 美国支持技术进步的制度 [A]//G. 多西，等著，钟学文，等译. 技术进步与经济理论. 北京：经济科学出版社，1992：380 – 396.

④ R. R. Nelson. National System of Innovation: A Comparative Study [M]. Oxford: Oxford University Press，1993：35.

基础的创新,通过生产者、用户之间交互作用得以产生、扩散和运用,国家创新系统就是在新知识产生、扩散、运用过程中由内部各要素之间相互作用而形成的网络系统,而新知识产生、扩散及运用效率也是衡量国家创新系统的重要标准。他同样对国家创新系统做了广义和狭义的区分,前者指经济结构的所有部门和方面,如生产系统、市场体系、金融系统等,后者指参与研究开发的组织机构,如从事研发活动的机构、技术研究所和大学等[1]。这一视角与知识经济的兴起和发展密切相关,被认为是微观层面的国家创新系统研究,相对纳尔逊的经验研究而言,伦德瓦尔的分析更偏重理论视角,不仅从国家层面研究了在相应制度安排、生产结构和主体交互、内部各子系统之间相互作用下创新系统的形成,还考虑到经济全球化中的系统开放性以及外部环境的影响,一定程度上补充了国家创新系统理论。

此后,除了佩特尔和帕维特(Parimal Patel and Keith Pavitt)[2]、麦特卡尔夫(Scott Metcalfe)[3]、埃德奎斯特(Charles Edquist)[4] 等一批学者对国家创新系统进行补充和深入研究之外,经济合作与发展组织(OECD)也于1994年启动了历时九年、三个阶段的国家创新系统项目,发布了《进入和扩展科学技术知识基础》(1995)、《以知识为基础的经济》(1996)、《促进创新:簇群趋法》(1999)、《管理国家创新系统》(1999)、《创新网络:国家创新系统中的合作》(2001)[5] 等一系列有关国家创新系统的研究报告,在理论、

---

[1] Bengt-Ake Lundvall. National Systems of Innovation: Towards a Theory of Innovation and Interaction Learning, London and New York: Pinter, 1992: 12.

[2] Pari Patel, Keith Pavitt. The continuing, widespread importance of improvements in mechanical technologies [J]. Research Policy. 1994, 23 (5): 533–545; Parimal Patel and Keith Pavitt. The Nature and Economic Importance of NIS [J]. STI Review, 1994.

[3] Metcalfe. S. The Economic Foundations of Technology Policy: Equilibrium and evolutionary Perspectives in P. Stoneman. ed. Handbook of the Economics of Innovation and Technical Change [M]. London: Blackwell, 1995: 409–512; Metcalfe S. R. Innovation systems and the competitive process in developing economies [J]. The Quarterly Review of Economics and Finance, 2008, 48 (2): 433–446.

[4] Charles Edquist. Systems of Innovation: Technologies, Institutions and Organizations [M]. London: Pinter Publishers, 1997.

[5] OECD. Accessing and Expanding the Science and Technology Knowledge Base [R]. STI Review16. Paris: OECD, 1995; OECD. The Knowledge-based Economy [R]. Paris: OECD, 1996; OECD. Managing National Innovation Systems [R]. Paris: OECD, 1999; OECD. Boosting Innovation: The Cluster Approach [R]. Paris: OECD, 1999; OECD. Innovative Networks: Co-operation in National Innovation Systems [R]. Paris: OECD, 2001.

案例、绩效评价、政策实施等多方面丰富了国家创新系统的研究。OECD 的专家学者综合了弗里曼、纳尔逊、伦德瓦尔的研究成果,将国家创新系统定义为"公共和私人部门中的组织结构网络,这些部门的活动和相互作用决定着一个国家扩散知识和技术的能力,并影响着国家的创新绩效"①。第一阶段主要夯实了国家创新系统理论的知识经济基础;第二阶段针对创新的不同问题在不同国家展开专题研究,研究成果集中体现在该阶段的总结报告《管理国家创新系统》中,提出了一个综合性的分析框架(见图 2-2),考虑到全球、区域、产业、企业多个层面的创新系统;第三阶段的研究主要为了形成在国家创新系统框架下的具体政策建议,在其成员国贯彻实施,推动国家创新系统从理论走向政策。丹麦、芬兰、美国、韩国等国家在国家创新系统理论的应用和区域、产业集群创新方面都取得了明显的成效,国家创新系统理论和政策实践在我国也得到了广泛的应用和发展。

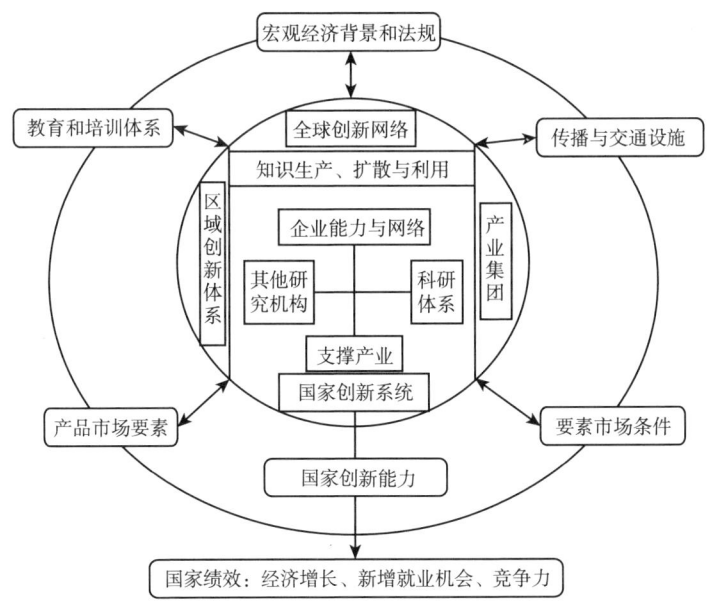

图 2-2 OECD 国家创新系统模型

资料来源:OECD. Managing National Innovation Systems [R]. Paris:OECD,1999.

---

① OECD. National Innovation System [R]. Paris,1997:9.

我国学者关于该理论的研究始于20世纪90年代中期，早期的研究基本是对国外研究成果的介绍和对中国国家创新系统构建的设想和建议，之后才逐渐在理论分析和应用范围上进行了深化和扩展，比较突出的是何传启（1998）对国家创新系统发展阶段的划分和李国平等（2002）对国家创新系统理论结构构成的完善。何传启（1998）将国家创新系统的发展历程划分为国家技术创新系统、国家创新系统、国家知识创新系统三个阶段[1]，三个阶段因所处时代和创新研究阶段不同而各具特点（见表2-2），这种划分方式一定程度上体现了国家创新系统研究的发展趋向。2002年，李国平等在已有国家创新系统理论研究的基础上，对国家创新系统理论所涉及的政府、企业、大学和研究机构以及社会经济系统中所包含的知识创新子系统、技术创新子系统和对支撑二者的经济、制度、文化创新子系统进行综合，描绘了一个国家创新系统的结构示意图（见图2-3），在结构上更能清楚地展现国家创新系统的运行机制。

表2-2　　　　　　　　国家创新系统演变的三个阶段

阶段	名称	时代	特点	参考文献
第一阶段	国家技术创新系统	工业经济时代20世纪40~80年代	强调技术创新和技术流动及相互作用	弗里曼（1987）纳尔逊（1993）
第二阶段	国家创新系统	从工业经济向知识经济过渡时期20世纪90年代以来	强调技术创新和知识的创新、扩散、应用及人员流动	伦德华尔（1992）麦德华尔夫（1995）OECD（1997）
第三阶段	国家知识创新系统	知识经济21世纪	强调知识创新和新知识高效应用	美国国家研究理事会（1996）罗杰斯（1996）何传启（1998）

资料来源：He Chuanqi. National Knowledge Innovation System: Structure, Function and Indicators. In Proceedings of 98' Sino-French workshop on S&T Policy, Beijing: CHEP, Springer Press, 1998: 18-26；张凤，何传启. 国家创新系统——第二次现代化的发动机 [M]. 北京：高等教育出版社，1999: 10.

国家创新系统理论的应用范围涉及全球、区域、产业、企业等多个层面，内容又牵涉多个学科领域，在体现理论本身强大生命力的同时，由于创新系统分析要求以一定的社会生态为前提，而不同的社会生态之间的千差万别，

---

[1] He Chuanqi. National Knowledge Innovation System: Structure, Function and Indicators [A]//. In Proceedings of 98' Sino-French workshop on S&T Policy. Beijing: CHEP, Springer Press, 1998: 18-26；张凤，何传启. 国家创新系统——第二次现代化的发动机 [M]. 北京：高等教育出版社，1999: 9-25.

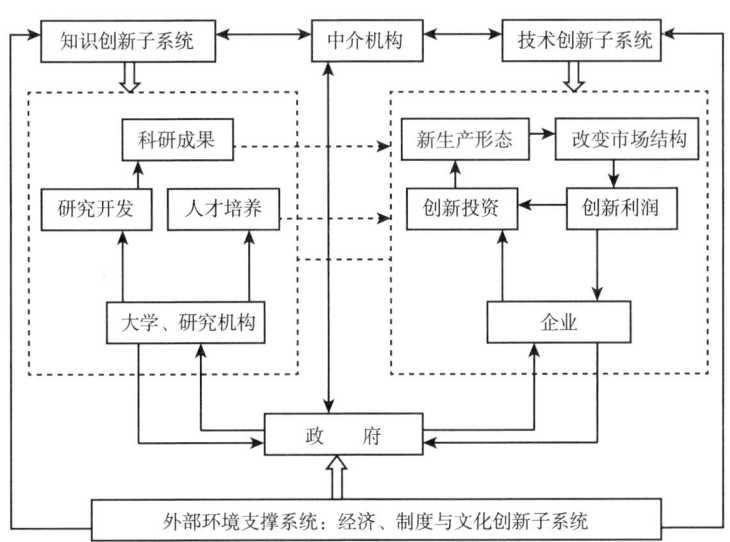

图 2-3 国家创新系统结构示意

资料来源:李国平,杨柏林等.区域科技发展规划的理论与实践[M].北京:海洋出版社,2002,15-16.

来自不同视角的分析侧重也各有不同,导致其无论是在研究范围、指标选择方面,还是在绩效评价方面都很难达成一致。理论应用的普适性带给人一种"放之四海而皆准"之感,甚至在学界引起关于国家创新系统是理论还是方法的争议[①],其鲜明的政策导向也在一定程度上削弱了理论性。此外,国家系统理论虽然关注内部要素间的复杂结构和动态关系,本质上还是以科技创新为核心,即使是国家创新系统宏观层面的研究,其落脚点也在建构制度框架以促进科技创新、增强经济发展绩效上,而非通过考察结构变迁过程揭示社会经济内部各子系统之间的相互作用机制;且或许由于影响其制度框架的因素横跨多个学科,为系统制度框架建构的理论分析带来很大难度,因此其理论中关于制度框架本身的分析往往浅尝辄止,大多停留于政策层面而缺乏理论深度。除了基于知识创新的分析奠定了技术创新的微观基础之外,国家创新系统理论的价值更多地体现在给我们提供了一种创新分析的系统动态演化视角。

---

① 参考:N. Sharif. Emergence and development of the National Innovation Systems concept [J]. Research policy, 2006, 35 (5): 745-766; C. Edquist. Reflections on the systems of innovation approach [J]. Science and Public Policy, 2004, 31 (6): 485-489.

4. "新熊彼特"创新理论的评价

尽管如今的新熊彼特创新理论研究吸收了新古典经济学、制度经济学、新制度经济学、经济史等诸多经济学分支的理论和方法,并不断发展出更具综合性和延伸性的理论体系,但因为熊彼特的创新理论始终是其创新研究的重要灵感来源,故依然被称作"新熊彼特"的。纳尔逊和温特(1982)在谈及演化经济学兴起时曾指出,"新熊彼特的"这一名词是我们整个分析方法的适当名称,正像"演化的"一词一样适当。为了成为"新熊彼特"学派,我们才成为演化的理论家,因为演化的思想为我们详细说明和正规表述熊彼特看法提供了一种可以工作的分析方法。[①]

然而,这些对其他经济学分支的广泛吸收和借鉴只是从 20 世纪 70 年代以来才开始的,20 世纪五六十年代的创新研究主要还是局限在熊彼特的理论框架之内,围绕技术创新,集中讨论了企业规模、市场结构(垄断与竞争)、创新动力、技术推广、创新蜂聚、经济周期等问题,主要是对熊彼特创新理论的详细检验和深入诠释,比较有代表性的有曼斯菲尔德(Emanuel Mansfield)关于技术扩散的研究、卡米恩和施瓦茨(M. Kamien and N. Schwartz)关于技术创新市场结构类型的研究、门施(Mensch)对熊彼特创新蜂聚假说的历史检验,以及范·杜因(Van Dujin)、克莱因克耐希特(Kleinknecht)等对技术创新所引发的经济周期理论的详细考察等。这些研究虽因与本书创新研究的侧重点和视角不同,未加以详细介绍,但它们作为经济学创新理论的重要组成部分和发展历程中的必经阶段,却是不可不提及的。

总体来说,技术经济范式理论、技术和制度共演理论、国家创新系统理论虽然侧重各有不同,但都为本书的创新研究提供了一个系统的理论视角,国家创新系统理论中知识创新系统的引入丰富了创新理论的微观基础,新熊彼特的演化观也为科学把握创新与经济发展规律提供了方法上的参照。在马克思创新思想、熊彼特创新理论、基于技术创新的现代经济增长理论、制度创新理论之外,它们均构成本书创新研究的重要基础。

---

① 纳尔逊,温特. 经济变迁的演化理论[M]. 北京:商务印书馆,1997:47.

第 3 章
创新、结构变迁与经济发展——一个理论框架

从上一章创新理论的梳理来看,经济学对创新问题的研究呈现出一种从系统到分散再到系统的发展趋势,但毋庸置疑的是,创新研究始终与经济学中的基本问题经济发展联系在一起。本章将在以往经济学创新理论研究的基础上,首先介绍本书所指的创新、结构变迁和经济发展的内涵,随后分析创新系统和结构变迁之间互动机制,进而提出一个包含创新系统、结构变迁及其互动机制、以反映经济发展过程的理论框架。

3.1 相关概念辨析与内涵界定

凡立论者,必先界说。本书研究中所涉及的创新、经济结构和经济发展均有广泛丰富的内涵,时代的发展和研究的深入更加深了其复杂性,在学术研究和使用中常因研究背景、内容、对象的差异而所指不同、众说纷纭。为避免概念不清所产生的歧义和混淆,有必要对本书研究框架中所涉及的核心概念进行说明,并对与之相关的概念进行辨析,以减少误解和争论。

3.1.1 结构变迁与经济发展中的创新系统

1. 创新的内涵演变与分类

(1) 创新的内涵演变。

在人类社会发展历史中,创新作为人类社会重要实践形式,随着创新实践的发展,人们对创新的认知也而不断深化,创新内涵也经历了一个丰富细化的过程。在马克思和熊彼特对创新进行系统阐述之后,经济学对创新的理解开始走向以单一技术创新为主导的分散和细化过程,直到 20 世纪 80 年代之后,弗里曼(Chris Freeman)、纳尔逊(Richard Nelson)等才又将对经济学创新活动的线性理解重新引向系统的、非线性的复杂认识。

随着知识经济时代的到来，美国经济学家保罗·罗默（P. Romer，1986，1987）从知识创新与经济增长之间关系的角度重新定义了创新，把知识视为推动经济增长的重要生产要素，指出经济增长应当建立在内生的基础上，只有知识创新才能带来经济发展的永续增长[①]。随后，美国学者艾米顿（Debra M. Amidon，1993）正式提出"知识创新"的概念，将其定义为"通过创造、演进、交流和应用，将新的思想转化为可销售的产品和服务，以取得企业经营成功、国家经济振兴和社会全面繁荣的过程"[②]。

1996年，世界经济合作与发展组织（OECD）发布《以知识为基础的经济》的报告，不仅进一步区分了知识创新和技术创新，还以知识创新为基础界定了国家创新体系（系统）："创新需要使不同行为者（包括企业、实验室、科学机构与消费者）之间进行交流，并且在科学研究、产品开发、生产与销售之间进行反馈。把这些看成一个整体就称作国家创新体系……从本质上看，创新体系是由存在于企业、政府和学术界的关于科技发展方面的相互关系和交流所构成的。"[③]

（2）创新的类型划分。

创新本身作为一个动态过程，在不同阶段表现出不同的特征，也会出现不同形式的创新。创新实践的发展和研究的深入使创新的内涵和外延不断扩展，也出现了纷繁复杂的创新类型和划分方式，但整体上仍遵循着熊彼特的创新类型框架。

以后的学者对创新理论进行了规范和实证的进一步探索，创新理论在得到不断充实和完善的同时，也出现了多种创新类型和划分方式，如内生/自主创新、模仿创新和合作创新，原始创新、集成创新和引进消化吸收再创新，开放式创新和封闭式创新[④]，硬创新和软创新[⑤]，以及新兴市场国家出现的巧

[①] P. M. Romer. Increasing Returns and Long-Run Growth [J]. Journal of Political Economy，1986，95（5）：1002-1037；P. M. Romer. Growth Based on Increasing Returns Due to Specialization [J]. American Economic Review，1987，77（2）：56-62.

[②] Debra M. Amidon Rogers. Knowledge innovation system: The common language [J]. Journal of Technology Studies，1993，19（2）：2-8.

[③] 经济合作与发展组织. 以知识为基础的经济 [M]. 北京：机械工业出版社，1997：11.

[④] H. W. Chesbrough. Open innovation: The new imperative for creating and profiting from technology [M]. Harvard Business School Press，2003.

[⑤] P. Stoneman. Soft innovation: economics, product aesthetics, and the creative industries [M]. Oxford University Press，2010.

智创新（jugaad innovation）①、催化式创新（catalytic innovation）②、草根创新（grassroots innovation）③ 等④。由于本书要研究的是与社会经济整体变迁有关的创新，是一个复杂的有机系统，一定程度上包含但不同于这些具体的创新形式，这里只选取与本书所研究的创新关联性较强且在经济学领域比较有影响力的SPRU⑤分类进行详细介绍，对其他创新形式不再赘述⑥。

SPRU根据技术创新的重要程度将其分为以下四种。⑦ ①渐进性创新（increment innovation）。渐进性创新指渐进的、连续的小创新，常出自直接与参与生产消费的技师、工人、用户之手。渐进性创新是一个相对概念，一项对社会经济整体来说的渐进创新，对一个企业或产业而言或许就是突破性的，可以带来巨大的商业价值，比如商业模式的创新。即使对社会经济整体而言，渐进性创新的重要性也不可小觑，诸多渐进创新的积累是带来社会变革的根本性创新的前提和基础。②根本性创新（radical innovation）。根本性创新强调首创和根本性突破，往往建立在基础研究领域的大规模投入之上。根本性创新是对熊彼特"破坏式创新"的延伸，包含一个从知识观念到技术平台、再到产品开发和产业结构变化的综合过程，常伴有技术创新、产品创新、工

---

① S. Singh, G. D. Sharma. The jugaad technology [M]. Saarbrücken: Lap Lambert Academic Publishing, 2012.

② C. M. Christensen et al. Disruptive innovation for social change [J]. Harvard Business Review, 2006, 84 (12): 94-101.

③ A. Smith et al. Grassroots innovation movements: challenges and contributions [J]. Journal of Cleaner Production, 2013, 63 (2): 114-124.

④ 这些新兴市场国家出现的创新形式也被称为朴素式创新（frugal innovation），最早载于2010年英文版《经济学人》题为 First break all the rules: the charms of frugal innovation 一文中；我国学者陈劲等（2014）沿用了这一概念，参见：陈劲，王锟. 朴素式创新：正在崛起的创新范式 [J]. 技术经济, 2014, (1): 1-6, 117.

⑤ 英国苏塞克斯（Sussex）大学科学政策研究中心（Science Policy Research Unit），简称SPRU，是较早研究创新问题的机构。

⑥ 关于技术创新还有一种讨论较多的分类方法，即根据对象的不同划分为产品创新（product innovation）和工艺创新（process innovation），但由于二者之间的关系较为复杂，产品创新常常包含工艺创新、工艺创新在很多情况下也是产品创新，很难将二者严格区分开。关于这一划分在国内外学者中都存在较大争议，故这里不展开讨论，只在下文介绍产品创新时提出它在本书中所指，具体参见：Alfred Kleinknecht. Innovation Patterns in Crisis and Prosperity [M]. London: Macmillan, 1987: 68；高峰. 产品创新与资本积累 [J]. 当代经济研究, 2004 (4): 3-10；孟捷. 产品创新与马克思的分工理论 [J]. 当代经济研究, 2004 (9): 46-52.

⑦ G. Dosi et al.. Technical change and economic theory [M]. London: Pinter Publishers, 1988.

艺创新、组织创新和市场创新等多种创新形式,并可能会形成新的产业标准、商业选择,在一段时间内引起产业结构的变化。① ③技术系统变革(change of technology system)。这种性质的创新将产生具有深远意义的变革,影响经济的几个部门,伴随新兴产业的出现。这时,不但有根本性的、渐进的创新,还会有技术上有关联的创新群的出现。④技术—经济范式变更(change in techno-economic paradigm)。这种变更既伴随着许多根本性的创新群,又包含许多技术系统的变更,它几乎影响到经济的每一个部门,改变人们的生产生活方式,进而推动社会经济整体的变迁。这四种类型创新的划分实际上还体现了创新从微观到宏观不同层面的系统性。

尽管对创新内涵的理解重新从分散走向系统,SPRU 关于创新类型的划分也体现了这一趋势,但无论是国家创新系统还是技术经济范式的系统性内涵,都仍然存在一定的局限性。二者虽涉及创新主体、社会各子系统以及宏微观层面的创新系统性,但在理论分析中都具有明显的偏向性,国家创新系统侧重创新主体系统性视角的分析,而技术经济范式则仍以技术创新为核心,虽在内涵上是系统的,但在理论分析中均未能完整揭示创新系统与结构变迁互动演化机制,清楚呈现社会经济发展演进的过程,因此,本书强调从结构变迁和经济发展中认识创新的系统性及其与结构变迁间的关系。

2. 结构变迁与经济发展中的创新系统

本书研究创新、结构变迁和经济发展,旨在揭示创新推动结构变迁和社会经济发展的内在机制和规律,沿用马克思唯物史观的分析思路,在社会基本矛盾运动中理解创新②,因而本书中的创新除了包含在上一章马克思创新思想分析中所提到的系统性、动态性的内涵特征之外,还着重强调创新与结构变迁之间的关联,因为由社会基本矛盾运动和阶级斗争推动人类社会历史发展的过程必然伴随着社会经济结构的变迁,而这一社会经济发展中不可或

---

① SPRU 关于渐进性创新和根本性创新的划分常为微观领域的研究者所采纳,并在此基础上有所发展,如加西亚和卡兰顿(Garcia and Calantone, 2002)将其进一步划分为根本型创新、适度创新和渐进型创新,福斯特(Foster, 1986)提出的用以描述和识别渐进性和根本型创新的技术 S 形曲线,克里斯滕森(Christensen, 1997)提出的破坏性创新(disruptive innovation);我国学者何传启和张风(2001)关于渐进性创新、突破性创新和革命性创新的划分,顾海(2001)关于突破性创新、渐进性创新、根本性创新和转移式创新的划分。

② 关于创新本质和内涵特征的理解参见 2.1.1(pp. 11 – 15)。

第3章 创新、结构变迁与经济发展——一个理论框架

缺的结构性变化却往往被大多数马克思创新思想的研究所忽略。事实上，社会经济结构变迁及其与创新的关联都内涵在以唯物史观为指导的生产方式分析中。例如，科技创新促进分工和生产力发展，从而引起产品/部门创新和产业结构变迁："现代工业通过机器、化学过程和其他方法，使工人的职能和劳动过程的社会结合不断地随着生产的技术基础发生变革。这样，它也不断地使社会内部的分工发生革命，不断地把大量资本和大批工人从一个生产部门投到另一个生产部门"①。分工和新产业的发展、产业结构的变迁也会催生与之相适应的组织管理创新和制度创新。而阶级斗争理论更是道出了创新与社会结构变迁的关联，即创新在社会基本矛盾运动中导致以阶层结构为主的社会结构变迁，进而建立"新社会"，引发新一轮的创新："生产力在其发展的过程中达到这样的阶段，在这个阶段上产生出来的生产力和交往手段在现存关系下只能造成灾难，这种生产力已经不是生产的力量，而是破坏的力量（机器和货币）。与此同时还产生了一个阶级，它必须承担社会的一切重负，而不能享受社会的福利，它被排斥于社会之外，因而不得不同其他一切阶级发生最激烈的对立。"② 这里将在马克思的分析基础上，以制度创新、科技创新、组织管理创新、产品/部门创新等创新形式为主线，结合其他相关理论进行一定程度的拓展，在丰富和诠释创新系统内部各种创新形式之间内在关联的同时，也注重体现创新与结构变迁之间的互动。

（1）制度创新。

第2章制度创新理论部分介绍了几位代表性学者对制度创新内涵的理解以及关于制度变迁的几种观点。这里制度创新采用威廉姆森所指出的新制度经济学制度创新的主要研究范围：四个层级划分中的第二、第三层级，即制度环境、契约规范方面的制度创新。几种制度变迁理论虽然没有专门强调，但它们的制度变迁分析均建立在利益集团的理论基础之上，文化、信念、国家、意识形态，都要通过人的实践活动才能推动制度事实上的改变，马克思阶级斗争理论中关于阶级的分析也暗含了这一思想。这里对利益集团在制度创新中主体地位的强调主要是为了突出人在社会经济发展中的主观能动作用，

---

① 马克思恩格斯全集（第二十三卷）[M]. 北京：人民出版社，1972：533-534.
② 马克思恩格斯选集（第一卷）[M]. 北京：人民出版社，1995：90.

是一种人本论思想。利益集团在制度变迁中的主体角色不仅为许多不同流派的经济学家所接受，而且为不少历史学家、政治学家和社会学家所认可。经济学关于利益集团的分析以美国学者奥尔森（Mancur Olson）的分析最具代表性，他在《集体行动的逻辑》（1965）一书中多次提到"集团理论"在社会学和政治学中的重要地位，认为在社会中集团普遍存在而不可避免。然而，奥尔森的分析重点在于强调集体行动的困境及其所导致的制度僵化。他对"集团"进行了分类，认为集团所提供的公共产品因具有非竞争性和非排他性而不可避免地出现个体成员的搭便车行为，集团中存在着只能提供低于最优水平的集体物品的倾向，集团中个体数量越大，离最优水平越远，大集团效率低于小集团。而且，他所分析的"搭便车"行为建立在个人利益最大化的假设之上，"利益"一词有仅指经济利益的倾向，他在注释中表明，"社会学家和经济学家都注意到光凭意识形态的动力并不足以使人民大众进行不懈的努力"，将意识形态的动力同利益驱使区分开来①。需要特别说明的是，本书在将利益集团（为实现共同利益目标所组成的团体）作为制度创新主体进行分析时，"利益"一词包含经济利益、意识形态等在内的、任何可以驱使主体采取制度变革努力的动力因素，虽然这一动力主要由来自经济利益，但并不排除其他非经济因素的影响。这里引用我国学者郑杭生等（1997）的分析：所谓社会成员的利益，就其本意来说，主要是指人们的某种期望或追求，这种期望或追求可能是物质性的，也可能是非物质性的。我们可以将社会成员的利益追求，归结为在特定社会地位和社会关系基础上所表现出来的各种需求——经济、文化、政治和社会等各个方面的需求。②

制度创新是在利益集团的多元博弈中发生的，利益集团的博弈是利益格局调整和社会结构变化的集中体现，因此研究制度创新离不开对社会结构的

---

① 关于这一点，他还特别引用马克斯·韦伯的话加以说明，"市场经济中的所有经济活动都是个人为了其理想的或物质的利益而进行并完成的……即使一个经济制度建立在社会主义基础之上，在这一方面也没有什么根本的不同……当然确实存在只建立在单纯意识形态之上的经济行为，但大多数人不会这样做。"参见：曼瑟·奥尔森. 集体行动的逻辑 [M]. 上海：上海人民出版社，1995：46。而事实上，从社会学的视角，韦伯（1904）和帕森斯（1937）都曾强调过文化价值观对主体行动的影响。

② 郑杭生等. 当代中国社会结构和社会关系研究 [M]. 北京：首都师范大学出版社，1997：30。

分析，社会结构①是理解利益集团构成及其变化的基础。很多历史研究表明，社会结构的变化在制度变迁过程中扮演着重要的角色。诺思在对15～17世纪英国、荷兰、法国、西班牙的历史发展和制度变迁过程进行比较分析时，就曾提到不同国家阶层结构及其力量对比差异对私人产权确立的不同影响②。遗憾的是，他的分析中虽然体现社会结构变迁的作用，却未能将其提炼为制度创新的一种机制，本书的研究将突出强调社会结构变迁与制度创新间的内在关联。

（2）科技创新。

二战后，随着科学创新在技术创新中重要性的日益凸显，以及科学知识转化为技术创新时间的缩短，科学创新与技术创新逐渐走向融合。就生产力发展而言，科学和技术相互促进，具有一定的天然融合度。科学创新为技术创新提供理论基础，技术创新在生产中的应用实践又为科学创新提供事实上的灵感来源。马克思曾分析指出，磨在生产中的不断改进吸引人们进行力学研究，并发现了力学原理，力学原理的发现又为蒸汽磨的发明和应用提供了原理支持；"把生产过程转化为自然科学、力学、化学等等的自觉的运用，转化为工艺学等等的自觉的运用……所有这一切都表现为资本的生产力"③。因此，在本书的创新系统研究中，不做科学创新和技术创新的详细区分，而是将二者结合起来考察。

随着知识经济的兴起，知识创新不断被推向人们的视野，关于知识创新的理论研究也层出不穷，作为其他创新形式尤其是科技创新的基础，知识创新的相关理论是研究科技创新不可回避的，纳尔逊（Nelson，1994）曾撰文

---

① 社会结构有广义与狭义之分，广义的社会结构是指一个国家或地区占有一定资源、机会的社会成员的组成方式及其关系格局，包含人口结构、家庭结构、城乡结构、区域结构、就业结构、收入分配结构、社会阶层结构等（参见：陆学艺．当代中国社会结构 [M]．北京：社会科学文献出版社，2010.）；在马克思社会结构的研究中，社会结构通常指包含生产力和生产关系、经济基础和上层建筑的社会系统，包含经济、政治、文化等方面；在积累的社会结构（social structures of accumulation，SSA）理论中，社会结构则指一整套包括政治、经济、文化以及国际、国内制度等在内的统一体。这里所讨论的社会结构主要指社会阶层结构或社会分层结构。

② ［美］道格拉斯·诺思，经济史中的结构与变迁 [M]．上海：上海三联书店，1994：162 - 178.

③ 马克思恩格斯全集（第四十九卷）[M]．北京：人民出版社，1982：84.

指出，创新是知识积累随时间演变的过程①。此外，经济学不少关于经济增长的研究都曾注意到知识在技术创新中的基础性作用。早在1945年哈耶克（Friedrich Hayek）就曾在文章中指出，技术创新人员如果不能掌握隐性知识，那么技术创新很难成功②；阿罗（Kenneth Arrow，1962）在其著名的"干中学"模型中引入知识溢出的概念③；罗默（Paul Romer，1986，1987）则将知识视作要素，直接考察知识生产和知识溢出的经济增长效应，建立内生增长模型④。随后，美国学者艾米顿（Debra M. Amidon Rogers，1993）正式提出"知识创新"的概念，将其定义为"通过创造、演进、交流和应用，将新的思想转化为可销售的产品和服务，以取得企业经营成功、国家经济振兴和社会全面繁荣的过程"⑤。而在知识创新的相关理论中，关于知识创新网络——社会网络/社会资本对知识创新的影响研究最具代表性。知识创新的集体协作特性使其很大程度上依赖于所处的社会环境和文化氛围，社会网络理论为分析这种环境氛围提供了一个很好的理论视角；社会环境和文化氛围作为非正式制度，也是研究制度创新如何影响科技创新的重要部分。

（3）组织管理创新。

组织管理创新与技术进步和分工发展息息相关。管理以组织的发展为基础。从历史来看，资本主义生产组织形式始于手工工场的出现，15世纪和16世纪，以航海技术进步为基础的地理大发现为资本主义生产发展开辟了广阔的市场，急剧扩大的市场需求产生了变革由个体劳动主导的生产方式以扩大生产的需要，在必要财富积累的前提下，手工工场应运而生，并随着技术与分工的发展很快演变为机器化生产的大工厂。生产组织方式的发展演进，实

---

① Richard Nelson. The Co-evolution of Technology, Industrial Structure and Supporting Institutions [J]. Industrial and Corporate Change, 1994, 3 (1): 47 – 63.

② Friedrich Hayek. The Use of Knowledge in Society [J]. The American Economic Review, 1945, 35 (4): 519 – 530.

③ Kenneth Arrow. The Economic Implications of Learning by Doing [J]. The Review of Economic Studies, 1962, 29 (3): 155 – 173.

④ Paul Romer. Increasing Returns and Long-Run Growth [J]. Journal of Political Economy, 1986, 95 (5): 1002 – 1037; Growth Based on Increasing Returns Due to Specialization [J]. American Economic Review, 1987, 77 (2): 56 – 62.

⑤ Debra M. Amidon Rogers. Knowledge innovation system: The common language [J]. Journal of Technology Studies, 1993, 19 (2): 2 – 8.

第3章 创新、结构变迁与经济发展——一个理论框架

质上是适应技术进步和分工发展所采取的协作形式不断变化的过程。管理活动产生于组织内部分工的发展和监督雇佣劳动的需要,是与资本主义生产组织形式相伴而生的,直到20世纪初,泰罗式的科学管理革命才将管理活动从生产劳动中完全分离出来,使管理学成为一门独立的学科。随着生产规模的扩大,管理活动内部也出现了多样化的分工,逐渐发展为多部门、多层级的系统性活动,管理在组织中的职能也日益突出。现代意义上的组织与管理创新往往并行发生,管理创新会带来生产组织形式的相应变化,组织上的创新也会伴随管理上的变革,如福特式的大规模生产组织形式对应多层级的等级管理体系,而建立在信息技术发展基础上的精益化生产组织形式则产生扁平化的M型管理结构。

组织管理创新与技术创新是相互作用、共同发展的。一方面,技术进步和分工发展是组织和管理创新的基础。市场机制的作用使生产者为了生存和获取竞争优势不断采用新技术,促进生产规模和分工体系的扩大,从而产生组织管理创新的现实需求;同时,建立在技术进步基础上的交通运输的发展也使分工和市场的地域范围进一步扩大,推动组织和管理上的适应性变革。另一方面,生产组织内部分工的发展使机器不断改进,推动技术不断进步,并在组织内部发展出专门从事技术研发的部门;当技术和分工发展到一定阶段,就会对协作提出新的要求,进一步推动组织管理创新。

此外,技术创新和组织管理创新中分工的发展会对社会职业结构的变化产生直接影响,从而引起收入分配和社会阶层结构的变化。根据美国企业史专家钱德勒(Alfred Chandler,1977)的分析,从19世纪40年代开始,现代企业管理层级制的出现诞生了大批职业经理人;此后,职业经理人阶层逐渐发展成长为一支重要的社会力量,这种阶层结构的变化在战后曾一度成为社会变化的研究热点[①]。

---

① 美国制度经济学家詹姆斯·伯纳姆(James Burnham)、约翰·加尔布雷斯(John Galbraith)、社会学家丹尼尔·贝尔(Daniel Bell)等都曾对职业经理人阶层社会地位和社会权力的变化进行过详细分析,具体参见:James Burnham. The Managerial Revolution [M]. New York:Van Rees Press,1941;John Kenneth Galbraith. The NewIndustrial State [M]. Boston:Houghton Mifflin,1967;Daniel Bell. The Coming of Post-Industrial Society:A Venture in Social Forecasting [M]. New York:Basic Books,1973.

(4) 产品/部门创新。

产品/部门创新是本书讨论创新的基点。第 2 章在马克思创新思想部分曾提到,产品/部门创新是马克思创新思想中颇具争议的话题。我国学者孟捷(2001,2004,2009)教授曾在几篇文章和著作中接连指出,马克思在资本积累分析中一定程度上忽视了产品创新的问题。关于产品创新的定义,他指出"我们所接受的,是门施(Mensch)、范·杜因(van Duijn)和库姆斯—克莱因克耐希特(Coombs-Kleinknecht)的分类传统。按照这个传统,产品创新和工艺创新不仅可以在经验研究中适当地区分开来,更重要的是,两者对于资本积累的意义是不同的,这正是门施把"基本创新"(建立新部门的产品创新)从其他创新中划分出来时在方法论上的考虑"①。在门施(Gerhard Mensch)、范·杜因(van Duijn)、克莱因克耐希特(Kleinknecht)等那里,"基本创新"是指为新的迅速成长的产业或现有产业的激烈变革提供基础的技术创新②,基本创新和工艺创新都属于技术创新的范畴。对于基本创新意义上的产品创新和工艺创新的关系,高峰(2004)教授曾发文进行探讨,并指出"工艺创新和产品创新作为技术创新的两种基本类型,其区别是相对的",很难将二者严格区分开来。孟捷教授用"产品创新"来指代门施意义上的"基本创新",或许是因为产品创新表现为消费品创新和资本品创新两种形式,而资本品创新常常伴随新产业部门的出现,但是,用"产品创新"一词来指代能够产生新产品部门的技术创新容易引起歧义和混淆。因此,本书将产品/部门创新同技术创新区分开来,指以重大技术创新为基础的、包含所有资本品创新和消费品创新的新的产业部门的出现。

马克思低估了产品/部门创新及其扩散的经济效应,而当创新所带来生产发展速度快于资本积累时,就会为资本积累和资本主义发展创造出更大的发展空间,从而改变资本积累规律,缓解资本主义社会矛盾的激化。资本主义社会发展运行的历史事实表明,尽管经济危机仍会周期性地爆发,

---

① 孟捷.产品创新与马克思的分工理论 [J].当代经济研究,2004 (9):46-52.
② 参见:Gerhard Mensch. Stalemate in Technology:Innovations Overcome the Depression [M]. Cambridge, Massachusetts:Ballinger Publishing Company, 1979:47-48;Jacob van Duijn. The long wave in economic life [J]. De Economist, 1977, 125 (4):544-576;Alfred Kleinknecht. Prosperity, crisis and innovation patterns [J]. Cambridge Journal of Economics, 1984, 8 (3):251-270.

但科技革命所带来的持续的部门创新每一次都使资本主义焕发出新的活力。马克思分析上的这一疏漏一定程度上动摇了马克思关于资本主义社会分析的科学性,受到诸多学者抨击,同时也为后来的创新研究提供了借鉴和空间。

产品/部门创新往往伴随着技术创新和组织管理创新,产品/部门创新以技术创新为基础,组织管理创新发生在产业内部,并与技术创新一道在产业间传播。产品/部门创新的出现也同时意味着产业结构的变迁,一方面引起社会财富在各产业和部门之间的重新分配,另一方面伴随技术创新和组织管理创新的社会分工和组织内部分工的发展,会带来社会职业结构的调整。职业结构作为社会阶层结构划分的重要依据,职业结构的变化会促发社会阶层结构的变动,社会原有的利益格局被打破,当这种不平衡积累到一定程度时,就会为进一步的制度创新做好准备。

由上述分析可知,本书的创新系统不仅遵循马克思唯物史观的思路,强调人的主体性、主体的多样性,创新的系统性包含主体、层次、形式等多个方面,还以制度创新、科技创新、组织管理创新、产品/部门创新等创新形式为主线,说明了创新在生产力与生产关系、经济基础与上层建筑的社会基本矛盾运动中的动态性,展现了创新系统内部各层次、形式之间的联系,以及与结构变迁之间的相互作用,从而构成一个完整的经济发展循环。因而,本书所研究的创新是结构变迁与经济发展中的创新系统。

3.1.2 创新推动的结构变迁与经济发展

经济发展从古典经济学家开始就是经济学研究的基本问题,几乎所有经济学研究都绕不开经济发展。经济发展与结构变迁密不可分,从经济学说史来看,很多关于经济发展过程的讨论都包含结构变迁的内容,只是我们关注的焦点主要在经济增长上,而未曾对结构问题加以强调。直到二战后,发展中国家的经济问题成为现代经济学的重要研究领域,发展经济学兴起,结构问题才被分离出来予以高度关注。由于经济发展和经济增长在含义上相近,在一些早期的研究中常常出现混用的情况,如西蒙·库兹涅茨(Simon Kuznets,1966)曾在其《现代经济增长》一书中指出,"经济增长是指人均或每个劳动者平均产量的持续增长,绝大多数增长常伴随着人口增长和结构的巨大变化"①。这里库兹涅茨所讨论的"经济增长"实际上是指经济发展。一般认为，经济增长仅指一个国家的总量产出水平和人均产出水平的持续增长，分别用国内生产总值（GDP）和人均国内生产总值来衡量，用以反映经济中商品和劳务产出的数量变化②，是一个量的概念。而经济发展不仅包括更多的产出，还包括伴随经济增长出现的经济结构、社会结构甚至政治结构的变化。③也就是说，经济发展不仅包括经济中商品和劳务的数量变化，同时还包括一系列社会经济结构的变化。而在现实的发展实践中，我国也因在过去很长一段时间内片面强调经济增长，为经济长期持续发展埋下了诸多结构性隐患，人们对经济的关注焦点也逐渐从增长转向发展，强调经济结构的调整及其合理性。可见，经济发展必须关注社会经济结构变化，结构变迁的过程体现经济发展的机制和规律，只有详细地考察结构变迁，才能更好地认识和把握这一规律。本节将在讨论结构内涵的基础上，着重从创新的角度理解其变迁过程和经济发展。

1. "结构"的范围与内涵

一般来说，"结构"是指事物的各个构成部分的组合及其相互关系。由于本书主要借鉴马克思社会基本矛盾运动，即生产力与生产关系、经济基础与上层建筑辩证统一的分析框架，因此这里主要从马克思的分析出发对本书所指的"结构"内涵进行说明。马克思的结构分析同样是在其唯物史观社会基本矛盾运动的框架之下完成的，因此表现为从生产力到生产关系、从经济基础到上层建筑和上层建筑内部从政治到观念的系统层级性，以及从经济结构到社会结构的社会经济整体性和变化发展的动态性。

马克思指出，"人们在自己生活的社会生产中发生一定的、必然的、不以他们的意志为转移的关系，即同他们的物质生产力的一定发展阶段相适合的生产关系。这些生产关系的总和构成社会的经济结构，即有法律的和政治

---

① 西蒙·库兹涅茨. 现代经济增长：速度、结构与扩展 [M]. 北京：北京经济学院出版社，1989：1. (Simon Kuznets. Modern Economic Growth: Rate, Structure and Spread [M]. Yale University Press, 1966.)
② 史晋川等. 经济结构调整与经济发展方式转变 [M]. 北京：经济科学出版社，2012：1-2.
③ 刘炯忠，叶险明. 经济增长与经济发展关系刍议 [J]. 经济理论与经济管理，1990（1）：25-30.

的上层建筑竖立其上并有一定的社会意识形态与之相适应的现实基础。"[①]具体来讲，物质生产领域中的经济结构是"一定生产决定的一定的消费、分配、交换和这些不同要素相互间的一定关系"[②]，其中，生产资料所有制关系是各种生产关系和经济结构的基础。生产决定分配，分配关系的历史性质就是生产关系的历史性质，分配关系不过表示生产关系的一个方面，"分配本身就是生产的产物"[③]。生产中包含着部门结构和就业结构。首先，在社会资本再生产的分析中，马克思提出了关于生产资料部门和消费资料部门两大部类的划分。其次，利润转化为平均利润的关键就是部门之间的竞争。不同生产部门的资本构成不同和利润率的差别引起资本在各部门之间流动，从而实现社会整体利润的平均化。再次，产业部门的变动会引起劳动力的流动，产生大量失业。随着技术进步、资本有机构成的提高、产业部门的衰落以及机器不断替代劳动，会生产出大量相对过剩人口。此外，社会分工和组织内部分工"齐头并进"地发展，不仅创造出更多的产业部门，还产生更多具体的岗位，同时影响着产业结构和就业结构。

马克思关于经济结构的内涵性表述不仅体现了其自身的客观性和动态性，还体现了它同政治、法律、意识等上层建筑之间的关联。在生产方式分析的基础上，马克思还着重对上层建筑变动中的阶级阶层结构进行了分析。

这种分析首先体现在其产生和发展的客观性上。阶级阶层关系也不是主观决定和随意产生的，而是由一定的经济基础、由物质生产方式所决定的生产关系和交换关系所决定的。在描述资产阶级和无产阶级的形成时，马克思写道，两大阶级的"彼此分离决不是由于什么所谓的原则，而是由于各自的物质生存条件，由于两种不同的财产形式"[④]，"在不同的财产形式上，在社会生存条件上，耸立着由各种不同的、表现独特的情感、幻想、思想方式和人生观构成的整个上层建筑。整个阶级在其物质条件和相应的社会关系的基

---

① 马克思恩格斯文集（第二卷）[M]. 北京：人民出版社，2009：591.
② 马克思恩格斯文集（第八卷）[M]. 北京：人民出版社，2009：23.
③ 马克思恩格斯文集（第八卷）[M]. 北京：人民出版社，2009：19.
④ 马克思恩格斯文集（第二卷）[M]. 北京：人民出版社，2009：498.

础上创造和构成这一切。"①以所有制关系为核心的生产关系导致了最基本的社会地位差异,从而产生不同的阶级。阶级现象的出现、阶级关系成为主要的社会关系不是从来就有的,而是生产力和社会分工发展加剧劳动的社会差别、私有制发展的结果。

其次体现在其构成的多样性和动态变化上。在对资本主义社会的分析中,马克思除了强调资产阶级和无产阶级这两大基本阶级外,还注意到小工业者、小商人、手工业者、农民等产生于其他生产方式、具有不同利益的中间阶级,他们既是私有者,又是劳动者。一个社会的阶级阶层结构并不是一成不变的,而是随着资本主义的发展不断分化。马克思认为随着资本主义的发展,医生、律师、教士、诗人和学者,"以前的中间等级的下层,即小工业者、小商人和小食利者,手工业者和农民"②,以及资产阶级内部的一部分人,都会加入无产阶级的队伍中。尤其是当资本主义生产方式发生危机时,正如过去封建生产方式发生危机时,会有一部分人从贵族中分离出来转向资产阶级阵营一样。

再次体现在不同发展阶段、不同国家的特殊性上。不同国家由于历史轨迹和发展阶段的差异,其社会内部阶层结构和力量对比会有很大不同,不同阶层经济和社会地位的差别、阶级意识和组织程度,都会影响其策略和行动,形成不同的互动关系,从而导致不同的政治结果。如英、法、德等国由于社会内部阶层结构的差异,向资本主义过渡的方式和手段各不相同;在无产阶级的斗争中,法国和德国无产阶级的首要任务和运动过程也不尽一致;无产阶级革命最先在俄国而不是无产阶级斗争历史更为悠久的英法取得胜利。政治上层建筑的变革同社会内部的阶层结构息息相关,在阶级社会,生产力和生产关系的矛盾通过阶级斗争表现出来,"自从原始公社解体以来,组成为每个社会的各阶级之间的斗争,总是历史发展的伟大动力。"③

从本质上说,社会经济结构是现实的人在一定生产力水平上,通过生产实践和交往实践所形成的社会关系。人类历史上一切社会经济形态都可以看

---

① 马克思恩格斯文集(第二卷)[M]. 北京:人民出版社,2009:498.
② 马克思恩格斯文集(第二卷)[M]. 北京:人民出版社,2009:39.
③ 马克思恩格斯文集(第四卷)[M]. 北京:人民出版社,2009:505.

作是由一定的生产关系总和构成的、呈现一定社会经济结构的客体，由于不同历史阶段社会经济中占主导地位的生产关系的差异，形成了社会经济结构不同的具体历史形式。1877年，美国人类学家摩尔根的《古代社会》一书出版后，对马克思产生了很大影响。恩格斯在马克思对《古代社会》的评注基础上，整理出版了《家庭、私有制和国家的起源》，详细描述了人类社会如何随着社会分工的发展，一步步从以原始的公有制经济为基础的氏族社会进入以私有制为基础的阶级社会，以及在这一过程中由与一定生产力相适应的生产关系和以这种关系为经济基础的上层建筑所构成的社会经济结构的演变。列宁指出："全部问题在于马克思并不以这个骨骼为满足，并以通常意义的'经济理论'为限；他专门以生产关系说明该社会形态的结构和发展，但又随时随地探究适合于这种生产关系的上层建筑，使骨骼有血有肉。"[1]

马克思和恩格斯在结构变迁和历史发展中尤为强调阶级斗争的作用。在私有制条件下，阶级斗争是社会结构变迁和社会发展的直接动力。马克思在《共产党宣言》中说，"至今一切社会的历史都是阶级斗争的历史。"[2] 恩格斯后来进行了补充更正，"人类社会的全部历史（从公有土地的原始氏族社会解体以来）都是阶级斗争的历史，即剥削阶级和被剥削阶级之间、统治阶级和被压迫阶级之间斗争的历史。"[3]在不同生产关系基础上形成的阶级阶层拥有不同的利益诉求，他们通过舆论宣传、集会游行、起义罢工、暴力武装等多种形式寻求政治表达，通过制度调整缓解矛盾，"压迫者和被压迫者，始终处于相互对立的地位，进行不断的、有时隐蔽有时公开的斗争。"[4] 可见，马克思虽然在资本主义社会的分析中支持无产阶级以武装形式夺取政权，但他并不否认多种阶级斗争形式的存在。

综上所述，马克思的分析体现了社会经济结构的整体性，经济结构是社会结构的基础，社会阶层结构是经济结构的社会表现。从对阶层阶级结构的分析来看，马克思并不是仅仅强调资产阶级和无产阶级之间的对立，而是从生产发展的物质基础出发，考察具体社会形态下阶层结构变化发展的内在过

---

[1] 列宁选集（第一卷）[M]．北京：人民出版社，1972：9．
[2] 马克思恩格斯选集（第一卷）[M]．北京：人民出版社，1995，272．
[3] 马克思恩格斯选集（第一卷）[M]．北京：人民出版社，1995：257．
[4] 马克思恩格斯文集（第二卷）[M]．北京：人民出版社，2009：31．

程，后来的资本主义发展虽然并没有像马克思预言的那样走向无产阶级和资产阶级的绝对对立，今天的社会结构理论研究也在去阶级化的同时，突出生态、种族、代际、性别等文化因素的影响，并转向以民主协商为主的多元权力抗争。但这并不能掩盖马克思在社会阶层结构分析上的理论贡献。事实上，马克思的分析对西方社会结构理论的发展同样产生了深远的影响。

2. 创新推动的结构变迁和经济发展

马克思关于结构变迁的分析是在社会基本矛盾运动的框架下进行的，其结构内涵十分丰富，涉及社会经济的诸多方面，本节将在马克思的分析基础上，根据本书的研究需要重点围绕社会经济结构中产业结构、就业结构、阶层结构三个方面，借鉴相关的理论分析阐述它们内涵和相互关系，并突出创新在结构变迁和经济发展中的作用。由于在经济学和社会学研究中，就业结构与产业结构和阶层结构都密切相关，因此这里分别从经济学视角讨论产业结构和就业结构、从社会学视角讨论阶层结构和职业结构。

（1）产业结构与就业结构。

产业和职业都是生产力和社会分工发展的产物，并伴随生产力水平和分工专业化的发展而不断演进、分化。产业结构作为经济结构的主要内容，是指国民经济中各产业部门的构成和联系，通常由各产业部门的产值比重和就业人数比重来衡量[①]。就业人数在社会经济各产业部门之间的分配构成其就业结构，就业结构是衡量产业结构变化的重要指标。

产业结构与就业结构密切相关、相互影响。一方面产业结构作为就业结构的载体，在很大程度上决定了作为生产投入基本要素的劳动力的构成与分配；另一方面，由于劳动力流动往往受到现实中体制、教育等制度文化因素的影响，就业结构的变化又具有一定的相对独立性。当就业结构的变迁落后于产业结构的变迁时，就会出现结构性失业，因此对经济的健康运行和发展而言，就业结构与产业结构的协调非常重要。尤其是一些发展中国家在工业化过程中片面强调工业优先发展，导致工业（特别是制造业）出现过度投资

---

① 产业有多种分类方法，包括马克思关于生产资料部门和消费资料部门的划分、三次产业分类法、按技术先进程度关于传统产业和高新技术产业的划分、以生产要素密集程度为标准的划分如劳动或资本密集型产业、根据产业地位划分的支柱或主导产业等。本书的研究不指定某一种特定的产业分类，而是研究一般意义上的产业结构变动。

的情况,因而在产业结构转换中就会出现就业严重滞后的现象。

相关理论关于产业结构变迁规律的描述中也往往包含就业结构的变化。克拉克(Colin Clark)在威廉·配第(William Petty)关于产业间收入差异影响劳动力流动的研究[①]和阿兰·费雪(Allan. Fisher)关于三次产业划分[②]的基础上,通过对大量数据的统计分析指出一国(地区)经济发展过程中产业结构的变化规律,即随着一国(地区)人均国民收入水平的提高,劳动力首先由第一次产业向第二次产业转移,再从第一次产业和第二次产业向第三次产业转移[③]。这一规律被称为"配第—克拉克定理"(Petty-Clark's Law)。库兹涅茨(Simon Kuznets)同样在对大量数据进行统计分析的基础上,将国民经济划分为农业、工业和服务业,并指出各国(地区)农业收入比重和劳动力就业比重不断下降,工业收入比重上升而劳动力就业比重保持基本不变或略有上升,服务业收入比重和劳动力就业比重均上升但劳动力就业比重上升趋势相对快于收入比重上升趋势[④];事实上,20世纪以来发达国家工业部门的劳动力就业比重基本不变,而到20世纪70年代以后服务业部门的劳动力就业和收入比重均达50%以上,出现"经济服务化"[⑤]。钱纳里和塞尔奎因(Hollis Chenery and Moises Syrquin)的产业结构研究中同样包括就业结构的变化,并发现相对发达国家而言,发展中国家就业结构变化与产业结构变化的偏离更为明显[⑥]。在刘易斯(Lewis,1954)的二元经济模型以及费景汉和拉尼斯(Fei and Ranis,1964)、乔根森(Jorgenson,1967)、哈里斯和托达罗(Harris and Todaro,1970)等以此为基础关于发展中国家产业部门变迁的研究中,更为关注劳动力在传统农业部门和现代工业部门间的流动和就业结构的变化。

[①] 威廉·配第. 政治算术 [M]. 北京:中国社会科学出版社,2010:35-50.
[②] Allan Fisher. The Clash of Progress and Security [M]. London:Macmillan and Company,1935:25-32.
[③] Colin Clark. The Condition of Economic Progress [M]. London:Macmillan,1960:25-40.
[④] 西蒙·库兹涅茨. 现代经济增长:速度、结构与扩展 [M]. 北京:北京经济学院出版社,1989:353-370.
[⑤] 西蒙·库兹涅茨. 现代经济增长:速度、结构与扩展 [M]. 北京:北京经济学院出版社,1989:372-380.
[⑥] 钱纳里,塞尔奎因. 发展的型式:1950-1970 [M]. 北京:经济科学出版社,1988.

产业结构与就业结构在科技创新和组织管理创新的推动下协同演进。产业和职业作为社会分工发展的产物，与科技创新密切相关，二者在科技创新作用下共同演进的同时，由组织管理创新推动的组织内部分工的发展，也会引起职业的进一步分化和就业结构的变动，就业结构的变化又反过来影响产业结构。

（2）阶层结构与职业结构。

社会阶层结构或社会分层结构变迁是社会结构变迁的核心，社会分层是社会成员之间因对社会资源占有不同而产生的垂直分化现象，本质上反映了群体间的社会关系。社会分层结构关注社会群体的分化、组合和成员流动，是揭示社会关系、观察社会结构变化的重要视角。关于社会分层的理论研究基本上遵循马克思的阶级阶层分析框架和韦伯（Max Weber）基于财富、声望、权力的社会分层框架，在此基础上，研究者往往根据研究目的的不同而发展形成多元化的社会分层标准，包括经济资源、政治权力资源、文化资源、社会关系资源等，其中职业角度的划分较具代表性和影响力。

美国社会学家布劳和邓肯（Peter Blau and Otis Duncna）在《美国的职业结构》中指出，"现代工业社会里的职业结构不仅构成了一个重要的基础，支撑着社会分层的一些主要向度，而且联系着不平等的不同制度与领域"，职业结构构成社会分层经济、权力、声望来源的基础，"无论是各声望阶层组成的等级秩序，还是各经济阶层组成的等级秩序，其根基却在于职业结构；而政治权力与权威所组成的等级秩序也是如此，因为现代社会里的政治权威在很大程度上是作为一种全日制的职业来从事的"，尽管职业结构未能包含阶层划分的所有方面，但它是反映阶层结构最好的单独指标。[1]丹尼尔·贝尔（Daniel Bell）在其著作《后工业社会的来临——对社会预测的一项探索》中，也将职业视作社会阶层划分的决定性因素，来考察美国在从工业社会向后工业社会转变中社会结构的变化，并强调了"专业技术人员"的社会主导地位[2]。我国学者陆学艺在《当代中国社会阶层研究报告》中对中国社会"十大阶层"的讨论，也是以职业划分为基础的[3]。这种分层方式体现了就业结构对社会分层

---

[1] Peter Blau and Otis Duncan. The American occupational structure [M]. New York: Wiley, 1967: 6-7.
[2] [美] 丹尼尔·贝尔. 后工业社会的来临: 对社会预测的一项探索 [M]. 北京: 商务印书馆, 1984.
[3] 陆学艺. 当代中国社会阶层研究报告 [M]. 北京: 社会科学文献出版社, 2002.

和阶层结构的影响,尤其是在现代社会,随着人们生活水平的提高和教育的普及,人们可以通过教育拓宽职业选择范围从而改变自己的阶层地位[①]。

阶层结构变迁是研究制度变迁、理解长期经济增长的重要视角。社会分层结构状况直接决定着一个社会的利益格局分布,是解释利益集团构成及其行为导向的重要因素;而在现代社会,职业作为社会分层的主要载体,职业结构在很大程度上决定了阶层结构。因此,在本书的分析中,职业结构和阶层结构变迁同利益集团理论一样,是理解制度创新必不可少的部分。

由以上分析可知,社会经济结构中的产业结构、就业结构、阶层结构是相互连接的,这种联系不仅通过它们之间的相互作用关系体现出来,还体现在同创新系统中各种创新形式的交互作用上。创新推动的结构变迁中包含着国民收入的增长,体现经济发展的过程。

3.2 创新系统与社会经济结构变迁的互动机制

本节将在以上对相关概念内涵进行诠释的基础上,阐述主要包含制度创新、科技创新、组织管理创新、产品/部门创新等创新形式的创新系统和主要包含产业结构、就业结构、阶层结构等结构形式的社会经济结构变迁之间的相互作用机制,以此说明经济发展的过程。

3.2.1 阶层结构变迁与制度创新

阶层结构变迁与制度创新之间相互影响、共同演进。以阶层结构为基础的利益集团在权力的动态博弈中推动制度变迁,国家作为政治权力的集中体现和主要代表,在其中扮演着关键的角色。

首先,阶层结构变迁是影响制度创新和经济发展的重要因素。阶层结构变动作为政治权力变化的重要原因常与政治权力一道被用于解释制度变迁,在权力博弈中最为突出的角色是国家政权。诺思(D. North)在将西方世界的兴起和长期经济增长归因于产权制度确立的同时,从契约理论的角度强调了国家在颁布、保护和实施以产权制度为核心的制度框架方面的重要作用。

---

① 这种社会流动性在关于收入分配的研究中也被称为分配流动性。

以特定阶层结构为基础的国家权力在制度创新中的作用历来受到经济学家的重视，从古典时期重商主义代表亚当·斯密、德国历史学派代表李斯特（Friedrich List），到今天发展经济学代表张夏准、演化经济学代表埃里克·赖纳特（Erik Reinert）以及美国学者迈克尔·赫德森（Michael Hudson）等，都强调国家力量在推动落后国家制度创新、产业发展、实现经济崛起中发挥着重要作用①。然而，国家在制度变迁中的角色并不总是正面的，诺思指出"在使统治者（和他的集团）的租金最大化的所有权结构与降低交易费用和促进经济增长的有效率体制之间，存在着持久的冲突。这种基本矛盾是使社会不能实现持续经济增长的根源"②。国家在行为决策中所面临的这种矛盾被称为"诺思悖论"。保罗·肯尼迪（Paul Kennedy）在《大国的兴衰》中对明代中国社会进行分析时认为，明朝统治者为维护统治权实行了闭关锁国和一系列抑商禁商的政策和制度，阻碍了工商业的发展和经济增长，从而使中国逐渐走向衰落③。阿西莫格鲁和罗宾逊（Daron Acemoglu and James Robinson）则在政治制度和经济制度的框架下分析了国家的掠夺性，指出政治精英为维护既得利益会抑制新生事物的发展，阻碍制度创新④。

其次，阶层结构变动与制度变迁之间的联系不仅体现在改变社会利益分配格局、影响利益群体行为，从而推动制度创新上，制度的调整也会反过来重塑社会的不平等秩序，影响阶层结构变迁。国家作为制度创新中的重要博弈主体，其存在本身也可视作一种制度均衡，国家力量的强弱对社会阶层结构和利益格局的变化会产生影响。诺思的分析同样看到了这一点，指出以阶层变迁为基础的利益集团的博弈和竞争对国家权力及行为的影响，"统治者总存在对手；与之竞争的国家或本国内部的潜在统治者。后者相当于一个垄

---

① 参见：弗里德里希·李斯特. 政治经济学的国民体系 [M]. 北京：商务印书馆，1981；张夏准. 富国陷阱：发达国家为何踢开梯子？[M]. 北京：社会科学文献出版社，2007；埃里克·赖纳特. 富国为什么富 穷国为什么穷 [M]. 北京：中国人民大学出版社，2013；迈克尔·赫德森. 保护主义：美国经济崛起的秘诀（1815 – 1914）[M]. 北京：中国人民大学出版社，2010.

② [美] 道格拉斯·诺思. 经济史中的结构与变迁 [M]. 上海：上海三联书店，1994：25.

③ [美] 保罗·肯尼迪. 大国的兴衰：1500 年到 2000 年的经济变化和军事冲突 [M]. 北京：中国经济出版社，1989：8 – 10.

④ Daron Acemoglu, James Robinson. Economic Backwardness in Political Perspective [J]. American Political Science Review，2006，100（1）：115 – 132.

断者的潜在竞争对手。哪里不存在势均力敌的替代者，哪里现存的统治者就好似一个暴君、一个独裁者或一个专制君主。替代者越是势均力敌，统治者所拥有的自由度就越低，选民所保留的收入增长的份额也越大。"[1] 艾德荣（2005）在对中国古代经济史的分析中，区分了强省制度和弱省制度，并指出 1000~1250 年强省制度下省官员较为集中的行政和财产权利约束了地方有地精英侵占他人产权，而 1450~1900 年的弱省制度则使地方权力分散到了里甲领袖等地方精英手中[2]，导致阶层力量对比的变化。奥尔森（Mancur Olson）在《国家的兴衰》中将分利集团视作制度僵化和国家增长停滞的根源，也是基于对国家权力衰败导致分利集团活动猖獗、破坏市场经济秩序的分析，他在随后出版的另一本著作《权力与繁荣》中提出的"强化市场型政府"（market-argmenting government）实质上强调的也是国家权力对以阶层结构为基础的利益集团权力的制衡与控制[3]。

此外，在许多关于长期历史变迁和经济发展的分析中，社会结构都同与之相联系的经济利益、政治权力、制度变迁一道，在社会历史变迁中扮演着重要角色。如黄仁宇（1997，2001，2004）[4] 认为社会阶层结构的断裂是中国近代社会王朝政治和国民党统治失败的根源；哈罗德·克博（Harold Kerbo，2012）[5] 将社会分层结构视作 15 世纪至新中国成立前中国长期衰退的主要原因之一；艾伦·麦克法兰（Alan Macfarlane，2013）[6] 认为英国工业革命及其所带来的高速经济增长都应归功于英国当时特有的社会结构。而近年来，我国学者刘雅南、邵宜航等（2016，2018）[7] 也将社会结构中的分层和流动视

---

[1] [美] 道格拉斯·诺思. 经济史中的结构与变迁 [M]. 上海：上海三联书店，1994：27.
[2] 艾德荣. 职权结构、产权和经济停滞：中国的案例 [J]. 经济学（季刊），2005（1）：541-562.
[3] 参见：[美] 曼瑟尔·奥尔森. 国家的兴衰：经济增长、滞胀与社会僵化 [M]. 上海：上海人民出版社，2007；[美] 曼瑟尔·奥尔森. 权力与繁荣 [M]. 上海：上海人民出版社，2016.
[4] 黄仁宇. 中国大历史 [M]. 北京：生活·读书·新知三联书店，1997：201-203；放宽历史的视界 [M]. 北京：生活·读书·新知三联书店，2001：205；大历史不会萎缩 [M]. 桂林：广西师范大学出版社，2004：39-45.
[5] 哈罗德·克博. 社会分层与不平等：历史、比较、全球视角下的阶级冲突 [M]. 上海：上海人民出版社，2012.
[6] 艾伦·麦克法兰. 现代世界的诞生 [M]. 上海：上海人民出版社，2013.
[7] 刘雅南，邵宜航. 供给侧结构性改革视角下的社会结构与经济增长 [J]. 东南学术，2016（4）：52-59；邵宜航. 社会分层、社会流动与经济增长——兼议供给侧结构性改革 [J]. 贵州省党校学报，2018，（6）：5-11.

为影响经济长期增长的本源因素，并将职业阶层因素引入创新增长模型进行实证分析和检验，强调以职业分层为主的社会分层结构对经济增长的影响。

3.2.2 从制度创新[①]到科技创新

诺思（D. North）指出，"知识和技术存量规定了人们活动的上限，但它们本身并不能决定在这些限度内人类如何取得成功。政治和经济组织的结构决定着一个经济的实绩及知识和技术存量的增长速率。人类发展中的合作与竞争形式以及组织人类活动的规则的执行体制是经济史的核心。"[②]在此基础上，他建立了产权、国家和意识形态的制度创新分析框架来解释长期经济变迁，强调以产权制度为核心的制度创新是推动知识积累、科技创新和经济发展更为根本的原因。本节将在这种制度创新对科技创新的激励之外，将社会资本视作一种非正式制度引入，并补充制度创新对科技创新和经济发展的影响。

目前学界尚未形成关于社会资本的统一定义，但大多数现有研究都认同社会资本中包含信任、合作规范和社会网络，基本构成普特南（Robert Putnam）关于社会资本的定义——能够通过促进合作提高社会效率的信任、合作规范和社会网络[③]。由这一定义可知，社会资本在一定程度上可作为一种非正式制度。社会资本与制度创新相互补充、相互影响，共同作用于科技创新和经济发展。

首先，社会资本影响制度创新的生成和制度运行的绩效。它同诺思对意识形态的引入一样，可以在一定程度上克服集团行动中的"搭便车"现象，解释经济发展中的一些非经济理性行为，从而有助于推动制度创新；而且，高信任水平的社会可能会使其成员产生较强的社会责任感，抑制个人牟利的

---

① 这里的制度创新在以上制度创新内涵范围之外，还包括社会资本。标题将社会资本内涵于制度创新，主要是为了体现框架的连贯性，在正文的讨论中，依旧将社会资本从制度创新中剥离出来单独讨论。

② ［美］道格拉斯·诺思. 经济史中的结构与变迁［M］. 上海：上海三联书店，1994：17.

③ 罗伯特·普特南. 使民主运转起来［M］. 南昌：江西人民出版社，2001. 这一概念补充了布迪厄（Pierre Bourdieu, 1979）研究社会资本的社会关系网络视角，后又发展形成了一个全面测度社会资本的"普特南框架"；详见：Pierre Bourdieu. Algeria 1960: the Disenchantment of the World: the Sense of Honour: the Kabyle House or the World Reversed［D］. New York: Cambridge University Press, 1979; Robert Putnam. Bowling Alone: The Collapse and Revival of American Community［M］. New York: Simon & Schuster, 2000.

第3章 创新、结构变迁与经济发展——一个理论框架

冲动，而更多地考虑公众利益，尤其是公共部门的决策者。用社会资本来解释不同地区制度运行的绩效差异正是普特南（Robert Putnam；1993，2000，2002）研究的核心；耐克（Stephen Knack）分析了信任影响制度创新和制度运行的机制，并指出在政府公信力较低的国家，公众常将制度创新视作特殊利益集团的权力工具，因而制度的运行困难重重；布琼斯考夫（Christian Bjørnskov）运用世界价值调查（World Value Survey，WVS）数据对多个国家的情况进行实证研究，也证明了社会资本对制度运行的影响[1]。

其次，制度也在一定程度上影响社会资本的产生。社会资本作为一种非明文规定的行为规范和社会关系，是在人们的长期实践互动中形成的，而且一定程度上依赖国家有意识的引导，这离不开一系列制度的保护和有效实施。耐克和基弗（Knack and Keefer）、基尔（Luke Keele）、罗斯坦和施托勒（Rothstein and Stolle）等的研究都说明了由制度创造和增加的信任[2]。

再次，社会资本和制度相互补充，共同作用于经济发展。奥斯特罗姆（Elinor Ostrom）在其著作《公共事物的治理之道》中提出，人类社会中在组织秩序和市场秩序、权力机制和价格机制之外，还存在公共事物治理的第三种秩序和机制；当政府权力势弱或为公民权利留出足够空间时，会促进社会资本的形成，而当政府接管和承担大量公共责任时，就会排挤社会资本的影响[3]。斯蒂格利茨（Joseph Stigliz）的分析则侧重社会资本与市场制度间的相互补充，认为在市场经济发展初期，社会资本可以在很大程度上弥补不完善

---

[1] 罗伯特·普特南. 使民主运转起来 [M]. 南昌：江西人民出版社，2001；Robert Putnam. Bowling Alone：The Collapse and Revival of American Community [M]. New York：Simon & Schuster，2000；Robert Putnam. Democracies in Flux：The Evolution of Social Capital in Contemporary Society [M]. New York：Oxford University Press，2002. //Social Stephen Knack. Capital and the Quality of Government：Evidence From the States [J]. American Journal of Political Science，2002，46（4）：772 – 787. //Christian Bjørnskov. The Multiple Facets of Social Capital [J]. European Journal of Political Economy，2006，22（1）：22 – 40.

[2] Stephen Knack，Philip Keefer. Does Social Capital Have an Economic Payoff? A Cross-country Investigation. [J]. Quarterly Journal of Economics，1997，112（4）：1251 – 1288. //Luke Keele. Social Capital and the Dynamics of Trust in Government [J]. American Journal of Political Science，2007，51（2）：241 – 254. //Bo Rothstein，Dietlind Stolle. The State and Social Capital：An Institutional Theory of Generalized Trust [J]. Comparative Politics，2008，40（4）：441 – 459.

[3] [美] 埃莉诺·奥斯特罗姆. 公共事物的治理之道：集体行动制度的演进 [M]. 上海：上海三联书店，2000.

的市场机制,在经济进步中发挥作用,而随着市场制度的完善,原先社会资本起作用的空间就会相应缩小①。

社会资本与制度之间的互补机制和相互作用也启示我们,在拥有强国家权力控制的国家,可以通过有效的制度保护和有意识的引导来培养社会资本,否则就容易抑制制度创新和科技进步,使国家发展陷入停滞。

最后,社会资本的科技创新和经济增长效应已为不少学者的实证研究所证明,无论是侧重对微观层面个人或组织在信任、合作、信息共享方面行为偏好的分析,还是强调在宏观层面对政府和市场的资源配置与整合功能的弥补,都突出了社会资本在影响合作创新、加速创新扩散、提高经济运行效率方面的作用。周(Chou, 2006)将社会资本引入内生增长模型,从人力资本、金融机制、企业创新三个方面解释社会资本对经济增长的影响②。虽然社会资本的经济增长效应可能存在其他多种传递渠道,但 Chou 的分析可以充分说明社会资本通过知识创新和科技创新作用于经济增长。阿克科马克和韦尔(Akçomak and Weel, 2009)的研究更是通过对欧洲多地区的实证研究,说明技术创新是社会资本影响增长的主要渠道③。由于社会资本内涵本身的丰富性和其影响的广泛性,它对科技创新的影响机制也是多向且复杂的,这里不多做讨论④,只强调它与制度互为补充共同影响科技创新和经济发展。

---

① Joseph E. Stiglitz. Formal and Informal Institutions [A]//in Partha Dasgupta, Ismail Serageldin. Social capital: A multifaceted perspective. World Bank Publications, 2000: 59 – 70.

② Yuan K. Chou. Three Simple Models of Social Capital and Economic Growth [J]. Journal of Socio-Economics, 2006, 35 (5): 889 – 912.

③ Semih Akçomak, Bas ter Weel. Social capital, innovation and growth: Evidence from Europe [J]. European Economic Review, 2009, 53 (5): 544 – 567.

④ 具体可以参考一些微观层面的研究:Walter Powell, Kenneth Koput, Laurel Smith-Doerr. Interorganizational Collaboration and the Locus of Innovation: Networks of Learning in Biotechnology [J]. Administrative Science Quarterly, 1996, 41 (1): 116 – 145; Philip Cooke, David Wills. Small Firms, Social Capital and the Enhancement of Business Performance through Innovation Programmes [J]. Small Business Economics, 1999, 13 (3): 219 – 234; Janine Nahapiet, Sumantra Ghoshal. Social Capital, Intellectual Capital and the Organizational Advantage [J]. Academy of Management Review, 1998, 23 (2): 242 – 266; Lin Nan. Social Capital: A Theory of Social Structure and Action [M]. Cambridge: Cambridge University Press, 2001;边燕杰,丘海雄. 企业的社会资本及其功效 [J]. 中国社会科学, 2000 (2): 77 – 89;边燕杰. 城市居民社会资本的来源及作用:网络观点与调查发现 [J]. 中国社会科学, 2004 (3): 136 – 146.

3.2.3 科技、组织管理创新与产业、就业结构交织互演

科技、组织管理创新与产业、就业结构之间的交织互演机制中包含科技、组织管理创新的协同演进和产业、就业结构的协同演进,而且两种创新形式之间、两类结构之间以及两类创新与两种结构之间在两类分工的联结下交织互动,这里从产业、就业结构变迁切入,借助马克思关于两类分工的描述对这一复杂过程进行说明。

产业结构与就业结构在科技创新和组织管理创新的推动下协同演进,社会分工和组织内部分工的发展是产业结构和就业结构演进的基本动因。马克思曾在《1861-1863年经济学手稿》中区分了这两类分工,"第一类分工是社会劳动分成不同的劳动部门;第二类分工是在生产某个商品时发生的分工,因而不是社会内部的分工,而是同一个工厂内部的分工";二者相互促进、共同演进,社会分工是生产组织内部分工的基础,第二类分工的发展又会反过来扩大社会分工①。这两种分工形式分别对应生产中的技术创新和组织管理创新,在一定的制度框架之下,技术创新和组织管理创新相互促进,共同推动产业结构和就业结构的变迁。这里包含了两种变迁机制:一种是科技创新推动社会分工发展,引起产业结构变化,就业结构随着产业结构的变化而发生相应的改变;另一种是在科技创新和产业结构变化的基础上发生组织管理创新,组织内部分工发展引起就业结构的进一步变化,同时,组织管理创新和组织内部分工的发展可能会反作用于技术创新和社会分工,从而引起产业结构的进一步变迁。

许多关于经济变迁过程的研究虽然侧重点各有不同,但分析中都包含了这一机制。以艾尔弗雷德·钱德勒美国企业管理革命的研究为例,虽然其代表作《看得见的手》一书旨在强调组织管理创新的重要性,但书中关于美国企业管理革命发生过程的分析同时也展现了科技、组织管理创新与产业、就业结构交织互动的过程。煤炭开采和利用技术的突破在改变自身生产、引起产业变化的同时,也刺激了铁路运输的大规模扩张,现代企业的管理革命正是首先发生在铁路运输部门,大规模调度和管理的需要产生了大量管理人员,并使会计、审计职能从簿记领域分离成为独立的职业;由运输发展拓展的市

---

① 马克思恩格斯全集(第四十七卷)[M]. 北京:人民出版社,1979:304-305.

场需求进一步促进了工业中的技术创新,并使原料和产品得以大量稳定地流动,生产规模进一步扩大且出现横向和纵向的兼并和联合,现代工业企业纷纷确立,大量管理人员的等级管理革命也在这一过程中不断扩散。在这种科技创新、组织管理创新、产业与就业发展变化的交织互动中,美国经济迅速发展并后来居上①。

3.2.4 结构变迁:从经济到社会

现有的社会分层理论研究虽然视角各异、种类繁多,但基本上遵循马克思的阶级阶层分析框架和韦伯"三位一体"的社会分层理论或多元分层理论。马克思将所有权和经济结构看作阶层分化的基础,韦伯则认为社会由经济秩序、法律秩序、社会秩序三种分层秩序来维系,分别对应阶层划分的财富、权力、声望三个维度。这种差异主要源于他们研究视角和立场的不同,马克思分析社会经济整体的运行和历史变迁,生产方式的变迁需要集体的政治行动,因此有了以经济结构为基础的阶级分析;而韦伯关注的重点在理解个体行动及其同所处社会制度体系的联系,因此有了对决定个人地位的政治、经济、社会方面的区分。事实上,从长期历史变迁的视角,个人的权利和声望、社会的法律秩序和社会秩序都是在所有权、经济秩序的基础上产生的,根本上还是取决于所有权和经济结构。

那么,经济结构是如何影响和塑造社会结构的呢?在本书的分析中,经济结构在生产资料所有权基础上主要由产业结构和就业结构来代表。产业结构和就业结构变迁中蕴含着收入分配的变化,构成阶层结构变化的经济基础。这里的收入分配是指社会在一定时期内新创造出来的产品或价值(即国民收入)的分配②。产业结构和就业结构分别对应国民收入在各产业部门之间的分配和劳动者个人的收入分配。库兹涅茨在《现代经济增长》中就曾分析经济发展过程中产业结构和就业结构变迁所产生的收入分配效应及其变化③。

---

① 参见:[美]艾尔弗雷德·D.钱德勒.看得见的手——美国企业的管理革命[M].北京:商务印书馆,1987.
② 许涤新.政治经济学辞典[M].北京:人民出版社1980:97.
③ 西蒙·库兹涅茨.现代经济增长:速度、结构与扩展[M].北京:北京经济学院出版社,1989.

在马克思的分析中,生产与消费的矛盾是资本主义社会的主要矛盾之一,具体体现为生产无限扩大的趋势和劳动人民有支付能力的需求之间的矛盾,这种需求的限制是相对的,主要源于资本家对工人劳动剩余价值的无偿占有,这种分配不平等的发展会引起原有社会阶层的不断分化发展,导致阶层结构的变迁。由于在国民经济构成中总有一些产业部门因占有更为广阔丰富的社会资源、拥有较高的科学技术水平、能为社会创造较大份额的财富或收入而处于相对核心的位置,因此当科技创新和组织管理创新引起产业结构和职业结构变迁时,创新的影响就会通过收入分配改变既有的利益格局,引起阶层结构的变化[①]。

3.3 创新与社会经济结构变迁
——一个发展的理论框架

本章前两节已经对本书所研究的创新和社会经济结构进行了详细的说明。从唯物史观出发阐明创新本质和内涵特征的基础上,将创新系统分解为制度创新、科技创新、组织管理创新、产品/部门创新四种基本创新形式;以马克思社会基本矛盾(生产力与生产关系、经济基础与上层建筑)运动的分析框架为参照,在生产资料所有制关系的基础上,分别选择产业结构、就业结构和阶层结构的视角考察社会经济结构的整体变迁。不仅创新系统内部各种创新形式之间、经济结构与社会结构之间相互关联,而且创新系统与结构变迁之间也存在紧密联系和相互作用,从经济动态发展的角度,这些联系共同作用构成创新与社会经济结构变迁之间的互动影响机制。

首先,社会资本和阶层结构变迁共同影响和推动制度创新。在阶层结构基础上形成的利益群体是推动制度变迁的主要主体,阶层结构的变动会改变社会原有的利益分配格局,引发利益群体之间的权利博弈与争夺,最终主要通过国家权力推动制度创新;社会资本也会影响社会成员之间的交流、合作,

---

① 需要注意的是,收入分配只构成阶层结构变化的经济基础,是阶层结构变迁的必要非充分条件,阶层结构变动的具体程度还取决于一个社会的政治、文化等方面。例如,我国学者研究指出,"中国社会分层的一个重要特点是政治分层与经济分层的区分"。(引自:李强. 政治分层与经济分层[J]. 社会学研究,1997(4):34–43.)

影响社会阶层的分化和对立,以及人们选择进行什么样的制度创新和怎样进行制度创新。

其次,社会资本与制度创新共同影响科技创新。社会资本可以促进交流与合作,有利于知识和技术的分享和扩散,以社会网络为基础的知识创新网络构成科技创新的重要基础;制度可以为科技创新提供有效的激励和保障,为个人提供稳定的创新收益预期,降低创新成本;社会资本作为一种非正式制度,在影响制度创新及运行的同时,其培养也是制度创新的有益补充,共同构成科技创新及扩散的社会生态,影响经济运行绩效。

随后,科技创新及其扩散会引起组织管理创新、产业结构和就业结构变迁等一系列经济变化,并在社会分工和组织内部分工发展的基础上,与组织管理创新协同演进,推动产业结构和就业结构的不断变化。需要指出的是,产业结构和就业结构变迁虽然受科技创新和组织管理创新的影响,但创新并不构成产业结构、就业结构变迁的唯一动力,市场条件和资源禀赋的变化都会引起产业结构和就业结构的调整;另外,个人职业选择和社会职业构成也与个人自身的禀赋差异、价值观和社会文化息息相关。

再者,产业结构和就业结构等经济结构上的变化构成阶层结构变化的经济基础,推动阶层结构变迁。建立在生产资料所有制基础上的经济关系决定了人与人之间的社会关系。生产决定分配,产业结构和就业结构中包含了一定的收入分配关系,承载生产过程和体现社会劳动分工的产业部门和职业岗位之间的差异决定了各自收入水平和社会地位的差异,这种差异及其变动决定了一个社会基本的经济利益格局,并构成阶层分化和阶层结构变迁的经济基础。

这样,就从阶层结构变迁推动制度创新开始,制度创新引发科技创新,科技创新、组织管理创新相互促进引起产业结构、就业结构的不断变化,进而回到阶层结构变迁,形成一个包含创新和结构变迁互动的经济发展循环。笔者将这一螺旋上升的发展过程概括为本书的总分析框架(见图3-1)。

尽管现实的历史变迁比任何理论的分析都要复杂得多,任何形式的创新和结构变迁都不可能是单个因素可以解释的,而是社会经济各方面综合作用的结果,上述框架不可能面面俱到地解释所有国家和地区每个发展阶段社会经济的方方面面,但在某些特定的人类历史发展阶段总包含部分或全部创新

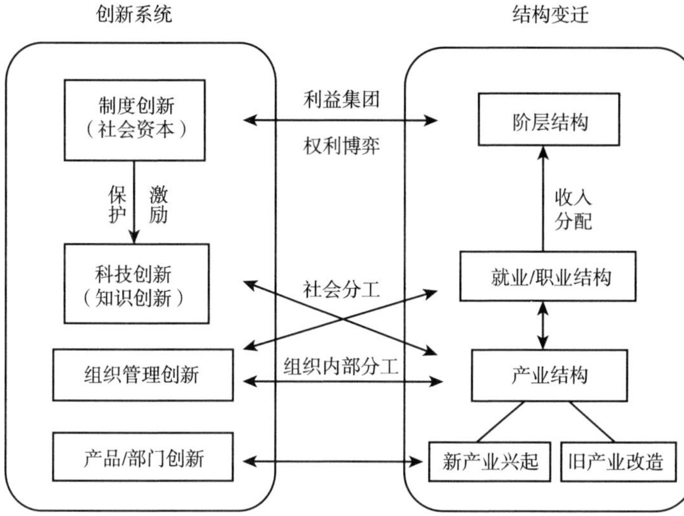

第3章 创新、结构变迁与经济发展——一个理论框架

图3-1 创新和结构变迁互动的经济发展循环

与结构变迁的交织互动。这一框架可以用来解释第一次工业革命在英国的爆发，解释第二次工业革命前后美国社会经济的变化，以及在此基础上利益集团间权利博弈所导致的世界格局变动和制度变迁，解释中国古代社会的经济变迁、后期的衰落和改革开放以后经济的迅速发展，长期历史变迁的视角有助于认清当前的成就与困难，更好地把握未来的发展方向。

| 第 4 章 |

工业革命前后的英国社会

无论从哪个角度看，工业革命①都是探讨近代以来经济发展绕不开的重要节点，它对于人类文明进步和政治、经济、社会等各领域的深远影响无须赘言。也许正因为此，工业革命前后英国的社会经济变化一直饱受关注。学者们从大量历史现象记载和数据统计中思考抽象，纷纷尝试为这一极具标志性的历史事件在英国的率先发生给出自己的解释。新制度经济学代表人物诺思在其著作《西方世界的兴起》一书中将英国工业革命和"成功的经济增长"归因于所有权制度，并看到了在制度变迁和形成背后还有一个社会（国家）特定的、更为深刻的历史文化背景，在其后的著作和论文中为所有权（产权）制度补充了国家和意识形态理论，也尝试为制度变迁的行为和过程构建一个具体的解释模型，为理解长期经济增长提供了一个颇具启发意义的制度视角。然而，政治经济学的研究目的是要揭示社会经济发展规律，单一角度的诠释对于理解全图景的社会经济发展而言难免显得片面了些。本章将从追踪工业革命的发生着眼，从其前后英国社会经济变化中，抽象并分析其各方面创新与结构变迁之间的相互作用关系，在具体的历史图景中分析并呈现创新和结构变迁相互作用的经济发展循环。

4.1 工业革命前的阶层结构变化与制度创新

光荣革命之后，英国建立了世界上第一个资本主义国家。随后，英国资

---

① 就"工业革命"本身的内涵而言，人们对它的看法仍然莫衷一是，较为普遍的共识是：第一次工业革命的标志是煤炭和蒸汽机的广泛利用以及纺织机械化和现代意义上工厂的出现，伴随着技术、组织和工业结构变革。"这一转变的性质，可以通过一系列相互关联的变革来说明：（1）经济组织变革，（2）技术变革，（3）工业结构变革。这些变革和（既是原因又是结果的）人口、总产值及人均产量（即使不是立即、但是最终将实现的）持续增长有着一定的联系"。（参见：奇拉波. 欧洲经济史（第四卷）[M]. 北京：商务印书馆，1989：131.）

产阶级凭借国家政权实施了一系列有利于资本主义发展的制度政策。就像本书在上一章中所分析的那样，政治权力的更迭以及这些制度上的变化与英国封建时期以经济实力变化为基础的阶层结构变化密切相关。

从1066年诺曼征服开始，一直到光荣革命确立了英国宪政政治的政治格局，近代英国的政治制度是完全在这一时期逐渐形成和成熟的。英国的封建化进程实质上是从诺曼征服开始的，威廉一世凭借着强大的军事实力和众多诺曼贵族的支持，使得英国结束了长年的割据混乱，同时又通过《末日审判书》和索尔兹伯里誓约从经济和政治两方面建立起了强大的王权中央统治，英国也从此开始了长达数百年的封建进程；而随后的几任英国国王，一直试图维持王权的集权统治，可逐渐掌握了经济和地方行政事务大权的世俗贵族们并不甘心接受一个屡屡侵害自己权益的君主，所以，国王与贵族之间或是合作，或是对抗就成了当时英国政治的主要特点。

4.1.1 历史塑造的国家权力

1066年，诺曼征服开启了英国实质上的封建化进程①。法国诺曼底公爵威廉在一众诺曼贵族的支持追随下，凭借强大的军事实力战胜了原有的盎格鲁—撒克逊贵族，加冕为英国国王。通过多年的征服和镇压，将反抗的盎格鲁—撒克逊贵族的土地进行重新分封，威廉一世逐步在英国确立了强大的封建王权。为了避免领主权力过大、保证王权至上，威廉一世通过索尔兹伯里誓约在英国实行"国王的封臣的封臣仍是国王的封臣"的分封制度，也就是说，除直属领主要宣誓效忠外，领主以下的每一级封臣也要宣誓效忠，听命于国王并服军役；同时，为了便于征税，他还在全国进行土地、人口、财产清查，登记造册，形成了著名的《末日审判书》；此外，由于分封的过程伴随着多年的征服，各领主的封地比较分散、并未连成一片，这也在客观上限制了领主权力的过度集中。因此，相对于欧洲大陆的法国来说，英国的国家权力更多地集中在国王手中，由于力量差距悬殊，英国贵族往往难以单独与

---

① 英国的封建化过程始于公元七世纪的盎格鲁—撒克逊时代。这一时期基本上确立了封建的领主权属关系，但是，由于贤人会议的存在，封建专制的国王权力尚未形成，政治制度中还存有一丝民主色彩。

国王抗衡。随后继任的国王都试图巩固维持业已确立的强大王权,但是当贵族权益受到侵害时,他们通常联合起来、采取集体斗争的方式限制王权,英国由此开启了贵族与国王之间长达数百年或明或暗的权力争夺,如1215年迫使英王约翰签署《大宪章》、等级会议①的形成与发展等。国王与贵族间的斗争构成了这一时期英国政治历史的主旋律。

15世纪的红白玫瑰战争结束了诺曼征服以来国王与大贵族之间的权力争夺,建立在废墟之上的都铎王朝通过一系列压制贵族、宗教改革的举措,使国家权力实现了前所未有的集中,专制王权发展到顶峰。都铎王朝的创始人亨利七世时期(1485~1509年)为了强化国家权力,一方面在财政、司法、军事等方面压制打击大贵族,削弱其权力范围,另一方面提拔一批中产阶层为新贵族,并将他们安排入议会,增强对议会的控制。亨利八世时期(1509~1547年)进行了著名的宗教改革,宣布同当时已深陷欧洲大陆纷争、极度虚弱的罗马教廷决裂,实施了《反对教皇权力法》(1536)等一系列法令,没收教会、僧侣的土地和财产,改而施行国教。由此国王将原属教会的经济、司法、组织等权力和事务都集于自己之手,王权得到进一步强化。

王权强盛的背后有着深刻的社会经济根源。当时的西欧,资本主义发展已然有了一定的基础,然而各诸侯之间战乱不断,资本主义的发展需要一个和平稳定的政治环境;"地理大发现"刺激了封建君主对财富的追求与欲望,也让他们看到了一条可以在财政上摆脱对议会依赖的新财路,因此鼓励海外贸易和工商业发展,并为此成立东印度公司、建立英国海军。社会上建立民族国家的诉求和国王追求专制集权的野心相互契合,正如我国著名历史学者钱乘旦先生所言,"都铎朝正是以民族为后盾,才取得了前所未有的力量。"② 然而,建立在民族基础上的王权在其强盛表象之下,实则隐藏着深刻的危机,当它为先进的

---

① 13世纪中期,英国贵族们在伯爵孟福尔领导下俘虏了当时的英国国王及其继承人,并在贵族、主教之外邀请骑士、市民代表,召开了第一次等级会议;虽然很快国王权力又得到恢复,但等级会议的形式得以保留,并逐渐在14世纪中叶发展为由两种势力主导的两院制等级会议,构成近代英国议会的雏形。因此,我国学者陆寒寅(2006)曾在文中指出,英国的发展中"很早就自觉抑或不自觉地加入了一丝宪法斗争与权力制衡的内容";法国历史学者布罗代尔认为,正是国王与贵族之间的这种独特的"紧张"关系"培育了英国的灵性"(1993,第三卷,第441页),从而成就了英国后来辉煌的近代文明。

② 钱乘旦. 英国王权的发展及文化与社会内涵[J]. 历史研究,1991(5):175-190.

资本主义发展扫清障碍并帮助其逐渐进入国家权力中心之后,王权终会成为资本主义进一步发展的阻碍而被推翻,"光荣革命"的隐患在这里已然悄悄埋下。

总之,都铎王朝建立起的强大王权确保了这一时期英国国家权力的相对集中,王权对大贵族势力的限制,为乡绅、富农、商人阶层崛起并进入国家政权准备了前提。同时,在王权控制下的国家政权为增加财政收入,实行重商主义政策,鼓励国内外贸易发展,为商人阶层的崛起创造了条件。

4.1.2 阶层结构的变动

在英国后来资产阶级革命中,有两大不容忽视的利益群体:在农业资本主义发展中成长起来的新贵族和在殖民主义海外贸易中壮大的商业资产阶级。他们是原有社会阶层在社会经济发展过程中经过分化重组逐渐形成的,构成光荣革命前英国社会阶层结构变动的主线。

1. 富农乡绅阶层的崛起

英国资本主义的发展是从农业开始的,农业资本主义发展产生了大量剩余产品,从而为资本主义工商业的发展提供了基础。在英国农业资本主义从萌芽到发展的过程中,原来社会阶层也出现了分化重组,富农乡绅阶层逐渐兴起并走向融合,成为推动英国农业资本主义发展的主要力量。

农业资本主义的发展在英国社会逐渐分离出一个新的富农阶层——"约曼"(yeoman)。"约曼"在13世纪和14世纪时主要是指战时国王、贵族等特权阶级的侍从[①],而在和平时期,他们大多会回到从领主那里得到的土地上进行经营。13世纪下半叶,货币地租的普遍实行减轻了佃户对领主的人身依附,部分佃户通过扩大经营面积、增加劳动人手逐渐脱颖而出;14世纪中叶爆发的黑死病使人口锐减,迫使领主不得不将大量无人耕种的土地转包出去,而具有一定经济实力的约曼就成为承租的主体;都铎王朝建立以后,王权的集中极大打击了大贵族势力,使其难以利用政治身份肆无忌惮地增加地租,为租地农场主"约曼"阶层的成长创造了良好的政治条件,国家长期的和平稳定也使佃农们能够将更多精力放在土地经营上。15世纪中期以后,人

---

① 参见:Mildred Campbell. The English Yeoman, under Elizabeth and the Early Stuarts [M]. New York:Augustus M. Kelley Publishers,1968:8.

口开始明显恢复，农牧产品价格上涨使农牧业经营更加有利可图，重商主义政策下毛纺织业的发展和羊毛生产的高利润刺激了领主、乡绅、约曼等有经济实力的社会群体纷纷圈地热潮，推动了大规模的圈地运动。新的富农阶层通过圈地运动不断扩大土地的经营规模，逐渐形成了面向市场、追求利润、依靠雇工的农业资本主义经营方式，进一步壮大了自身的经济实力。W. G. 霍斯金斯在《1500—1547 年英格兰的掠夺时代》一书中论述约曼的经济状况时说，"16 世纪约曼阶层凭借着相对固定的支出和不断上涨的物价所提供的良机，他们一块又一块地扩大着自己财产……巩固了自己在农村社会中的重要地位。"[1] 到 16 世纪中期以后，约曼已经作为一个新的富农阶层明显分化出来，其经济地位和社会地位都已发生变化，而不再是原来意义上的"约曼"了。有学者指出，"16 世纪和 17 世纪初，英格兰处于一个农民农耕的伟大时代，农民已经从中世纪从属地位进步到具有更大独立性的地位，这一切都包含在'约曼'一语中……，一个新的更有信心的农场主阶级出现在人们面前。"[2]

约曼之外，16 世纪之后，英国乡村中兴起的新贵族里还有另外一股中坚力量——乡绅。不同于约曼是从原来农民阶层中分化出来的，乡绅本身属于原有的统治阶级，是国王对于具有一定财富地位的人的身份授封，分为准男爵、骑士、士绅、普通乡绅四个等级。随着社会发展，身处统治阶级下层的乡绅被认为是"介于贵族与约曼之间的一个等级"[3] 的统称，他们和约曼一样拥有有利的政治成长环境，利用更为雄厚的财富实力，抓住 15 世纪和 16 世纪的财富积累时机大量购置土地并亲自经营，同约曼一道成为推动英国农业资本主义发展的重要力量。事实上，尽管原始出身和来源不同，由于从事同样的生产经营方式，乡绅和约曼逐渐走向融合，许多约曼也取得了乡绅称号，他们形成了一个新的社会阶层群体[4]，共同主导着当时的英国乡村经济。

---

[1] Hoskins, W. G. The Age of Plunder, King Henry England 1500 – 1547 [M]. London: Longman, 1976: 223 – 224.

[2] 转引自：高富平，吴一鸣. 英美不动产法：兼与大陆法比较 [M]. 北京：清华大学出版社，2007: 276.

[3] Tawney, R. H. The Agrarian Problem in the Sixteenth Century [M]. New York, 1967: 35.

[4] 我国历史学者侯建新曾在文中指出，"从广义上讲，以新的土地经营方式为基本特征，他们实际上正融为一个阶级，不仅包括杰出的约曼，改变了生活方式的乡绅、骑士，还包括乐于投资土地的商人。"参见：侯建新. 富裕佃农：英国现代化的最早领头羊 [J]. 史学集刊，2006 (4).

根据美国历史学家斯通的统计,15世纪末到17世纪中叶,英格兰的乡绅人数翻了一番,而收入几乎增长了4倍[①]。通过农场经营和谷物羊毛贸易,新贵族们积累了雄厚的经济实力。随着他们自身财产实力的增强,开始在政治上提出自身关于财产权的利益诉求。都铎王朝建立后,国王为了削弱大贵族势力,支持乡绅及其子弟进入财政部、枢密院、议会等权力中枢,为其在政治上进行有利于自身利益的谈判畅通了通道,也为其后来推动资产阶级革命创造了条件。

富农乡绅阶层的兴起相当于在英国社会中创造出了一个独特的"中间阶层",使英国突破了封建等级社会的藩篱。然而与此同时,欧洲其他国家尚处在等级分明的封建阶级结构中挣扎,中国封建社会时期也因地主阶级利用特权不断增加地租,限制了佃农的发展成长空间。这一"中间阶层"的崛起在引领英国农业资本主义的萌芽和发展的同时,也为英国率先建立资产阶级政权并进行一系列有利于资本主义发展的制度创新准备了强大的阶层力量。

2. 商人阶层的成长

15世纪末欧洲进行的大航海,大大促进了欧洲与世界其他地区的联系,欧洲各国纷纷组建各自的东印度公司,凭借强大的武力进行与东方的贸易。西班牙、葡萄牙、荷兰以及英国等国家先后进行海外殖民地开拓,大批殖民地产品被运往欧洲。大航海引发的商业革命对欧洲的发展产生了重要影响,欧洲各国普遍实施重商主义政策,商人资产阶级逐渐兴起。

在中世纪晚期,英国就形成了国内贸易和国际贸易的双轮驱动。从国内贸易来说,初步构筑起以村庄市场、城镇市场、市集以及港口交易为主的市场网络体系。从国际贸易来说,14世纪以后,英国建立了商站制度,在河海沿岸港口城市及英吉利海峡的对岸的加莱、安特卫普、布鲁日等城市设立商站。虽然在爱德华三世以前英国的国际贸易大部分操纵在意大利商人手中,但是随着本国商人经济实力的增长,英王开始改变对外国商人的依赖政策,转而倚重本国商人,巩固本国商人在国内外贸易中的地位。爱德华三世在即位之初,就颁布特许状,确认了伦敦市政当局不许外商拥有自己的住房的通

---

① Lawrence Stone. Social Mobility in England:1500-1700 [J]. Past and Present, 1966 (33): 16-55.

令，并要求外商寄宿当地居民家中，接受寄宿主的监督，并在 40 天内出售完他们的商品，1425 年又一次重申了这一特许状的主要内容。政府抑制外商的政策和活动，打击了外商的竞争，加强了英商的实力和地位。爱德华三世手中握有 169 名本国富商名单，需要时可以向他们借款。

英国的国家力量努力通过经济立法和财政政策来为工商业的发展创造统一的国内市场，帮助开拓国外市场。英国早在 15 世纪 30 年代末就开始了具有重商主义倾向的经济立法，鼓励本国商品出口，禁止外国商品进口，在 1650 年更颁布著名的"航海法"。通过特许贸易、创建殖民地、关税倾斜甚至发动商战等政策，海外贸易不仅给英国带来了无尽的财富，而且为英国的工业开拓了庞大的世界市场。英国君主为战争需要总是缺少资金，例如，查理一世为了反对苏格兰战争，在 1640 年被迫召开议会，并需要征收 30 万美元税收，这一金额足以支持 1.2 万个士兵一年的补给。由于战争和进行殖民统治的需要，国家在财政方面总是捉襟见肘，因此必须依靠商人阶级的支持，而商人阶级也需要通过寻求国家的保护以更好在海外贸易中牟利。国家保护商人阶级驰骋海上，商人阶级作为交换与国家分享所有权租金并逐步拥有政治话语权。国家与商人的联手开辟了一个新的殖民社会和利润来源，到 1640 年英国已建立了 14 个永久性拓居地[①]。

海外贸易为英国造就了一个王室之外的富裕商人阶层，由于英国在大西洋贸易中没有发展出一套专制主义权力，因此商人阶层在大西洋贸易中获得的利润连年递增且十分可观。阿西莫格鲁等（Daron Acemoglu et al., 2005）的数据估计表明，来自大西洋贸易的利润在 1575 年之前可以忽略，从 1576 ~ 1600 年每年平均大约 4 万美元，而在 1601 ~ 1650 年每年平均大约 20 万美元，1651 ~ 1675 年每年平均大约 50 万美元，而 1676 ~ 1700 年随着奴隶贸易和蔗糖贸易的扩大，利润上升至每年平均 90 万美元，在 1701 ~ 1750 年每年平均约为 70 万美元，而到了 18 世纪晚期每年平均约为 500 万美元[②]。而在 17 世纪早期，个人财产达到 1 万美元就相当富裕了，最低投资 0.2 万美元就

---

① 道格拉斯·诺思，罗伯特·托马斯. 西方世界的兴起 [M]. 北京：华夏出版社，1989：129.
② 戴伦·阿西莫格鲁，西蒙·约翰逊，詹姆斯·罗宾逊. 制度：长期增长的根本原因 [A]//刘志彪. 南大商学评论（第 10 辑）. 北京：人民出版社，2006：1 – 17.

能够成为东印度公司的理事。由此可以看出,海上贸易使商人阶层获得了相当丰厚的财富,积累了经济实力。他们逐渐走向联合并利用其所积累的经济实力进入议会并与王权展开政治权力的争夺。

国家的掠夺性行为使商人阶层与国王存在利益上的冲突,商人阶级要求限制王权保护私人财产的安全,在1642年的英国内战和1688年的光荣革命中,富裕的商人和新贵族都投入了大量的军费来支持议会打败国王,以谋取稳定的产权保护。

4.1.3 国家权力的重组

进入17世纪以后,都铎王朝的继任者斯图亚特王朝越来越走向了蛮横与独断。由于财政困难和对征税权力的不同解释,英国于1628年爆发了查理一世与议会之间的斗争,前者的暂时胜利更让英国成为一个听任国王独断专行、横征暴敛、复辟旧教的封建专制国家。1642英国内战爆发,内战爆发的导火索是宗教分歧,而革命的真正目标是树立以土地阶级利益为代表的议会的主权,这意味着英国专制王权的历史使命即将走向尽头。英国内战中依靠的主要力量是土地阶级中的士绅阶层,每个地方的土地阶级,特别是地方乡绅的态度决定了双方的力量对比,历史学家就曾指出:"一般来说,(内战中)一个地方的士绅态度就可以决定了这个地方的态度,士绅站在哪一边,这个地方就站在哪一边。"[①] 议会派的军事首领克伦威尔就是亨廷顿郡的一个清教乡绅,他的出现代表着内战中乡绅阶层的重要影响。内战于1649年结束,国王查理一世被推上断头台,英国进入了由克伦威尔担任"护国公"的共和国时期。表面上看似是议会得到了胜利,内战将英国国王赶下了台,但内战结束后,英国并没有真正走向议会主权的共和国,而是由军事首领克伦威尔统治的一个军事政权。直到1660年,议会通过选择复辟斯图亚特王朝结束了军队的专制统治。斯图亚特王朝复辟初期国王权力和议会权力还可以保持平衡,但是到了詹姆斯二世时期,国王走上了专制王权的老路,而且国王在宗教问题上的天主教倾向再次引起了议会的恐慌,议会再次发动革命反抗国王的专制,这就是1688年光荣革命。在历经起义、混乱,暴政和复辟之后,英国终

---

① 钱乘旦,许洁明. 英国通史 [M]. 上海:上海社会科学院出版社,2007:159.

于在光荣革命后进入了相对平稳的资产阶级执政期,而1714年入主英国王室的汉诺威选侯乔治一世本身就是信奉新教的,从此,英国资本主义的发展有了一个比较适宜的环境。1689年通过的《权利法案》集中体现了这场资产阶级革命的成就,规定国王无权废止法律,议会必须定期召开,议员的言论自由并得到法律的保障,所有重大问题都由议会决定,包括征税、招兵、对外政策等。王室特权受到普通法的限制,对司法的控制被废除,法官的独立性因此得到强化,有利于私有产权的普通法法庭确立起权威地位。宪政改革在获得一致同意的基础上为王室的行为规定了一组界限相对明确的原则,并通过市民社会协调公民之间的反应,提升了公民之间的集体行动,提高了公众惩罚王室掠夺行为的能力,也大大限制了王室利用公民之间意见的多样性提高自己滥用权力的能力。最终,王权获得税金岁入,议会赢得征税权,商人则得到产权的外部保护。王室对产权的控制权便转移到由商人和土地贵族组成的议会手中,以限制王权来保护私人产权和市场竞争。《权利法案》作为人民(议会)与国王之间的"契约",成为"英国宪政"中最重要的基础性文件之一。宪政政体的确立构成了有利于投资和工商业资本家崛起的政权基础。

从17世纪初期开始的政治动荡到17世纪末终于以"议会至上""国王受限"的结局告终。17世纪所发生的政治风云背后影射的是17世纪国家经济力量对比所发生的变化。而其中,正是新贵族和商业阶级的利益诉求主导着革命的爆发、进展,乃至最后的结局。光荣革命所最终确立的政治环境是对现实的经济环境的回应,内战和革命的过程和结局也显示出英国社会所形成的新的阶级力量对比。以复辟时期为例,英国大约有160个有爵位的贵族,各自地产都在1万英亩以上,他们之下是4000多名地方缙绅,具备很大的社会影响,再往下就是12000家左右的绅士,在地方上发挥着实际的影响作用,这些人就是拥有大部分土地权利的贵族和乡绅,而他们的土地利益大多通过各种途径又与商业利益相联系,比如贵族的长子往往娶了伦敦商人的女儿,反之亦然。新贵族和商人阶层成为17世纪英国的实际统治者,议会就是贵族、乡绅、大商人的议会。这场革命风暴中废除了土地所有权人所负担的封建义务,在所有权领域确立起独立的、完整的产权制度,自此,贵族、乡绅、商人等通过各种方式所获得财产所有权成为现代意义上的完整产权,而不再附属任何封建约束。

4.1.4 以产权为核心的制度创新

随着宪政革命在英国的顺利实现，现代产权制度得以在英国社会经济生活各主要领域全面展开，对专业化分工与市场的扩展起到了促进作用。在荷兰之后，英国海外贸易逐渐崛起，而其海外扩张的重要载体则是以英国东印度公司为代表的垄断性特许贸易股份公司，商业则成为这一时期股份公司最为集中的领域，通过殖民拓殖活动逐渐走上繁荣之路。这些股份公司在早期表现出通过享受政府特权，模仿荷兰东印度公司几个大家族占据董事席位，并在这些寡头家族控制之下①。东印度公司是英国在1600年组建的第一个特许公司，由一些王室授予其贸易垄断权的商人们创立。特许公司的组建为其后来产生了近代资本主义和国际关系网，它的垄断为资本主义吞并殖民地并纳入其版图铺平了道路②。

国家治理模式上发生了重大变化使英国初步实现经济政策领域中的政府管理现代化。首先，国王的资金来源主要依赖于由地主和商人中的一些精英控制的众议院，上议院已经在成立临时共和国时被废除；其次，在任命政府官员时，政府会更多地考虑使用那些有才干的专业人士，甚至实施"高薪养廉"的政策；再次，改进的政府统计数据开始成为制定政策时的重要参考；最后，传统的税收制度更是经历了重大的改革：从1679年起，政府规定烟囱税的包税人必须出示全部详细账目；关税的承包制度在1671年被废除了，并在1696年设立了进出口总监；1683年，消费税的承包制度也被取消了。这时没有任何特权群体可以免税，没有税收承包人，不准出售公共职位，也不存在税收自治的辖区，税收的政治合法性在国会的控制下得到了保证，人均公职人员的数量也远少于法国当时的水平③。

在英国，早在16世纪，商界与民众就不断反对垄断，提倡贸易自由。1699年的一份官方报告指出，凡是英国公司能够经商的地方，冒险商或其他

---

① 费尔南·布罗代尔. 15 至 18 世纪的物质文明、经济和资本主义（第二卷）[M]. 北京：生活·读书·新知三联书店, 1993：484.
② M. M. 波斯坦, H. J. 哈巴库克. 剑桥欧洲经济史（第四卷）[M]. 北京：经济科学出版社, 2002：226.
③ [美] 安格斯·麦迪森. 世界经济千年史 [M]. 北京：北京大学出版社, 2003：84.

未被授权的商人也能经商。因此,东印度公司于1661年把印度洋贸易交给个体商人经营,官方也宣布停止东印度公司的专营特权。但是,在1708年之后,专营贸易仍旧成为东印度公司的特权。直至18世纪中期,特许公司最终让位于未来的帝国。18世纪中叶,国会对在印度发生的滥用职权情况进行了调查,并分别于1773年和1784年通过管制法案和印度法案,对东印度公司进行重组使其隶属于国王[①]。至此,民族国家不再藏身于特许公司之后支持垄断型贸易的发展,而是走向前台并操纵起正在形成中的世界经济结构。

  在金融领域,经历了17世纪的政治动荡,伦敦完成了金融革命,用一套有效的政府信用制度宣告了对于宪法权威的尊重。1717年英镑按黄金固定了价格,并在之后200余年时间里,除了1797~1819年和1914~1925年短暂中断之外,始终坚持黄金本位制和传统金平价,并一直延续到1931年。稳定英镑币值显然是英格兰对国家信用的承诺,并由此确保了伦敦国际金融中心的地位。在整个19世纪的危机年代,英格兰银行始终是其他中央银行的最后求助人,尽管巴黎和伦敦一直存在着金融体系的激烈竞争,但是英国的金融中心地位无可动摇[②]。1694年建立的英格兰银行,由威廉国王和玛丽皇后作为重要股东,而由伦敦大金融家参股。对于稳定资金和信贷市场,推动商业投资和创新活动具有重要意义,它成立的目的主要是为协助销售战争期间的国债,并通过贷款新发行的银行券获利,该行销售国债的主要方式是允许财政部发行"由银行担保的债券",并将政府债券作为存款以发放新贷款,由此政府发行的债券变为各类长期公债,这一制度创新使国家不必偿付债款,而债权人却可随时变现债权。对政府的信赖使政府举债需付之利率从威廉三世(1689~1702)时期的10%下降到18世纪中期的3%。"光荣革命"后的30年间,政府举债额是政府财政收入的10倍,仅1702~1714年,英国国债就从1300万英镑增至3600万英镑,到1764年则达到1.39亿英镑。国家强大的融资能力使各类大型基础设施及国防、军队和司法等公共产品投入充足,

---

  ① 费尔南·布罗代尔.15至18世纪的物质文明、经济和资本主义(第二卷)[M].北京:生活·读书·新知三联书店,1993:87.
  ② 查尔斯·P.金德尔伯格.世界经济霸权:1500-1990[M].北京:商务印书馆,2003:174-177.

国家力量进一步增强①。

这一时期建立起来的公债制度为推动前工业革命时代英国经济的发展奠定了基础。宪政革命之前,英国并没有隶属于国家的财政机构,国家财政事务主要交由包税金融家办理。宪政革命前后,英国将关税和消费税归于国家管理,并设立财政署,财政权力逐渐收归国有。有了国家信用的支持,英国发展起了一套有效的信贷系统,对商业、工业和殖民地基础建设的投资做出了突出贡献,国家因此找到了能够发展经济的信贷资源,国债持有人也通过债券市场的交易保障了资金的充分供给,而领先一步发展起来的荷兰人更是成为英国信贷市场的参与者。据估计,荷兰在国外投资的1/3投向了英国政府债券②。

光荣革命后,英国逐渐发展出了一整套有利于生产性活动的所有权结构。在国王与议会的激烈斗争与较量中,代表商人阶级的议会最终赢得了胜利,并达成妥协,将政治权力置于急于利用新经济机会的生产性集团手中,建立了一套更有效地利用生产要素、将资源导向发明创新并鼓励生产性活动的现代产权制度,为经济增长提供了适宜的制度环境,使英国在17世纪末成功取代了荷兰。到18世纪中叶,确保市场交易和金融体系运作的法律制度在宪政制度的框架中完善起来,市场经济制度也从商业资本主义的胚胎中逐渐发展起来。至此,一个韦伯所预见的"理性社会"的基本架构逐渐成熟,并为18世纪下半叶到19世纪中叶的工业革命铺平了道路。

4.2 科学创新与社会资本

4.2.1 文艺复兴与科学发展

1. 科学中心的转移

近代科学的兴起是从欧洲文艺复兴时期开始的。中世纪,欧洲封建社会

---

① 张宇燕,高程. 美洲金银和西方世界的兴起 [J]. 社会科学战线,2004 (1):42-69.
② M. M. 波斯坦,H. J. 哈巴库克. 剑桥欧洲经济史(第五卷)[M]. 北京:经济科学出版社,2002:108.

占统治地位的思想是基督教宗教思想。在教会统治下讲习的是宗教神学和经院哲学。经院哲学用烦琐的形式主义抽象推理方法,对既定的教条进行空洞的论证。经院哲学的神学体系极端地仇视和排斥科学。14世纪至16世纪的文艺复兴是对"世界的发现与人的发现",是对客观世界全面而系统的探索。文艺复兴打破了中世纪理论与实践脱节的局面,开创了科学重视实践并面向实践的风气,在宇宙观和思想方法上掀起了一场革命。从文艺复兴以来的唯物主义世界观和以哥白尼、伽利略、牛顿等为代表的实验科学,开创了真正的近代科学精神,不再把宗教的和世俗的权威作为知识的源泉,而是从对客观事物的研究中探索知识、追求真理。在唯物主义世界观指导下,这一时期自然科学方法论的主要特点是:从观察和实验入手,归纳出经验定律,运用数学方法进行严密的演绎和推导,把经验定律提高到理论,然后提出假设,最后用实验来验证。文艺复兴运动虽然是以意大利为起点和中心,但它发散到整个欧洲,其他国家在天文、数学、物理、化学等领域也涌现出不少杰出人物。唯物主义世界观和方法论使科学研究取得了巨大的成果,为工业革命创造了科学前提。

16世纪,意大利开始走向没落的时候,意大利的科学复兴运动已经波及荷兰、德国等欧洲大陆,英国的科学发展则相对落后。新兴的资产阶级非常重视科学技术的发展,大批英国医生、牧师、商人把科学研究作为业余爱好到欧洲大陆学习。在后来的英国著名的科学家中除牛顿外,几乎都到大陆留过学。16世纪末欧洲大陆的动荡,战争与分裂以及宗教迫害,使一大批掌握先进科学技术的新教徒逃到英国避难,使伦敦逐渐成为欧洲科学技术活动的中心。

2. 皇家学会的成立及其作用

17世纪中期以后,科学组织在西欧陆续成立。这不是偶然的事件,是顺应新时代的新需要而诞生的,是那个时代精神的重要标志。科学成为社会的主要兴趣,科学成为社会有组织的活动,一批科学家(专业的和非专业的)需要自由地探讨他们迫切关心的科学问题,互相交流研究的成果和消息,少数热心科学的人愿意出来组织和支持工作,当时的大学还不能担负起这个任务,因为他们受教会影响太深,因此只好重新建立科学团体。1662年,皇家协会在这种背景下诞生了。

皇家学会是英国近代第一个科学组织，其任务和宗旨是增进关于自然事物的知识，以及一切有用的技艺。皇家学会的首批会员中绝大多数都是清教徒。学会的第一位学术秘书威尔金斯也是一个清教徒牧师，他本人虽然在科学上没有什么卓越的成就，但他是一个优秀的科学活动组织者，不遗余力地促进科学的应用、传播和交流。1665年3月，皇家学会的定期学术刊物《皇家学会哲学学报》创刊，主要刊登会员论文、报道新奇现象、学者之间的学术通信和争论以及介绍最新出版的科学书。皇家学会最初是把一些科研项目和报告演示任务直接分配给个人或小组去完成。如波义耳应邀演示他的抽气机，布龙克尔勋爵承担过进行枪炮反冲实验的任务。后来成立一些委员会来指导各方面或各专门学科的研究工作，如贸易史委员会、收集自然现象报告的委员会、改进机械发明的委员会、天文学委员会、解剖学委员会和化学委员会等。这里集中了当时英国和外国的一些最优秀的科学家，如波义耳、胡克、雷恩、哈雷、牛顿、惠更斯等。皇家学会组织讨论过当时最重大的科学和技术问题，它结束了以前孤立的、分散的、个人闭关自守的研究局面。它对第一次科学革命高潮的到来发挥了巨大的组织作用，皇家学会成立，为当时英国发展科学做了组织准备，对英国科学研究起了推动的作用。

16~18世纪欧洲在数学、物理、化学、生物等自然科学领域取得了巨大的成就，特别是机械学的成就为英国产业革命的许多发明准备了条件。以瓦特的蒸汽机为例，蒸汽机的活塞镶在汽缸里，装配要求高度精密，联动齿轮、螺旋线、轴承以及各种几何图形的转动部件，都要求精密的计算和装配，才能有效地相互推动，旋转协调。这不但需要熟练的手艺和眼力，而且在创造产品的各个部件的过程中，也越来越依靠着数学的精密计算。物理、化学、力学以及其他自然科学取得的成就，为工业革命中的一系列技术创新提供了可能性。同时技术和生产的迅猛发展，给科学的进一步发展以新的刺激和推动，并给科学的进一步发展提供了更坚实的经济基础。蒸汽机的发明和应用，为能量守恒和转化定律的发现打下了最基本的物质基础。纺织工业和农业中提出的合成染料、合成肥料等问题，促进了化学的发展。农业革命和农业资本主义化推动了农业化学和生物学的发展，采矿和交通运输业的发展，促进了地质学和生物进化论的建立。

4.2.2 社会资本与科学转化

科学的发展是基础，但并不必然导致工业革命的发生，只有从科学到技术再到实际生产中的应用（促进科技成果转化的科技体制机制），才能转化为现实的生产力。这一点可以解释为什么科学发展领先的阿拉伯文明、印度文明、华夏文明都没能将其所拥有的先进科学知识转化为一系列技术变革并应用于社会生产，反而让科学最为落后的英国实现了反超，关键就在于实验科学在全社会范围内的推广，使生产第一线的技师得以在反复实践中解决技术难题，并直接推动社会生产的发展。

由于教会的支持和牛顿的声望，皇家学会在18世纪初得到国家的支持。他们通过大量著作、公开演讲等方式，大力宣扬实验和仪器的研究方法是通往真知的最佳途径，而且以实验方法获得的实用知识可以创造出巨大的物质财富和经济繁荣，极大推进了实验方法和科学知识的广泛传播。尤其是在苏格兰。18世纪苏格兰的不少大学形成了现代化和经验主义的课程体系，为欧洲和美洲培养出很多成功的医生、科学家、思想家、工程师，瓦特就是在格拉斯哥大学开始关于蒸汽机的研究的。最新的科学成果和实验方法通过各种途径在英国社会的各个阶层范围得到了普遍的传播，因此操作手册手工艺人、商人、仪表技师，甚至神职人员，都开展了自己的实验工作并且小心观测，以期能够获得自己的新发现和先进知识，这种协作与关于工业生产各方面的探索是成功的关键。尽管波义耳的助手、曾任皇家学会仪器馆长的丹尼斯·帕潘最早进行了活塞式蒸汽机的设计，但他却没能成功制造出一个可操作的样本，而是由手艺工人汤玛斯·纽科门发明了一套复杂的蒸汽进出的阀门系统，使可以实际操作的蒸汽机成为可能。纽科门正是从皇家学会的出版物和全国各地的公开演讲中获悉大气压力发动机的改进问题，并了解了大气压力和压缩蒸汽机产生真空的基本原理，在他采矿业工作经历和技术积累基础上，才制造出了可实际操作的蒸汽机。同样，瓦特也是在布莱克等的潜热思想、牛顿力学和能量效率思想的指导下改良蒸汽机的，并且在企业家罗巴克和博尔顿的帮助下，生产销售改良的蒸汽机并使之得到推广[1]。

---

[1] 参见：[美] 杰克·戈德斯通. 为什么是欧洲？世界史视角下的西方崛起（1500 – 1850）[M]. 杭州：浙江大学出版社，2010：183 – 184.

各职业阶层之间的无障碍交流和合作形成英国社会独特的社会资本。实验方法的应用和最新科学成果的广泛传播把手艺工人和仪器技师转变成了工程师，也使商人和工厂主了解科学研究的经济价值并主动雇佣资助工程师们改进工作中的技术。在当时的欧洲，只有英国推动了实验方法和科学成果在各阶层人员中的教学和应用，并鼓励这些群体同前沿科学研究人员以及不同群体之间的广泛交流与合作，极大地促进了科学、技术、产业的融合。而在欧洲其他国家，直到18世纪末，手工业、商业和科研工作之间仍存在巨大的分野。工厂主和商人只关注自己的商业秘密和市场，而不是能带来技术创新的科学知识和方法；科学家们也只关注自身的逻辑研究而不是生产中的实际应用问题。这种社会资本上的差异和技术工人、科学家、企业家等不同阶层之间的通力合作，不仅使英国在科学发展上后来居上，而且促进了科学技术在实际生产应用中转化为现实的生产力，是工业革命在英国拉开序幕的又一必要条件。

4.3 技术、组织管理创新与经济结构变迁

17世纪的英国科学革命为18世纪工业革命的发生提供了科学理论的基础，特别是蒸汽机的发明尤为明显。在工业革命中，科学同技术，生产互相促进，科学开始运用于生产和同生产相结合，促进了生产飞跃发展，在不到一百年时间内所创造的物质财富比过去几千年创造的还要多还要大。本节将从英国纺织业的发展入手，考察发生在这一产业中的一系列技术创新和随着分工发展的组织变迁过程，随后在进一步的动力需求下蒸汽机的改良以及由之引起的经济结构变迁。

4.3.1 棉纺织业的发展与创新

资本主义的萌芽和发展起源于商业，从16世纪到18世纪中期，英国工场手工业的发展是由商业资本控制的，地理大发现以及由此引致的追逐海外商业霸权的刺激，推动了以毛纺工业为主导的一系列经济条件的变化。毛纺织业在国家政策的保护下，一直是工业革命前英国主要的产业。棉纺织工业很少，并且质量不高，人们使用的棉布主要来自印度和中国。由于担心棉布

的进口会威胁到毛纺织工业，以及出于维护毛纺织业主的利益的考虑，英国政府曾经对进口和使用棉制品采取最严厉的限制措施。但是，由于人们对于棉制品的需求以及棉制品的价格优势，棉纺织工业在英国并没有中断，对印度进口棉制品的禁令，反而刺激了英国棉纺织工业的发展，在英国形成了一个几乎没有受到任何传统束缚的新行业。

英国的工场手工业的历史在马克思《资本论》第一卷中关于"协作""分工和工场手工业"等章节中有详细的研究和说明，亚当·斯密在《国富论》第一章中关于制针工场中分工的论述，提供了一种典型的工场手工业形态的分析。这种生产方式的主要特征是在生产中实行精密细致的分工，这些分工不仅极大地提高了劳动生产率，而且产生了以人的肢体为基础的新的劳动工具的发明，这种适应劳动分工的生产工具构成了机器产生的物质基础。但是，工场手工业中使用的工具并没有超出人的肢体和技能以及人力的有限利用的局限，生产被限制在人的动作和力量的使用范围之内，劳动生产率的提高毕竟是有限的，就像在农业劳动中一样，不利用科学技术和机械化的生产工具，仅仅通过"精耕细作"，农业劳动生产率的提高很快就会达到极限。随着市场需求的日益扩大，这种生产方式已经不能满足需要，也无法为资本主义生产方式提供持久的生产力条件，在现实需求的拉动和科学发展的背景下，一系列技术创新在棉纺织业中接连发生，工厂也随着机器的改进和大规模使用逐渐取代了原来的手工工场。

棉纺织业最初是从模仿毛纺工业开始的。引起改变的第一个重要的发明是对旧织机的一个简单的改良：一个名为约翰·凯的织工于1733年发明了飞梭，这项发明不仅能够节约人力，而且能够织出更宽更多数量的布。这个小发明是工业革命前行将引起巨大历史转变的重要事件，到1760年左右，这项技术几乎在所有的工厂中普及了。

飞梭的使用改变了棉纺织工业中纺和织之间的分工及其比例关系。在这项发明之前，一台织机常常需要五六个纺工供应棉纱，由于棉纱供应不足，经常使织机停工。飞梭的发明增加了对棉纱的需求，使棉纱供不应求的矛盾越来越突出。"当飞梭使织工工作更加快得多的时候，缺纱问题就日益严重了。不仅纱价上涨，而且常常不能在一定时间内买到必要数量的纱。从而织物的交付延迟以致制造商受到很大的损害。那些必须雇佣纺纱男工或女工的织工，终于很难谋生。"① 纺和织之间的供求不平衡,迫切需要纺纱技术的革新。

第一台纺纱机是由约翰·怀亚特于1733年发明的。约翰·怀亚特是一名木工,有发明气质,而他的合作者刘易斯·保尔更像一个熊彼特意义上的"企业家"。他们的发明于1738年取得专利,由于缺乏资本,直到1741年才由保尔的朋友出资设立工厂,但由于当时纺和织之间的矛盾并不突出,这项发明在生产中的运用没有成功。直到18世纪60年代,两项几乎同时出现的重大发明才最终引起纺织业的革命。哈格里夫斯于1765年发明了多轴纺纱机(珍妮机),阿克赖特于1767年发明了机械纺纱机,二者均在1768年投入使用,并分别于1769年和1770年取得专利证书。哈格里夫斯是木工和织工,1762年他应一位邻居制造商的要求制造了一台梳棉机,1765年发明的多轴纺纱机最初主要是自己在家里使用。他的发明和创新也遭到了工人的反对,他与不愿支付专利费的制造商的斗争也因为在领取专利之前机器已有出售而失败。

虽然水力纺纱机不是阿克赖特发明的,但他却利用这些发明成功地领取了专利,并在不断的斗争中保护自己的专利权。起初,阿克赖特受到资金的限制,几个合作者都不富有,他必须为筹集资金而奔走;1771年他与两个有钱的针织品商合作,在临近水流的地方利用水力发动的自动设备设厂,到1779年他就有了几千个徒子和三百个工人。他的发迹引起竞争者了一系列的诉讼,最终证明他的专利是剽窃来的,专利被宣布无效,但他并没有停止经营,继续不断地发展企业,1787年受到封爵,1792年逝世时他是当时最富有的实业家之一。阿克赖特在工业界享有很高地位和声誉,他的事例提供了熊彼特企业家"创新"的一个原型。熊彼特认为他具备企业家的气质,有建立私人王国的"梦想"和冒险精神,有征服的意志和创造的欢乐②。法国历史学家保尔·芒图也曾对他予以高度评价,将他视作"近代大工业的真正创始人":"他不是发明家,他至多不过是整理、组合和利用他人的发明物而已……是首先懂得利用他们并把他们组织成为一个系统的人。要筹得创建工厂所必需的资本,要组成和解散那些被他变作自己不断发财的手段的合伙,

---

① [法] 保尔·芒图. 十八世纪产业革命——英国近代大工业初期的概况 [M]. 北京:商务印书馆,2012:179-180.
② [美] 约瑟夫·熊彼特. 经济发展理论——对于利润、资本、信贷、利息和经济周期的考察 [M]. 北京:商务印书馆,1997:103-104.

他必须有实业家的非凡的才能,必须有灵巧、坚忍和大胆等奇妙的混合气质……这些都是发明家们所少有的才能,如果缺少这些才能,他们的发明物就不能供工业的新组织作为基础之用。正是阿克赖特在隆贝兄弟、怀亚特和刘易斯·保尔等不完全的或不成功的试图之后真正地创设了近代的工厂。"①

继阿克赖特之后,塞缪尔·克朗普顿结合多轴纺纱机和水力纺纱机发明了走锭精纺机,这种机器能够避免多轴纺纱机和水力纺纱机各自的不足,纺出更好的棉纱。但由于他发明的走锭精纺机没有取得专利权,因此这项发明只是为企业主带来了巨大的财富。纺纱机的一系列发明极大地推动了棉纱的生产,在织机未得到改良的情况下,织工的劳动还是手工的,织就成了矛盾的主要方面,改造织机就成为生产的主要任务。1785 年卡特赖特(乡村牧师)发明了机器织机,并利用自己的资金设立工厂,但是由于当时织工的工资极低,对许多家庭作坊来说,机器织机替代织工的劳动并不合算,卡特赖特的发明在工业上的应用被推迟了。

英国计量经济史学家安格斯·麦迪逊概括了此期间棉纺织工业的发展:"从 18 世纪 60 年代起,棉纺织业出现了令人吃惊的发展。在此之前长达一个半世纪中,国内对棉布和家庭装饰品的需求都是通过进口的印度纺织品得到满足的。接连不断的技术创新给国内棉纺业的发展呈现了新的前途和利润潜力。由于棉花比羊毛更容易被机械处理,因此适量的资本投资所形成的机械化就可以大大提高劳动生产率。哈格里夫斯(Hargreaves)在 1764～1767 年发明的珍妮纺纱机在纺软纬纱时可以将生产率提高 16 倍。阿克赖特(Arkwright)在 1768 年发明的纺纱机可利用水利作为动力纺出结实的轻纱。克朗普顿(Crompton)在 1779 年发明的飞锭纺纱机可以同时纺出纬纱和经纱。卡特莱特(Cartwright)在 1787 年发明的动力织机提高了织布的生产率。在 1774～1820 年,原棉的进口量增加了 20 多倍。棉纺织业的就业人数也从 18 世纪 70 年代的几乎可以忽略的水平增加到 1820 年占整个劳动力的 6% 以上。棉纱及其制成品从 1774 年占英国出口量的 2% 迅速提高到 1820 年的 62%——尽管这些出口纺织品的价格急剧下降了。同期,羊毛制品在出口中的份额从 49%

---

① [法] 保尔·芒图. 十八世纪产业革命——英国近代大工业初期的概况 [M]. 北京:商务印书馆,2012:205 - 206.

下降到12%。"①

棉纺织工业的发明和创新推动了与之相关的其他行业的技术革命。在其他行业也开始了用工具机代替手工的过程。例如，净棉机、梳棉机、自动卷扬机、漂白机、染整机等工具的发明，形成了棉纺织工业的一套机械系列。同样地，原来棉纺织工业的生产和组织形式学习毛纺织工业，现在毛纺织工业、印刷业、造纸业、呢绒工业等行业也始机械化，开始采用机械装置作为工具机。但是，这些工具机采用的动力主要还是人力、畜力和水力，随着机械装置日益庞大，迫切需要一种能够适应不同地点和时间的动力机器，蒸汽机的商业应用就越来越成为扩大生产的必要条件。

4.3.2 蒸汽机的改良应用与其他产业部门的创新

1. 蒸汽机的发展历程

蒸汽机的历史可以追溯到古希腊。18世纪的蒸汽机最初被人们称为"火力机"，主要是用于矿井里进行抽水。一名名为托马斯·萨夫里的陆军军官于1698年发明了一个利用气压和蒸汽膨胀的机器，但问题很多，使用效果不佳；1705年，锁匠兼铁匠纽科门发明了气压机，经过改良，这种机器在1720年已经达到了可以应用的程度，1767年这种用于抽水的机器已经在各种用途上被使用，但是纽科门蒸汽机的主要缺陷是燃料的耗费量比较大，在机器运转过程中所产生的能量不能得到充分利用；其后，实验室工具制造者詹姆斯·瓦特在修理纽科门气压机的时候，解决了这个问题，并对原有的机器进行了改良，利用蒸汽膨胀的原理代替了气压机的原理于1765年进一步改良了蒸汽机，这种机器使用效率比纽科门气压机高5倍，但耗煤量却少了3/4。

前面提到，在皇家学会的大力推动下，英国形成了良好的科学氛围，瓦特正是受益其中的诸多发明家之一。对当时科学的学习和了解使他在热学原理中找到了改进纽科门气压机的办法。瓦特蒸汽机的发明也充分展示了科学对于技术发明的重要性，推动了科学的应用和科技的融合，科学发展成为技术发明的基础。瓦特的发明也需要"企业家"的"创新"活动来实现在工业上的运用。瓦特的第一个合作者是商人罗巴克，他们签订了协议，由罗巴克

---

① [英]安格斯·麦迪森.世界经济千年史[M].北京：北京大学出版社，2003：89.

负担瓦特因研究蒸汽机而产生的债务和申请专利的费用,并提供必要的资金完成后续的研究和组织在工业中的利用,但要求得到所得利润的2/3。从熊彼特创新的角度来看,罗巴克这位企业家的地位应当超过阿克赖特,正是他的大胆的创新精神,使蒸汽机走出实验室,进行工业运用,从而开创了一个新的时代。他们的合作是友好的和亲密的,瓦特那种迟疑、犹豫的性格正好为罗巴克大胆而热情的气质所弥补。不过由于罗巴克的破产,瓦特失去了后续的研究经费。1774年,罗巴克因债务将他与瓦特的合同转让给了商人博尔顿,瓦特开始与博尔顿合作,并继续投入蒸汽机的改良工作,经历了数次经济困境后,直至1787年前后他们才偿还了所有的债务,并从这项伟大的创举中获利。

2. 瓦特蒸汽机的应用与其他产业部门的创新

瓦特蒸汽机的发明几乎为所有的工业生产提供了不受限制的持续的动力,是英国产业革命最具决定性的阶段。改良蒸汽机的出现,使机器制造机器成为必要,进一步刺激了煤炭、冶金业、机械制造业等重工业部门的技术革命,这些部门之间往往存在紧密联系,彼此联动,共同推动了英国的工业革命浪潮。

18世纪初,英国的冶金工业主要是利用木材作为燃料,冶铁和锻造的工场主要分布在矿区和森林附近。制约冶铁工业发展的主要因素就是燃料的缺乏。16世纪中叶以后,煤在很多行业中被使用,如玻璃制造业、酿酒业、制糖、肥皂制造业等,甚至在中世纪,英国城市中使用煤就非常普遍,但是煤在融化矿石特别是铁矿石时,产生的硫化物会使生产的生铁不纯、易碎、不能用锤加工。因此,如何用煤生产出优质的铁,就成为人们研究和需要解决的问题。17世纪,人们试图通过各种方法将煤中的硫质提炼出来,但都没有成功。在科学还没有主导技术的时代,新的技术的出现带有更多的偶然性。一个名为亚伯拉罕·达比的铁匠在多次实验失败之后,偶然用焦炭、泥煤和炭屑的混合物来炼铁,获得了成功,这项发明大概在1709年,1730年他的小儿子继续他的实验,于1750年发明了用焦炭炼铁的办法,从而使生铁生产摆脱了燃料的限制,生产获得了巨大的发展。与此同时,新的问题又产生了,如何将生铁锻造成成型钢,矛盾的主要方面从冶铁行业转移到锻造行业。1765年达比铁工厂的工人克伦荷兄弟发明了一种反射炉,使锻造过程能够使用煤,解决了以前用木炭作为燃料的局限性,一个名为卡特的人,通过特殊装置改进了反射炉，使炼钢的生产率增加了 15 倍。值得一提的是，1750 年左右一个钟表匠本杰明·亨茨曼发明了"堆锅"炼钢法，这种方法炼出的钢被称为"铸钢"，质量较高可用于高级钢具。

18 世纪末，英国的钢铁行业在欧洲已经取得了优势地位。钢铁行业的发展带动了煤炭行业和交通运输行业的进一步发展。煤成为支撑英国工业发展的主要能源，在资本主义工业化过程中占有重要地位。与此同时，钢铁的使用范围更加广泛了，1779 年威尔金森和达比建造了第一座铁桥，1787 年威尔金森制造了第一艘铁船，1788 年威尔金森用生铁铸造的水管获得订货。钢铁正在逐步取代其他建筑材料，如果没有威尔金森给他提供的金属气缸，瓦特蒸汽机也不可能完成。钢铁工业与机械工业的相互依赖和共同发展，使英国的产业革命逐步从轻工业领域进入重工业领域，不断地加深社会分工，推动英国经济发展。

随着以蒸汽机为主导的各个行业的技术革新和生产的发展，原有的道路交通和航运越来越不能满足需要，交通运输的压力越来越大，这又导致了铁路事业的发展。铁路的前身是轨道车，这种交通工具主要用于煤矿和运河之间，是运河的补充线，17 世纪的轨道是木质的，18 世纪中叶开始使用铁轨，1820 年使用钢轨。早期的载重车主要是用马力拉动的，蒸汽机发明后，人们看得到了用蒸汽动力代替马力的可能性，并进行了很多实验，其中乔治·斯蒂芬孙设计的"火车头"最为优良。1825 年英国第一条铁路建成通车，斯蒂芬孙设计的"火箭式"机车在比赛中运行最好，从此英国进入铁路时代。

4.3.3 经济结构变迁与经济发展

保尔·芒图说，英国工业革命是"一个由劳动分工的不断发展、市场的扩大和人民大众采用新的制造方法而产生的运动"[①]。这场运动伴随着各个产业部门的一系列技术创新、组织变迁、经济结构和经济绩效的持续变化。在手工业和工场手工业时期，主要是以手工劳动为主、利用人力、畜力和水力的生产方式。在家庭手工工场中，发展了精细的分工，随着市场的扩大和劳

---

① [法] 保尔·芒图. 18 世纪产业革命——英国近代大工业初期的概况 [M]. 北京：商务印书馆，2012：1.

动工具的分化,组织内的分工不断地转化为社会分工,从而进一步地扩大内部市场。分工的深化与发展不仅凝聚着技术创新和组织管理创新,还承载了产业分类和职业分类的多样性。从1760年开始,由分工所凝聚的一系列技术创新和生产组织形式的改变,使手工工场中越来越多的手工劳动为机械装置所取代,而机械装置又引发了生产机器的新的行业,以及作为动力机的蒸汽机的创新,从而通过行业之间的前向和后向关联,纺纱机器—织布机—蒸汽机—铁路,在煤炭、航运、钢铁等基础行业的基础上形成了一个以蒸汽机为动力、以钢铁为材料、以煤炭为能源的新经济生产系统。

1760年之后,英国工业产量增长率大幅度提高,加权平均值在1801~1811年达到2.7,远远高出1700~1760年的0.71水平,棉花产量增长率在1780~1790年达到12.76的高点(见表4-1)。从1700年到1801年,英国的GDP增长了2.37倍、人口增长了1.9倍、人均GDP增长了1.26倍;从1801年到1870年70年间,英国的GDP增长了约4倍、人口增长了约2倍、人均GDP增长了2.02倍(见表4-2)。

表4-1　　　　　英国实际的工业年产量的增长　　　　　单位:%

年份	棉花	铁	建筑	加权平均
1700~1760	1.37	0.6	0.74	0.71
1770~1780	6.20	4.47	4.24	1.79
1789~1790	12.76	3.79	3.22	1.60
1790~1801	6.73	6.48	2.01	2.49
1801~1811	4.49	7.45	2.05	2.70
1811~1821	5.59	-0.28	3.61	2.42

资料来源:[英]克里斯·弗里曼,罗克·苏特.工业创新经济学[M].北京:北京大学出版社,2004:40.

表4-2　　英国GDP(百万1990年国际元)、人口(千人)和
人均GDP(1990年国际元)

指标	1500年	1600年	1700年	1801年	1820年	1870年
GDP	2815	6007	10709	25426	36232	100179
人口	3942	6170	8565	16103	21226	31393
人均GDP	714	974	1250	1579	1707	3191

资料来源:[英]安格斯·麦迪森.世界经济千年史[M].北京:北京大学出版社,2003.

从棉纺织业开始的工业革命带动了英国一系列产业部门的变化,原来产业结构中占主导地位的毛纺织业在棉纺织业迅速兴起后不可逆转地衰落下去,冶金、煤炭、机械制造等产业的发展也极大地改变了英国原来的产业结构,并引起劳动力的大规模流动和就业结构的变迁。根据麦迪森的统计,1700年英国农业、工业、服务业的就业比重分别为56%、22%、22%,而到1890年,这一比例已经转变为16%、43%、41%。此外,各产业的发展使大批农业人口迅速转入城市,城市不再是寄生性的存在,而是靠大机器工业生产,提供大量的工业品成专业化、商品化、社会化的市场经济,造就了集生产与消费于一身的近代城市文明(见表4-3)。

表4-3 英国的城镇化率(规模达1万人的城市人口占总人口的比重) 单位:%

区域	1500年	1600年	1700年	1800年	1890年
英格兰和威尔士	3.1	5.8	13.3	20.3	61.9
苏格兰	1.6	3.0	5.3	17.3	50.3
爱尔兰	0	0	3.4	7.0	17.6
西欧	6.1	7.8	9.9	10.6	31.3

资料来源:[英]安格斯·麦迪森. 世界经济千年史[M]. 北京:北京大学出版社,2003.

工业革命所释放的巨大生产力也支撑了英国在自由贸易政策推动下的海外贸易的发展与扩张。到19世纪中叶,英国有一半以上的工业品依靠国外市场出售,而国内消费的大部分原料和粮食则主要依靠进口,英国工业的发展越来越依靠国外市场。为了进一步扩大市场和原料产地,英国加紧了对外侵略和殖民掠夺,到19世纪末成为最大的殖民帝国,建立了在工业、贸易、金融、海运等领域的垄断,确立了其"世界工厂"地位。美国和欧洲大陆各国的工业革命,都不同程度地依靠从英国输入的先进技术和装备。

4.4 新起点上的阶层结构与国家权力结构变化

经济及结构上的变化背后也隐藏着深刻的社会关系变革。恩格斯指出,"产业革命创造了一个工业资本家的阶级,但是也创造了一个人数远远超过前者的产业工人的阶级,这两个阶级随着产业革命对一个又一个工业部门的占领,在人数上不断地增加;而随着人数的增加,它在力量上也增加了。"①本节将在一个由工业革命带来的经济变化的新起点上,分别从产业资产阶级兴起及其所推动的制度变迁和无产阶级的壮大和斗争入手,考察阶层结构变化及由之产生的制度变迁。

4.4.1 产业资产阶级的兴起与议会改革

光荣革命后,英国确立了君主立宪政体,议会成为国家的最高立法机关,但它被控制在农村贵族地主和城市"工商业等级贵族"手中。这些土地贵族和商业、金融资产阶级是英国实际上的统治阶级。而工业革命发展所创造的巨大社会财富,绝大多数落到了工厂主手里,促进了产业资产阶级经济实力的增长和整个社会经济利益格局的转变。19世纪初期,英国一部分较大的工商业资本家的年收入总量达到3871万英镑,这已经大大超过全部贵族的年收入总量(2774.5万英镑)。然而,按照议会旧的选举制度,新兴工业城市的产业资产阶级并不拥有选举权;而且,产业革命改变了英国的经济地理,使原来古老的城镇成了"衰败区",但这些"衰败选邑"仍然享有"古老选举权力",选派议会代表的名额不变,而一批新兴的工业城市却没有选派议员的资格。新兴的产业资产阶级迫切要求改变政治上的无权地位,要求改革议会并在政治上进行国家权力再分配。

1815年,土地贵族为了确保自己的高额地租颁布《谷物法》,规定小麦价格低于每夸脱80先令时,禁止从国外进口小麦,以便保持昂贵的粮价。这一法令的颁布严重损害了产业资产阶级的利益:一方面昂贵的粮价会使工人要求提高工资,增加其生产成本;同时,禁止粮食进口也会招致外国报复性的措施,缩小市场需求。这与产业资产阶级要求打破一切关税壁垒,使工业品畅销全球各地,垄断世界市场的利益诉求产生冲突。于是,产业资产阶级与旧势力在政治领域展开了权利争夺。这种斗争主要围绕19世纪的议会三次改革而展开。

1831年,产业资产阶级成立"全国政治联合会",发布《告人民书》,提出完成议会改革的纲领,喊出"我们必须有议会代表"的口号。辉格党分

---

① 马克思恩格斯选集(第三卷)[M]. 北京:人民出版社,1995:712.

裂出主张议会改革的"左翼",在议会中形成反对派。1830年10月,托利党反动内阁倒台,辉格党格雷组阁,提出议会改革法案,进行"和平"改革。1832年6月,议会通过《英格兰和威尔士人民代表修正案》,并由国王批准而成为法律。这次改革规定了选民资格的财产限制:城市选民规定为每年收入10英镑以上房租的房主和付10英镑以上房租的租户,农村选民规定为每年收入不少于40先令的自由农和10英镑以上的长期佃户或50英镑以上的短期租佃者;取消人口不满2000人的56个"衰败市镇"的111名代表,将人口在2000~4000人的30个"衰败市镇"各选派的代表由2名减少为1名,将"衰败选区"的代表席位分配给新兴工业城市和其他不足议席的郡。按照新选举法所增加的20万选民,绝大部分是属于产业资产阶级。从此,产业资产阶级便打开了进入议会的大门,分享到一部分政治统治权。这次议会改革是英国社会关系史上的转机,是英国从贵族寡头政治向资产阶级议会制度民主化转变的第一步。它促进了19世纪40年代一系列有利于英国产业资产阶级的自由主义改革。1846年经过议会内部的反复斗争,废除了《谷物法》,英国从此走上了自由贸易的道路。

在"自由"资本主义鼎盛时期,英国产业资产阶级的经济实力更加壮大起来,进一步要求进行议会改革。他们成立了筹备组织"改革同盟",领导全国的选举改革运动。1865年5月13日,"改革同盟"在伦敦圣马丁教堂举行成立大会,资产阶级激进派埃蒙德比尔斯当选为主席。英国掀起了第二次议会改革。自由党内阁的财政大臣格拉斯顿代表政府提出改革法案,这个法案回避普选权遭到广大人民群众的反对。英国统治者和执政的保守党内阁考虑出台新的法案,以"吸引公众的全部注意力"。1867年8月15日议会通过的新改革法案规定:在城市凡缴纳贫民救济金的房主和每年缴纳10英镑以上房租、定居不少于1年的房客才有选举权;在农村每年在私有土地上的收入达5英镑或缴纳12英镑租金的租户才有选举权。这次议会改革使选民人数增加90万~100万人,英国资产阶级民主政治制度改革前进了一步。

19世纪90年代,英国垄断资产阶级力图依靠其经济实力加强政治统治,进行第三次议会改革。1868~1884年,在前两次议会改革的基础上形成了自由党和保守党轮流执政的"政治跷跷板"局面。执政的自由党为在下届选举中争取选民,缓和人民群众在对侵略苏丹和阿富汗政策的失败的不满情绪,于 1884 年和 1885 年两度提出改革法案。1884 年改革法案规定:凡在各郡缴纳贫民救济金的房主和每年缴 10 英镑以上房租的房客,定居不少于 1 年的城乡居民均有选举权。选民人数由 250 万增至 450 万,占 1884 英国人口的 13%。1885 年改革法案规定:重新划分选区,每 5 万人可选派议员 1 名,5 万人的城市允许选派议员 1 名,人口不上 1.5 万人的"衰败选邑"不再选派议员。选区的重新划分和选名人数的增加,进一步增强了产业资产阶级的政治实力,而土地贵族则由于有 105 个"衰败选邑"丧失选派议员的资格,势力大大削弱了。

19 世纪英国三次议会改革是 17 世纪英国资产阶级革命的继续,旨在根据产业革命所引起的社会经济变化,确立资本的最高权力,保障新崛起的产业资产阶级的利益。在产业资产阶级的推动下,英国还进行了公务员制度的改革。1870 年英国政府以法令形式确定"公开考试,择优录用"为政府公务员的录用办法,建立起比较完整的对各级公务员考试、录用、考核、奖惩、待遇、培训、晋升调动解职、退休保障以及分类管理等规章制度和管理体制。1870 年规定录用文官必须通过公开竞争考试的原则,这样可以杜绝腐败现象,提高文官的文化素养和工作效率,能够选拔符合工业资产阶级需要的人才。19 世纪的议会改革和公务员制度的实行,使资本主义政治制度在英国确立,英国成了近代意义上的资本主义国家。

议会改革逐步扩大了资产阶级民主,议会制度真正成了资产阶级专政的工具。自由党和保守党通过选举轮流上台执政,英国资产阶级通过两党制更牢固地建立起自己的政治统治。政治是经济的集中表现,处理社会关系是政治的重要内容,其表现形式为代表一定阶级利益的政党所执行的政策。英国的两党制实际上是"强党体制",内阁是由议会的多数党控制,国家政策由多数党决定。通过选举而在议会中获得多数席位的多数党组阁执政,这也只是资产阶级民主的形式和程序。在生产资料的资本主义私人占有制基础上的资产阶级民主,实质是资本所有者享有的"金钱民主",资产阶级借助"民主"攫取社会财富。雇佣劳动制度下的社会化机器大生产和产业资产阶级的统治才是其基本特征。

4.4.2 无产阶级的贫困与斗争

工场手工业时期的工人大多数与农村有联系，他们有自己农业生产工具和一小块土地，在工余时间可以从事农业生产。产业革命把复杂的机器和蒸汽动力用于生产，必须把许多工人组织在工厂里，在统一的管理下有效地进行社会化大生产。这种工厂制割断了工人最后一点独立活动的自由，工人除了出卖自己的劳动力外，别无其他收入来源，变成依附于机器的雇佣劳动者。机器大生产一方面确立了资本主义制度的物质技术基础，另一方面实现了劳动隶属于资本的统治。雇佣工人向工厂主出卖劳动力，领取工资，于是劳动力变成了商品；雇佣工人的劳动创造了比工资（劳动力的价值）大得多的价值，超过工资的那一部分价值就是剩余价值，它被资本家无偿占有了。产业革命促使自耕农和其他小生产者纷纷破产。到19世纪末，英国的自耕农基本上消失了。80万纺织工破产了，他们以前是独立的小生产者，是介于工人和资本家之间的一个阶层，产业革命把他们排挤到无产阶级队伍中去了。加入无产阶级队伍的还有被机器化大生产生产出来的物美价廉的商品所摧毁的小生产者。人们经济地位的这种变化使整个社会日趋分裂为资产阶级和无产阶级这两个对立的基本阶级，且无产阶级的队伍随着资本主义生产的发展不断吸收来自其他阶层的人员而日益壮大。

资本家利用不断扩大的待业劳动后备军，压低在业工人的工资，延长工作日，提高劳动强度，拼命榨取工人的血汗。机器生产为资本家最有效地利用自己的资本提供了条件。资本家延长工作日，以便在机器执行机能的有效期间生产出更多产品，迫使工人每天在恶劣的条件下劳动10多个小时。资本家力图使劳动资料本身成为工业上的永动机，但延长工作日在客观上总有一个限度，并且会引起社会的反响和工人的反抗。于是在正常工作日的情况下，资本家千方百计提高工人的劳动强度。这一形式在资本对劳动的剥削上有更为重要的意义，资本家为此乐意采用先进的生产设备。资本主义虽然使生产技术有了巨大进步，并且造就了一个机器体系，在生产的各个方面比较广泛地使用机器，生产不断扩大，资本不断积累。但这种积累总有一个限度，市场容量就是它的极限。资本对劳动的无情剥削使资本主义生产一方面生产出大量的产品和物质财富，另一方面生产出大量的贫困和一无所有的工人。产业革命使资本主义社会固有的基本矛盾即生产的社会性和生产资料私人占有之间的矛盾开始暴露出来,无产阶级同资产阶级的对立和斗争日趋尖锐。

英国社会阶级结构的变化,其经济体系中的不平等和不合理现象,必然引起无产阶级反对资产阶级的斗争。恩格斯指出,这种斗争是"公开的社会战争"。无产阶级反对资产阶级的斗争,经历了从自发阶段到自觉阶段的发展过程。同这个发展过程相适应,无产阶级自身也从一个"自在的阶级"变成一个"自为的阶级"。无产阶级作为一个"自在的阶级"的时候,还没有认识到自己受剥削和受压迫的真正原因,常常把机器和工厂当作受穷受苦的根源,他们捣毁机器、焚烧厂房。早在1758年,英国的埃弗雷特制成的水力剪毛机就被工人砸毁了。1764年发明的珍妮机刚开始使用,也被工人砸烂过。相传卢德是破坏机器向工厂主作斗争的第一个工人,因而在历史上将破坏机器向资本家作斗争的运动叫作"卢德运动"。在农场也发生过捣毁农业机械的"斯温运动"。18世纪60年代至80年代,几乎每年都有捣毁机器的工人运动,如斯比特菲尔德的纺织工业中心和纽开什尔采煤业中心的"卢德运动",在当时英国工人反抗资本家的斗争中起了重要作用。初期的工人运动对英国统治阶级造成了严重的威胁。1811年至1812年,"卢德运动"出现高潮,迫使英国政府于1824年取消了《禁止工人结社法》,英国工人阶级争得了一定的民主权利。1829年英国成立第一个全国性的纺织工人组织。19世纪30年代至40年代,爆发了大规模的宪章运动。持续不断的工人运动最终取得了一定的成效。工厂法就是在无产阶级斗争的压力下,迫使议会制定的法律。工厂法对工厂主的过分剥削行为进行了适当的限制,对工人的合法权利作了必要的肯定。例如,1833年的工厂法,限制9~13岁儿童每天只工作8小时,规定14~18岁儿童每天工作12小时(包括没有夜班);雇用9岁以下的儿童为非法。1842年的矿山法,不准雇用妇女和10岁以下儿童在井下工作;1867年的农业法,规定雇用10岁以下的儿童为非法。为了执行工厂法,建立了视察员制度。雇用一些熟练的和负责的官员去调查和检查工厂,呈报弊端,提出建议和改革方案。

4.5 小结

本章从工业革命前英国的阶层结构变迁开始，考察了新兴阶层如何依靠自身积累的经济实力争取政治权利，并推动符合其利益诉求的制度变迁。文艺复兴使人们摆脱了神学世界观的束缚，开始以人为核心，关注现实世界的变化，欧洲自然科学兴起；虽然自然科学的发展起源于欧洲大陆，却在英国皇家学会所引领形成的独特社会资本的作用下，在英国得到了广泛的传播，推动了一系列技术上的创新及其生产中的应用。工业革命正是在先进科学技术与生产过程的结合中发生的。融入生产的技术创新、组织管理创新在分工的连接下相互促进，率先在棉纺织业中开始了工业革命的进程，机械化迅速向印刷业、造纸业、呢绒工业等行业扩散，工厂这种新型生产组织形式以及相应的管理制度也形成并在各产业部门确立下来；瓦特蒸汽机的发明及应用，更是加速了机器制造的发展，且进一步刺激了冶金、采煤、钢铁、运输等部门的成长。工业革命为英国带来巨大的经济效益和结构变化，最先走上和走完工业革命历程的英国，一举成为当时最强大的工业国，并依靠强大的经济和军事实力建立了海上霸权，成为"世界工厂"。经济上的变化背后也隐藏着深刻社会变革。工业革命在为英国带来诸多收益（尤其是工业资产阶级）的同时，也加剧了英国社会的贫富分化。快速的城市化带来城市繁荣的同时也产生了大量的贫民窟，贫穷、疾病、瘟疫、死亡在这里蔓延，造成了英国社会的动荡和不安。在工业革命中壮大的产业资产阶级和无产阶级分别从自身的利益诉求出发展开了政治权力的争夺与斗争，并分别取得了一定成效。产业资产阶级通过三次议会改革确立了自己在国家政权中的地位，并推动了一系列符合自身利益的制度革新；无产阶级也通过持续的斗争一定程度上改变了残酷血腥的剥削状况，使自身权益得到一定的保障。诺思将近代工业革命的发生和西方世界的兴起归结为以产权为核心的制度创新，事实上，制度上的变革只是社会经济复杂变迁中的一个方面，只有从整体视角综合考察这一过程，才能形成更为客观、更接近真理的认识。

工业革命后英国在世界市场中的垄断地位，固然保证了资产阶级的巨额利润，但也导致英国生产发展的停滞。英国的工业家在垄断的状况下，只靠旧机器的运转就能带来垄断利润，对于资本主义工业化继续进一步发展也就丧失了热情，对于新发明和采用迅速发展中的新技术新工艺也不再感兴趣，更不愿意投入更多资金以更新设备。19世纪70年代后，英国经济发展的速度放慢下来。当资本主义工业化进入以重工业为主并开始以电气为动力的新的时期，英国逐渐丧失了工业上的竞争优势，先后被美国和德国超越。

第 5 章
第二次工业革命前后的美国与世界

在近代和现代世界历史上，不同的世纪有在那个时代崛起的大国。我国学者黄安年认为，18 世纪美国还谈不上是"崛起"的时代，还不是美国"崛起"的世纪，20 世纪是美国"崛起"后的世纪，而不是依然在"崛起"的世纪，21 世纪是美国试图维持唯一超级大国地位的世纪。如果把实现近代化的进程即那个时代的现代化视为世界公认的政治和经济大国，作为崛起终止的重要标志性时期，那么 19 世纪末，美国已经基本完成了"崛起"过程。如果说 19 世纪 60 年代美国在世界各国工业总量的经济地位占全球第四，可以看作为一个快速"崛起"中的国家，那么，19 世纪末的美国已经借助一系列的创新和第二次工业革命基本完成了近代工业化，赶上了那时世界上最先进的工业国家英国的水平，一跃而成为世界第一工业化大国。也就是说，美国真正的崛起过程应该在 19 世纪，尤其是南北战争之后的 19 世纪，可谓美国崛起的关键时期。创新与第二次工业革命在美国的发生，不仅造成社会生产技术的重大变化，推动了社会生产力的飞跃，而且导致国民经济结构、社会生产关系的相应变革以及国际关系和世界格局的重新洗牌。本章将通过对第二次工业革命前后美国社会经济变迁的考察进一步检验本书所提出的理论框架。

5.1 工业资产阶级的成长与制度创新

本节同样从国家权力结构开始，讨论美国社会阶层结构的变迁以及由主导的工业资产阶级所推动的制度创新。之所以强调国家政权结构，是因为国家作为制度创新的主体力量，以阶层结构变迁为基础的利益集团，往往通过谋取政治权力、在国家政权中获得一席之地，才是符合其利益的一系列政策制度得以实施。国家政权结构本身作为一种制度形式的同时，也制约着阶层结构变迁推动制度创新的方式和程度。

5.1.1 美国的国家政权结构

美国制度结构的关键性特点就是赋予私人行为者以强大的角色。由于担心暴政的出现，国家权力被高度地分散化，而社会力量相对独立，并得到充分发展，从而形成了"强社会""弱国家"的政权结构特征。如同安东尼·金（Anthony King）所说："与其他国家相比，在美国，国家的作用更有限，因为美国比其他国家的人民更希望他们的政府是有限政府。"[1] 在美国，人们普遍认为，除公共安全等极为有限的领域之外，不应该轻易扩大政府权力的范围。洛克的"守夜人的政府"和托马斯·杰斐逊"管得最少的政府就是最好的政府"是对这种政治理念的经典表述。这种国家政权结构源于美国独特的国内和国外的历史条件。

第一，美国在建立政权之前，社会就已经经过了长期的培育，形成了一种自治的传统，社会力量相对强大，物质的富足和高水平的社会平等，使得社会问题常常通过自治的团体而非国家来解决。社会力量的强大突出表现在美国社会中的结社传统。正如托克维尔所说："在法国，凡是创办新的事业，都由政府出面；在英国，则由当地的权贵带头；在美国你会看到人们一定组织社团。"[2] 正是因为美国很多社会和经济事物都由社会集团来办，从而一开始就限制了国家触及的范围，这对于美国形成一种"小政府和大社会"制度格局至关重要。

第二，由于得天独厚的地缘政治环境，美国不需要建立一个强大的国家机器来应对国外的安全威胁。国家最重要的功能就是动员和组织国内分散的社会力量来应对国际体系的安全竞争，西欧现代民主国家的诞生与此不无关联。而美国拥有世界上最好的地缘政治环境，两洋阻隔了来自欧亚大陆的敌人，南北又都是虚弱的邻居，这使得美国历史上几乎不受来自邻邦的安全威胁。因此，美国长期以来维持着人数非常有限的常规军队，政府的财政税收也一直维持在相当小的规模。

---

[1] Anthony King. Ideas, Institutions and the Policies of Governments: a Comparative Analysis: Part Ⅲ [J]. British Journal of Political Science, 1973, 3 (4): 409–423.

[2] ［法］托克维尔. 论美国的民主（下）[M]. 北京：商务印书馆，1988：635–636.

第三，封建传统的缺失使美国不需要强大的国家政权来推动政治、经济和社会的现代化。美国并没有像其他国家那样在从前工业化和前民主化时代，继承一个权力集中的官僚国家体系。美国几乎完全是从一个自治的社会直接跳跃到一个现代民主国家，尽管之前曾受到英国的殖民统治，但这种殖民统治从总体上来说是比较虚弱的，不足以在美国遗留下一个庞大的国家政权体系。

第四，作为先发工业国家，美国没有国际经济竞争的压力。格申克龙从政治经济学的视角分析，认为美国作为一个先发的而且没有国际竞争压力的经济现代化国家，它不需要像日本、德国这样的后发国家那样，通过国家政权来进行资本动员以实现国际赶超，而是仅靠自由市场和私人投资就能实现工业化，这也使得美国更能够维持"弱国家"和"小政府"的特征[①]。在美国的工业化过程中，公司是核心的行为体，私人所有权原则和市场未受到挑战，美国成为"企业制度"的中心。

"弱国家""强社会"的政权结构特征集中体现在其独具特色的分权制度体系，横向体现为国家政府在不同部门之间的权力分立，纵向体现在国家政府在中央和地方之间的权力分立。这种国家政权结构，不仅使得美国的国家权力和决策相对更容易被以阶层力量为基础的利益集团所掌控和左右，而且政府决策者在执行国家政策、获得国内社会的支持并从中提取资源方面，存在天然的困难。在下文的分析中，这种国家权力的软弱分散对美国社会经济发展乃至世界的深刻影响将体现出来。

5.1.2　南北实力对比的变化与冲突

独立战争胜利后的美国，虽然政治上获得了独立，但在经济上仍然依赖英国。美英贸易关系的恢复使英国很快将大批廉价商品倾销到美国，而美国1789年通过的第一个关税法案，税率之低亦不足以保护自己的工业。1807年美国《禁运法案》的通过使美英关系异常紧张，终于在1812～1814年爆发了美英战争，也称"第二次独立战争"，美英贸易关系随之中断。《禁运法

---

① Alexander Gerschenkron. Economic Backwards in Historical Perspective: A Book of Essays [M]. Cambridge: Harvard University Press, 1962: 189.

案》和美英战争为美国工业发展提供了重要契机，美国从此走上了独立发展资本主义工业的道路，工业革命全面展开。

美国的工业革命同样起于棉纺织业，轧棉机和织布机的发明和推广推动了棉纺织业的迅速发展，并建立起以机器生产为主的工厂制度。纺织业的发展带动了服装、制鞋、橡胶业的技术革新和产业发展。1804 年美式蒸汽机成功研制之后在生产中得到了迅速的推广。蒸汽机的制造和使用又带动了钢铁、采煤、交通运输和机械制造业的进步，推动工业革命步步深入。公路、铁路的修建和运河的开凿共同构成了美国的交通运输系统。到 19 世纪 50 年代，资本主义工场制度在美国主要工业部门中已占主导地位，工业革命大体完成并带来了巨大的经济增长。1810～1860 年，美国工业总产值增长 10 倍[1]，美国工业生产在世界工业总产量中所占的比重从 1820 年的 10% 增至 1860 年的 17%，仅次于英国居世界第二位[2]。

美国的工业水平到内战前有了显著提高。但由于美国各地区经济发展差别很大，工业革命的进程也大不相同。工业革命所带来的增长主要体现在北方的城市化和制造业当中，南方似乎处于经济的停滞状态。实行种植园经济的南方无法从工业化过程中实现农业的产业升级，而只是依赖耕作面积的不断扩大。而此时美国主要的移民基本上被北方的工业与西部的自由拓殖所吸收。南方奴隶制农业经济效益极低，到 50 年代几乎已经无利可图，甚至向北方大量举债。南方落后的种植园经济成为资本主义进一步发展的阻碍。美国工商业资本主义需要扩大的美国的市场和拥有雇佣劳动力，而南方的原料和市场把握在南部奴隶主手中。北部的工商业集团的经济利益和南部种植园主的经济利益相矛盾，导致南北在关税问题和奴隶制问题上矛盾无法调和。

南北方的实力对比和利益冲突在两党制选举中突出体现出来，在 1854 年和 1858 年两次国会选举中，北方工商业资产阶级所支持的共和党接连获胜。特别是 1859 年俄勒冈作为第 33 个州和第 18 个自由州改变了参议员的对比，民主党感到了真正的威胁。而奴隶制的扩展遭到了自由派和共和党的强烈抵

---

[1] 张友伦. 美国的独立和初步繁荣（1775－1860）[M]. 北京：人民出版社，1993：194.
[2] 樊亢，宋则行. 外国经济史（近代现代）第一册 [M]. 北京：人民出版社，1991：147.

制,而且奴隶制遭到了广大人民的反对,北部工商业资产阶级需要西部的市场和劳动力还有原料,广大贫农和小农需要西部土地来满足他们的生计。这时南部奴隶主支持的民主党已经变成孤家寡人。1860 年大选的结果是民主党的惨败,共和党候选人亚伯拉罕·林肯当选美国总统。林肯的当选使南部民主党最后的希望破灭,南部民主党通过极端的战争方式希望能独立或者统一北方。林肯 1861 年 3 月 4 日就职总统,成为南北战争即美国内战爆发的直接原因。1865 年 4 月,南北内战以代表工商业资产阶级的北方共和党的胜利告终。

1861~1865 年美国内战彻底埋葬了腐朽落后的种植园奴隶制,解放了生产力,为资本主义在全国范围内迅猛发展创造了条件。通过内战和"重建"摧毁了奴隶主的经济、政治势力,消除了南北对峙,巩固了统一,使美国出现了一个长期稳定的政治局面。内战后一百多年间在美国本土没有发生大规模的战争和严重的政治动荡,这是世界上任何一个大国所没有的,它为美国的工业化创造了一个安定的政治环境。从 1860 年南卡罗来纳州脱离联邦到 1870 年佐治亚州重返联邦,接近 10 年时间里南部诸州先是放弃、后是被剥夺了在国会中的席位,国会自建国以来南北双方长期势均力敌僵持不下的局面完全改观;而总统职位更是直到第一次世界大战前基本上被代表工商业资产阶级利益的共和党把持①,一系列有利于工业资本主义发展的政策、法律被通过并付诸实施,对美国历史进程具有深远影响。

5.1.3 推动第二次工业革命的政策

1. 关税保护

马克思曾指出,"保护关税制度不过是为了在某个国家建立大工业的手段。"② 恩格斯的分析更为具体:"如果美国要成为一个工业国,如果它有一切希望不仅赶上而且超过自己的竞争者,在它面前就敞开着两条道路:或者是实行自由贸易,进行比如说五十年的费用极大的竞争斗争来反对领先于美国工业

---

① 1861-1913 年,民主党仅由克利夫兰于 1885-1889 年和 1893-1897 年两次出任总统,其余时间均由共和党人任总统。

② 马克思恩格斯选集(第一卷)[M]. 北京:人民出版社,1995:229.

约一百年的英国工业；或者是用保护关税在比如说二十五年中堵住英国工业品的来路，几乎有绝对把握地坚信，二十五年以后自己就能够在自由的世界市场上占有一个地位。这两条道路中哪一条最经济、最短捷呢？"① 美国用历史选择给出了回答，"有一个国家，在那里，实行一个短时期的保护关税政策不仅是正当的，而且是绝对必要的，这就是美国。"② 1897～1901 年在任的美国总统威廉·麦金利指出，"我们成了世界第一大农业国；我们成了世界第一大矿产国；我们也成了世界第一大工业生产国。这一切都源于我们坚持了几十年的关税保护制度。"③ 近年来，一些学者通过比较研究发现，美国经济崛起的关键就在于保护主义工业化道路的抉择，特别是张夏准（2007）、埃里克·赖纳特（2007）、贾根良和黄阳华（2008）、梅俊杰（2008）、黄树东（2009）等都突出地强调了关税保护的重要影响。

南北战争以前，关税问题是南北双方长期争斗的焦点问题之一。在早期的关税争论中，自由贸易主义者一直鼓吹，美国广袤的西部土地和自然资源使美国人获得比欧洲高的工资，这不仅使美国在工资成本上不具备建立制造业的比较优势，而且出口农产品和资源、进口欧洲工业制成品的国际分工，也将使美国工业化无利可图。而保护主义者认为，工业是工农业生产率提高的基础，没有工业，就没有高水平的生产率，美国也就无法维系高工资水平，更不用说增长了。而且，汉密尔顿还指出，"……不仅国家的财富，而且国家的独立和安全看来都与制造业的发达有着实质性关系。"④ 因此，保护主义认为，美国无论如何都必须建立独立自主的工业体系。但在自由贸易的情况下，美国人的高工资将使美国的幼稚工业在外国发达制造业的竞争下无法生存，为了推进使美国劳动力更具生产率的资本投资，使工业投资能够收回昂贵的创业成本，美国必须实施保护性关税。内战期间和内战后，代表工商业资产阶级利益的共和党利用长期执政地位，大幅度提高关税率，形成了美国

---

① 马克思恩格斯全集（第二十一卷）[M]. 北京：人民出版社，1965：418.
② 马克思恩格斯全集（第十九卷）[M]. 北京：人民出版社，1963：290.
③ [美] 迈克尔·赫德森. 保护主义：美国经济崛起的秘诀（1815 - 1914）[M]. 北京：中国人民大学出版社，2010：2.
④ 转引自：罗斯托. 这一切是怎么开始的——现代经济的起源 [M]. 北京：商务印书馆，1997：156.

历史上持续时间最长的高关税壁垒。内战前的平均关税率为18.8%，结束时已提高到47%。1890年，国会又通过《麦金莱关税法》，将关税率提高到49%；1894年的《威尔逊—格尔曼关税法》使关税率稍有降低；但1897年的《狄恩利关税法》再次将关税率提高到49%并维持了12年之久，税率之高仅次于20世纪30年代的大萧条时期，而维系时间之长则为美国历史上所仅见[1]。1861~1916年（部分年份）美国进口关税率变动如表5-1所示。

表5-1　　　　1861~1916年（部分年份）美国进口关税率变动

关税法	参考贸易年度	应税商品占进口商品总额之比（万）	应税商品平均关税率（万）
1857年关税法	1861	75	18.8
1861~1862年《莫里尔关税法》及修正案	1863	87	33
1864年战时关税法	1870	95	47
1872年《布莱恩关税法》	1874	73	39
1875年关税法	1880	67	44
1883年关税法	1888	66	46
1890年《麦金莱关税法》	1892	44	49
1894年《威尔逊—格尔曼关税法》	1896	51	40
1897年《狄恩利关税法》	1900	56	49
1909年关税法	1910	51	42
1913年《安德伍德—西蒙森关税法》	1916	32	29

资料来源：US. Bureau of the census. Historical Statistics of the United States：Colonial Times to 1970 [R]. Washington D. C, 1975：409.

高关税政策对保护国内市场，促进工业发展起了重要作用。19世纪末，美国商品进出口总额仍不到国民生产总值的1/10，国外需求不足以成为拉动经济增长的主要因素。另外，由于地广人稀的矛盾长期存在，美国的劳动力价格一直偏高，致使制造业在国际市场上缺乏竞争力。高关税政策大大提高了美国产品在国内市场上的占有率，使之从1860年的60%上升到1900年的97%[2]，对镀金时代美国工业的迅速发展具有重要意义。高关税政策还促进

---

[1] [美]沙伊贝. 近百年美国经济史 [M]. 北京：中国社会科学出版社，1983：224-225.
[2] [美]哈罗德·福克纳. 美国经济史（下卷）[M]. 沈阳：辽宁人民出版社，1981：75.

了美国工业的集中和垄断。关税壁垒稳定了国内市场行情，有利于大企业之间建立价格协定、普尔和各种联合体。从实际情况来看，受到高关税保护的钢铁、纺织、食品加工等工业部门大多较早地形成垄断。19世纪末的美国食糖冶炼公司董事长哈夫迈耶（Charles Havemeyer）称"关税法是所有托拉斯之母"[①]，可谓一语道破了高关税政策为垄断资本主义服务的实质。

高关税政策自然要招致别国的报复措施。由于农产品和原材料一直在美国出口商品中占据主导地位，工业制成品所占比重不大；因而国外报复措施对工业部门来说虽然影响了出口但并非不可忍受，而广大农场主、中小企业和消费者则成为高关税政策的牺牲品。

2. 自由放任

自由放任政策是19世纪下半叶美国国内政策的核心，是当时的思想、历史、经济、法律等各方面因素相结合的产物。其最初的理论来源是亚当·斯密的古典经济学中的自由贸易理论，反映了19世纪初新兴工业资产阶级反对重商主义、主张自由贸易的要求，而以赫伯特·斯宾塞（Herbert Spencer）为代表的社会达尔文主义则为之提供了新的理论支持。社会达尔文主义将生物界的"物竞天择、适者生存"搬到人类社会，在自由放任思想的基础上，主张限制国家和政府的职能范围，极力反对政府制定济贫法及其他社会保障政策，认为国家对弱者的帮助不仅侵犯个人自由，而且把"弱者"和"劣者"留下来将会延缓社会进化的过程。它诡称残酷的资本主义剥削和资本家之间的相互吞并都是"生存竞争"的表现，是人类无法干预的自然现象，这恰恰满足了从自由竞争向垄断过渡时期大资本的需要，正好适用于资产阶级欺骗群众、缓和阶级矛盾的需要，"极其适合'镀金时代'美国企业家的脾性"[②]。

美国的自由放任政策有其特殊的具体内容，即是同贸易保护主义、政府鼓励措施相结合的放任主义。早在1791年的《关于制造业报告》中，汉密尔顿就完整地阐述这种政策，即在关税、银行、货币、专利、交通等方面积极保护和发展大资本的利益[③]。但由于南部奴隶主势力的阻挠，直到南北战

---

① [美]查理斯·吉斯特. 美国垄断史——帝国的缔造者和他们的敌人[M]. 北京：经济科学出版社，2004：35.
② 罗凤礼. 美国历史上的社会达尔文主义思潮[J]. 世界历史，1986（4）：19-27.
③ 丁则民. 美国通史（第3卷）[M]. 北京：人民出版社，2002：201.

争以后联邦政府才得以较为全面地贯彻实施。此外，内战后提出并于1868年生效的、初衷在于阻止南部各州以立法手段剥夺黑人权利和财产的宪法第14条修正案，被受制于保守势力的法院系统钻了文字上的空子，在相当长一段时间内成了自由放任政策的法律基础。修正案第一款规定"不经'正当法律程序'，不得剥夺任何人的生命、自由或财产"；"不得拒绝给任何人以平等法律保护"。镀金时代的法官往往把企业法人归于修正案中的"任何人"范畴，给予和自然人一样的"平等法律保护"，从而使政府对企业的几乎所有管制措施都被判作违宪而无效，造成极其恶劣的影响。聊举两例：1895年，最高法院裁决所得税违反宪法第14条修正案而予废止，后来为重新开征所得税不得不专门制定宪法第16条修正案；1905年，最高法院以同样理由裁决纽约州限制雇员劳动最高时限的法律无效①。

自由放任政策具有两重作用：一方面为大企业提供了充分的机遇，促进了美国经济的高速发展，推动经济从自由竞争向垄断过渡；另一方面牺牲中小企业和中下层民众利益，造成了尖锐的社会矛盾。

3. "利益和谐"

亨利·凯里是亚伯拉罕·林肯的经济顾问，马克思称其为"北美唯一的有创见的经济学家"②。他在《利益的和谐》（1851）一书中提出，由于技术进步，资本的再生产费用将减少，资本的价值也将降低，而劳动的价值则将逐渐提高，认为这是支配劳动产品分配的伟大规律，是社会各阶级利益达到充分和谐的基础；但是，工业不发达国家内部的这种和谐的经济合作，遭到英国工业垄断以自由贸易之名进行扩张的威胁③。而马克思的相关评论则深刻得多，"在美国，资本的积聚和对群众的逐步剥夺不仅是空前迅速的工业发展、农业进步等的先决条件，而且也是它们的天然产物。"④ 但由于美国的

---

① ［美］加尔文·林顿. 美国两百年大事记［M］. 上海：上海译文出版社，1984：258, 280.
② 马克思《巴师夏和凯里》，马克思恩格斯全集（第四十六卷上）［M］. 北京：人民出版社，1979：4. 马克思在文中还提到，"凯里（完全撇开他的研究的科学价值不谈）至少有这样的功劳，即他以抽象的形式表述了庞大的美国关系"；"凯里在经济科学方面，如关于信贷、地租等方面，是富于可以说是真诚的研究的。"（马克思恩格斯全集（第四十六卷上）［M］. 北京：人民出版社，1979：8 - 9.）
③ 贾根良. 美国学派：推进美国经济崛起的国民经济学说［J］. 中国社会科学，2011（4）：111 - 125, 222 - 223.
④ 马克思恩格斯选集（第四卷）［M］. 北京：人民出版社，1995：637.

资产阶级社会不是在封建制度基础上发展起来的,其国家从一开始就从属于这个社会的生产,这个社会"把旧大陆的生产力和新大陆的巨大的自然疆域结合起来,以空前的规模和空前自由地发展着,在制服自然力方面远远超过了以往的一切成就",因此,"在那里,资产阶级社会本身的对立仅仅表现为隐约不明的因素"。①

由于具有巨大的国内市场规模,美国的崛起并不是通过出口导向型经济,而是通过内向型经济实现的,国内市场规模除了人口规模外,美国民众的工资增长是其最重要的决定性因素。美国崛起时期的政治家认为,工业化不能像英国那样靠剥削工人来实现,而要靠开发大自然的技术创新租金为美国人民提供高工资来实现,所以,他们绝不允许像 100 多年后的跨国公司那样"把利润带走,把 GDP 留给中国",因为这样的话,美国人民的高工资就成了无源之水和无本之木了。正是因为这个原因,与西方主流经济学把低工资看作是竞争优势相反,当时的美国工业保护主义者却把低工资看作是"祸根",称作是"乞丐劳动力"。他们认为,从国际比较的角度来看,机器生产将使高工资国家在单位劳动力成本上比廉价劳动力国家更低,原因就在于机器生产率的增长超过了工资的增加,因此,"不管在何处,由高收入劳动者所组成的国家都必将战胜'乞丐劳动力'的国家。"②

在美国经济崛起过程中,美国工人的高工资刺激了用机械替代昂贵的劳动力,而机械发明导致了更高的生产率,从而使工资更高,这反过来又刺激了在更高程度上采用新的发明。因此,在技术创新与工资增长之间就形成了一种正反馈的良性循环。正如帕申·史密斯所说,"为了让劳动的价格变得低廉,工人必须享有充足的食物、体面的衣着、舒适的住处、良好的教育——不仅包括工艺方面的知识,还包括一切附属的普通常识。雇主将支付所有的费用,并在利润中获得回报。"③ 这是美国依靠美国人民收入的不断增

---

① 马克思恩格斯全集(第四十六卷上)[M]. 北京:人民出版社,1979:4.

② Erik S. Reinet. Globalization, Economic Development and Inequality [M]. London: Edward Elgar Publishing Limited, 2004: 103.

③ E. Peshine Smith. The Law of Progress in the Relations of Capital and Labor [J]. Hunt's Merchants' Magazine, 1852 (26): 42. 转引自:迈克尔·赫德森. 保护主义:美国经济崛起的秘诀(1815 – 1914)[M]. 北京:中国人民大学出版社,2010:149.

长实现经济崛起的重要基础，这也是美国在第二次工业革命头40年就脱颖而出的重要原因。

但是，从本质上看，这不过是政党为了在选举中争取工人和广大农村地区支持的手段。辉格党和共和党政治家宣传说，工业化不能以剥削劳动力为基础，而要以能量驱动的技术来开发大自然，美国能在劳动与资本、工业与农业（城市与乡村）之间建立利益和谐的关系，避免英国和欧洲大陆以降低工人阶级和农民的生活标准为代价的工业化道路；大力推进工业资本投资，生产率提高的收益将超过工资提高的收益，结果，利润和工资可以共同提高，劳动和资本之间将建立起和谐关系；使农产品得到稳定销售的国内市场的繁荣昌盛是美国农民利益之所在，工业化程度的不断提高将吸纳农业的剩余劳动力，扩大农产品的国内市场，从而维持农产品的高价格和农民的高收入。此外，他们从1849年开始掀起了一场呼吁设立美国农业部的运动，1862年美国农业部的设立以及旨在培养农业科技人才的农学院的建立，都不是由维护农业出口利益的自由贸易主义者和农业地区为了自身利益而推动的，而是工业保护主义者努力的结果。颇为讽刺的是，在这一时期的后期，随着工业生产的集中，在股份公司的基础上，垄断组织从初级形式的普尔到高级形式的托拉斯在美国迅速发展，大资本家利益集团在通过政府对国际经济进行干预，把外国商品和外国直接投资拒之于门外的同时，却拒绝政府为实现国内公共目标而进行干预，并利用其强势力量"俘获"立法和规制的国家政治决策，导致工人和农民的利益变本加厉地遭受严重侵犯。因此，到19世纪末，美国经济虽然崛起了，但工人罢工、失业、严重的贫富两极分化和政府腐败等诸多问题，却使美国社会面临严峻的考验。

4. 产权激励

美国的专利制度可追溯至殖民地时代，1787年美国宪法第一条第八款明确规定：国会有权"保障著作家和发明家对各自著作和发明在规定期限内的专有权利，以促进科学和工艺的进步"。1790年4月，国会通过专利法，3个月后第一项专利权被颁发。[1] 专利制度对保护知识产权、激励创新、促进技术进步与推广具有极其重要的意义。首先，专利局坚持按新颖性、技术水平、

---

[1] [美] 加尔文·林顿. 美国两百年大事记 [M]. 上海：上海译文出版社，1984：43.

实用性等条件审查专利申请，最终被授予的专利一般具有较高的质量。其次，专利期限一般为自申请日起20年乃至更长，从而在很大程度上避免了重复研究所导致的人力、物力的浪费。再次，在专利说明书中须详细记录申请专利的发明、技术、产品或工艺的特征并附相关图表，一旦专利到期，任何人都可以轻松使用，这既有利于保持科技进步的活力，更有利于新技术的应用与推广。林肯曾说："（专利制度）将利益的燃料添加在天才的火焰上。"19世纪下半叶的美国，通过创造发明改变命运者不胜枚举。19世纪美国著名的花花公子艾萨克·辛格对当时极不实用的缝纫机进行了巧妙而简单的改进，随后利用自己的专利权创立了胜家缝纫机公司。过去只能勉强糊口的他"现在开始过着一种奢侈浮华的生活，完全是19世纪暴发户的生活方式……他驾着一辆嫩黄色马车，由9匹马一起拉动"。尽管挥霍无度，他在1875年去世时仍然为"大约有20名或更多的由很多不同的女人生育的子女"留下价值1300万~1500万美元的遗产①。到19世纪末20世纪初，以爱迪生、威斯汀豪斯、贝尔等为代表的一批发明家有的通过收取专利使用费或者转让专利权而过上了奢侈的生活，更有的利用自己的发明创造与资本家合作而成为企业家，一举进入社会上层。如照相机和透明胶片的发明人乔治·伊士曼，8岁丧父家境贫寒没有上过学，27岁时（1881年）以5500美元资本创办照相机干版制造公司（柯达公司的前身），到晚年时仅对高等教育的捐赠就达7500万美元以上②。在拜金主义盛行的美国，无论是镀金时代还是21世纪，诸如此类的榜样的力量都是无穷的，永远令千千万万胸怀壮志的年轻人心潮澎湃、无限向往，极大地激发了全社会的创新创造潜力。

此外，联邦政府还在其他方面实行了一系列的制度改革和规范：①在西部土地分配问题上，1862年起，国会先后通过《宅地法》《育林法》《荒地法》《木材和砾石法》等，不仅使种植园奴隶制赖以生存和发展的空间不复存在，而且加速了西部开发，促进了原料基地和商品销售市场的扩大，极大地推动了美国工业资本主义的发展；②在铁路建设上，1862年国会通过成立联合太平洋铁路公司和中央太平洋铁路公司的法案，开始修筑横贯北美大陆

---

① [美] 约翰·戈登. 资本的冒险 [M]. 北京：中信出版社，2005：70.
② 华阳. 柯达公司的创始人——乔治·伊士曼 [J]. 经济世界，1994（1）：36-37.

的铁路干线，并且为了鼓励私营公司参与，规定政府给予种种补贴和信贷、税收优惠，特别是赠送土地，由此兴起了修筑铁路的热潮；③在规范金融秩序上，1863年和1872年，国会分别通过《国民银行法》和《恢复硬币支付法》，建立国家银行体系，逐步消除了战初的币制混乱局面①，保证了战后较长时期内有利于资本主义发展的金融环境；④在鼓励移民上，1864年，国会通过了《移民法》，制定了若干鼓励移民来美定居的条款，并成立了移民局，19世纪后半期，外国移民源源而来，使美国获得了大量廉价劳动力，《移民法》与《宅地法》相得益彰，把吸引移民和西部开发结合起来，既加快了西部开发的进程，又保障了工业发展所必需的原料和劳动力。美国联邦政府的政治、经济改革使政治上层建筑更加适应经济基础的发展，协调了社会结构的各个环节，为美国第二次工业革命和经济的起飞创造了前提。

5.2 科技创新与社会资本

5.2.1 科学实用主义及其影响

实用主义对美国社会的影响由来已久，根深蒂固。实际上它本身就是发源于美国的一个哲学流派，其奠基人是威廉·詹姆斯。实用主义的核心是它的真理观。詹姆斯发展了实用主义创始人查尔斯·皮尔斯的观点，把观念的真理性等同于观念的客观效用，认为人类之所以追求真理，在于真理对人类生活具有明显的好处，声称"只要我们相信一个观念对我们的生活是有益的，它就是真的"②。实用主义哲学具有深刻的这一时代的烙印。它强调人的创造性，要求一切从实际而非理论或逻辑出发，主张通过考察其实际效果来检验一切理论学说。这既符合美国人传统的讲求实际的价值观念和进取精神，也适应了这一时期复杂多变、不断开拓、剧烈竞争的社会生活的要求。截然不同于以往那种深奥难解的经院式哲学，实用主义堪称"人世"的哲学，是

---

① 内战之初，美国共有银行1562家，分别持有29个州颁发的许可证，享受五花八门的权利和特权，发行各种流通证券不下7000种，此外还有5000种伪钞，金融体系近于混乱。参阅：[美]亨利·莫里森，等.美利坚合众国的成长（上卷）[M].天津：天津人民出版社，1979：891.

② [美]威廉·詹姆斯.实用主义[M].北京：商务印书馆，1979：41.

当时美国社会种种变革的思想基础,其影响遍及社会生活的各个领域。

实用主义哲学为各种工业实验室的设立、也为各行业领域技术发明的不断涌现及其在生产中的迅速应用奠定了基础。爱迪生曾坦言,自己的所有发明创造都离不开"商业上的需要"。他在门洛帕克的研究室与其说是一所科研机构,不如说是一座工厂,其目的是把发明转化为大规模的生产,以满足市场的需要①。这种高度实用化的、完全以市场为导向的研究方式固然有着立竿见影的效果特别是经济效果,但也具有明显的局限性。实用主义哲学否定真理的任何客观内容,把效用或功用当作真理的唯一标准,把真理看作是纯粹人为的主观的东西,这事实上是混淆了真理和谬误、事实与谎言的界限,明显具有反科学的一面。从实际效果来看,实用主义重实践、轻理论,其急功近利的性质昭然若揭。换言之,如果美国人对科学的认识停留在实用主义的水平上,那么美国在科学上只能成为一个二流国家,充其量不过是20世纪六七十年代的日本的翻版。因为爱迪生的乃至19世纪美国人名下的绝大多数发明创造,其理论基础主要是欧洲人奠定的;还有不少发明创造干脆就是由欧洲移民带到美国的。19世纪末,随着国力日益强盛,讲究实用主义的美国人的思想开始发生某种潜移默化。他们依旧讲实用,但开始重新审视理论的意义。这一乍眼看来无声无息地转变,打通了科学技术与生产生活应用之间的关联,为20世纪美国科学技术突飞猛进直至跃居世界领先地位奠定了基础。

科学的重视与广泛传播也为美国工业的腾飞做了充分的科学准备。19世纪后期,欧洲的最新科学理论传入美国,引起了极大震动。19世纪末,英国物理学家约翰·廷德尔和生物学家托马斯·赫胥黎数次到美国宣讲热力学、能量守恒、进化论和社会达尔文主义等最新理论成果。一时间报纸杂志上介绍这些成就的文章如过江之鲫,使美国知识界在耳目一新之余,深感自愧不如。一些大学率先开始重新审视自己对科学特别是理论研究的态度,在强调学以致用的同时,更加重视科研,其中影响最大的是成立于1876年的堪称美国第一所现代研究型大学的约翰·霍普金斯大学的经验。19世纪中叶以前,美国高等教育体系主要承袭英国的教育传统,注重教学,基本上不搞科研。

---

① [美]丹尼尔·布尔斯廷. 美国人民主历程[M]. 北京:生活·读书·新知三联书店,1993:598-599.

大学提供的学位也只能停留在本科生学士一级，有志于继续深造的学生只能到欧洲（主要是德国）去攻读更高层次的硕士、博士学位。许多有识之士对此十分不满，巴尔的摩市的银行家约翰·霍普金斯在遗嘱中明确规定将自己的巨额遗产用于创建一所仿效德国大学模式的研究型大学，即以其名字命名的约翰·霍普金斯大学。该校首任校长丹尼尔·吉尔曼明确提出，"最好的教员是自由的、有竞争能力，并且愿意进行开创性的研究"，"鼓励研究的目的，不是为了实际的结果，而是为了科学本身发展的缘故"①。他致力于推动科学研究，在约翰·霍普金斯大学设立美国第一所研究生院；美国第一所研究院性质的医学院和公共卫生学院，也是在该校首先成立的。这种全新的发展模式，揭开了美国真正现代意义上的大学发展的序幕，也对其他大学产生了重大影响。继约翰·霍普金斯大学之后，哈佛、耶鲁、哥伦比亚等美国传统名校也群起效仿，相继建立起研究生院和医学、法学等专业学院。一种新型的大学模式——研究型大学，就此在美国生根发芽、开花结果。在这样的气氛中，美国土生土长的杰出科研人才不断涌现，如获1907年诺贝尔物理学奖的艾尔伯特·迈克尔逊和1914年诺贝尔化学奖的西奥多·理查兹等。

5.2.2　各产业部门的发明与创新

从19世纪下半叶开始，美国进入了科学创新和技术发明的突飞猛进阶段，新发明源源不断，新技术层出不穷，新产品无奇不有，新工业精益求精，堪称"发明时代"。福克纳指出："随着'工业革命'的进展，许多新的发明创造使无数新的制造工业部门的建立有了可能，这些工业部门受到了美国消费者购买力的鼓励。在这些重要的工业中，值得提起的有：运输设备的制造，用于电话、电报、无线电、照明和家庭用具的各种屯料品，自行车、汽车和飞机。除了农业机器之外。自从1865年以来，美国曾经在科学进展方面作出了许多有名的贡献，这些进展在刺激工业方面起了很大的作用。"② 在电力之外的领域，美国发明家同样如过江之鲫，新技术新发明不胜枚举。1860年授予专利4363项，1866年授予8874项，翻了一番。19世纪80年代以后，技

---

① 王加丰. 美国历史与文化[M]. 杭州：浙江大学出版社，2005：158.
② [美]哈罗德·福克纳. 美国经济史（下卷）[M]. 沈阳：辽宁人民出版社，1981：46.

术进步的速度明显加快。1880~1900年，每年授予专利都在1.5万~2万项。1900~1915年授予专利多达96.9万项，平均每年新增专利6万项以上①。

1. 电力方面

电力技术的发明和应用标志着世界科技中心开始由欧洲转向北美，使工业化达到前所未有的深度和广度，并且推动了美国由自由资本主义向垄断资本主义过渡。托马斯·爱迪生、乔治·威斯汀豪斯、安东尼奥·梅乌奇和亚历山大·贝尔等为美国的电力科技创新做出了突出贡献。

1869年，爱迪生以其第一项发明专利——交易所自动计票机所得酬金4万美元创办了爱迪生公司。1876年，又在新泽西州的门洛帕克创建了世界上第一个工业研究实验室。1868~1910年，以爱迪生名义正式登记的发明有1328项，其中比较重要的有留声机及蜡质唱片、碱性蓄电池、电影放映机、摄像机等，此外他还对电报、电话、打字机、发电机等进行了改良（其中相当一部分为实验室的集体研究成果，不能简单地视作爱迪生个人的发明）②。如此众多的发明中，影响最大的是电灯。1877~1879年，他以惊人的毅力，经过1300多次实验，先后试验了1600多种材料，终于在1879年10月21日点亮了世界上第一只实用的白炽电灯泡③。接着他又开始改进照明系统，包括发电机、馈电线和配电系统等。1882年，他在纽约建立了世界上第一座商业运行的发电站，美国从此成为电力工业的故乡。1892年，在查尔斯·科芬④的力促下，爱迪生通用电力公司与汤姆生——琳斯顿公司合并为美国通用电气公司。

爱迪生的直流供电法电压低，输送距离有限。乔治·威斯汀豪斯通过以交流电远程输电的方式解决了这个电力工业发展中的最大障碍。1886年，他成立了西屋电机公司，在马萨诸塞州的大巴林顿设立了第一家实验工厂开始发电。其后又在纽约州的布法罗成立了第一家商业交流电灯厂。西屋电机公司的工程师们群策群力，以交流感应电表、感应电动机、多相电动机、电压

---

① 丁则民. 美国通史（第3卷）[M]. 北京：人民出版社，2002：80.
② 黄安年. 美国的崛起[M]. 北京：中国社会科学出版社，1992：447.
③ 丁则民. 美国通史（第3卷）[M]. 北京：人民出版社，2002：81.
④ 原汤姆生—休斯顿公司董事长，通用电气公司首任总裁（1892~1912年），董事会主席（1913~1922年），首次提出系统管理开发的设想。

调整器、变压相位器等一系列的重要发明解决了输电、直流变交流、高压变低压等电气应用中的主要技术问题。1882年,西屋公司在芝加哥博览会上展出了1000匹马力发电机,达到当时发电功率的最高水平。1895年,又在尼亚加拉大瀑布地区装置了3部发电能力为5000匹马力的水轮发电机,建起美国第一座大型水电站①。到90年代末,美国的重要城市都建立了发电厂,大企业已普遍使用电能作为动力。电力技术的突破大大加速了美国工业化的进程,使之在较短的时间内赶上并超过以蒸汽动力为基础的英法等老牌资本主义国家。此外,电的使用渗入社会生活的各个领域,电力方面的发明创造层出不穷:1871年,安德鲁·哈利迪发明了电缆有轨电车,并于1873年在旧金山得到应用。1874年,史蒂芬·菲尔德发明的电动有轨电车,在纽约市成功运行。1885年8月10日,利奥·达夫特在巴尔的摩建成美国第一条电车轨道,全长3英里②。1889年,胜家制造公司发明了电动缝纫机,1882年,斯凯勒·惠勒发明了电风扇。同年,亨利·西利获得电熨斗的专利。1896年,威廉·哈达韦申请电炉专利成功。1886年,伊莱休·汤姆生取得了电焊机的专利。1904年,哈维·哈贝尔申请可分离的电插销专利获准。1907年,赫林机器公司还发明了自动电器洗衣机③。1902年,威利斯·卡利尔发明了用流动水来制冷的空调器,从此人们不再为炎热的夏天和食品的保鲜而发愁。1911年他申请空调器专利成功,当年第一座空调影院在芝加哥落成。1908年,威廉·库里奇发明了一种制造钨丝的新工艺,成功地将钨拉成直径仅为头发粗细的1/16,即约0.5微米的细丝,并将其卷为单螺旋状,以之代替碳丝,辅之以其他改进,电灯泡的效能提高了1倍半。1913年,他获得钨丝白炽灯的专利权。他还研制了一种阴极管,从而为X射线的研究奠定了基础④……可以毫不夸张地说,一系列的电器发明,使社会生活发生了翻天覆地的变化,对美国文化具有极其深刻的影响。

1877年,霍姆斯制成第一部电话交换机,使电话传递得以系统化。1879

---

① [美]加尔文·林顿. 美国两百年大事记[M]. 上海:上海译文出版社,1984:258.
② [美]加尔文·林顿. 美国两百年大事记[M]. 上海:上海译文出版社,1984:240.
③ 黄安年. 美国的崛起[M]. 北京:中国社会科学出版社,1992:447.
④ [美]丹尼尔·布尔斯廷. 美国人民主历程[M]. 北京:生活·读书·新知三联书店,1993:612.

年，康诺利发明自动电话交换机，进一步为电话的应用和普及创造了条件。尽管贝尔不是电话的真正发明者①，但他对电话的实际应用和普及确有极大贡献。1875 年，贝尔和两位朋友组成了"贝尔专利联合会"，准备一旦取得专利即尽快将之转化成生产力。1877 年，"贝尔专利联合会"改称贝尔电话公司，1879 年再次改称为国家贝尔电话公司，1880 年又改组为美国贝尔电话公司，账面价值 1500 万美元。它以贝尔的各项专利为基础，大规模发展美国电话事业。1880 年，生产电话机 4.79 万部，1890 年达 22.79 万部，1900 年更增至 85.59 万部，1910 年美国已有电话 700 万部，成为当时世界上电话普及率最高的国家②。1880 年，贝尔电话公司经营的电话线总长已超过 300 万英里，而当时其他几家独立经营的电话公司总共才有 400 万英里的电话线。90 年代贝尔电话系统已遍及全国。1900 年，美国贝尔电话公司再次改组，更名为美国电话电报公司（AT&T），账面价值已达 1.8 亿多美元③。1880 年，美国平均每一千人才有一台电话机，1900 年增至每千人 18 台，1915 年已达每千人 104 台④。电话的迅速普及验证了爱迪生的经典预言，电话确实在相当大的程度上"消灭"了时间和空间的"距离"。

1887 年，德国物理学家海因里希·赫兹在实验中证实了电磁波的存在，为无线电通信技术提供了理论基础。到 19 世纪末，无线电通信开始迅速走向实用。对此做出最大贡献的是意大利人古格列尔莫·马可尼⑤，他的粉末检波器、天线、匹配变压器三大发明使长距离的无线电通信成为现实。他于 1894~1896 年试验成功无线电通信，此后终其一生不断延长通信距离。1899

---

① 2002 年 6 月 15 日，美国国会众议院通过仅具象征意义的第 269 号决议，确认美籍意大利移民梅乌奇为电话的发明者，并谴责贝尔窃取了梅乌奇的研究成果。详见：木科子. 电话发明权属梅乌奇，贝尔是窃贼 [J]. 发明与革新，2002（9）；林晶元. 119 年前的电话恩怨 [J]. 经营与管理，2006（3）；宋悦. 到底谁是"电话之父"[J]. 发现，2003（11）.

② 丁则民. 美国通史（第 3 卷）[M]. 北京：人民出版社，2002：82.

③ AT&T 成立于 1885 年，起初是贝尔电话公司的子公司，1900 年兼并母公司贝尔电话公司，组成贝尔电话系统. 参见：[美] 吉尔伯特·菲特，吉姆·里斯. 美国经济史 [M]. 沈阳：辽宁人民出版社，1981：429.

④ [美] 沙伊贝. 近百年美国经济史 [M]. 北京：中国社会科学出版社，1983：203.

⑤ 俄国科学家亚历山大·波波夫（Aleksandr Popov）早于马可尼实现无线电通讯. 1909 年马可尼因发明无线电报而获诺贝尔物理学家，波波夫因于 1906 年去世而未能获奖. 目前一般并称波波夫和马可尼为"无线电之父".

年，美国海军部聘其为舰艇无线电设计师。同年他在美国建立世界上第一个无线电通信公司——马可尼无线电报公司，开始大批量生产无线电设备。1901年12月12日，马可尼与英国电气工程师约翰·弗莱明共同完成第一次跨大西洋的无线电收发报，通信距离达1800海里，无线电报开始有能力挑战海底电缆电报[1]。

2. 金属和石油冶炼方面

在钢铁业中，自1863年底特律的沃德炼铁厂首先采用先进的贝塞麦炼钢法（即酸性转炉炼钢法）后，其他企业争相效仿，淘汰了鼓风炼钢的陈旧工艺，炼钢成本大幅度下降，钢产量迅速上升。1868年，美国又引进了西门子·马丁炼钢法（即敞炉炼钢法），这种方法炼出的钢韧性较好，适合制造机车锅炉的钢板。到19世纪90年代，苏必利尔湖富铁矿开发和高炉质量的提高，使马丁炼钢法进一步流行[2]。随着新工艺的普及，美国的钢产量从1875年的不足40万吨上升到1900年的1000万吨[3]。此外，大型高炉、采矿电铲、卷扬机、大吊车、轧钢水压机等一系列设备的研制发明和推广应用，使20世纪的美国钢铁生产基本实现机械化。

1886年，查尔斯·霍尔发明了电解铝技术，使这种在地壳中含量最丰富而又具有良好性能的金属从此得以大量生产，而此前铝的价格比黄金还贵。随后霍尔以自己的技术参与创建了匹兹堡电解铝公司，到1907年公司更名为美国铝公司时，其股票价值已达1.5亿美元。随着公司的全球化发展，最终更名为当今世人皆知的美铝公司（ALCOA）。

美国的第一口油井出现在南北战争以前，但石油最初只是被提炼成汽油用作轮船的燃料。19世纪70年代以后，石油业开始大量采用分馏和裂化提炼法，炼油工业走向自动化的同时，石油副产品不断涌现，石油工业开始向多种经营的综合工业部门转变。19世纪末20世纪初，随着高温高压分解石油和制造合成汽油技术的突破，石油作为"工业的血液"的重要性日益凸显，石油化工开始成为独立的工业部门，在美国经济中的重要性不断提升。

---

① 王友恭，王钢. 20世纪影响人类生活的20项发明 [J]. 百科知识，2000（12）：34-35.
② 丁则民. 美国通史（第3卷）[M]. 北京：人民出版社，2002：84.
③ US. Bureau of the census. Historical Statistics of the United States: Colonial Times to 1970 [R]. Washington D. C, 1975：693.

3. 交通运输方面

最早的蒸汽机车和内燃机汽车都出现在欧洲。但相比之下，美国发展汽车技术和汽车工业的条件得天独厚：一方面，美国钢铁、石油工业实力雄厚且原材料资源丰富；另一方面，地广人稀的国情特别是西部开发为汽车工业的发展提供了极其广阔的市场前景。因而美国的内燃机和汽车制造技术不仅迎头赶上，而且迅速转化为生产力。1893 年 9 月 21 日，杜里埃兄弟制造的美国第一部汽车进行了它的首次行驶，两年后的感恩节美国便进行了首次汽车比赛，汽车制造技术的发展与应用之快可见一斑①。1897 年，阿道弗斯·布希获得内燃机的专利权。1903 年，福特汽车公司建立，开始运用部件标准化原理进行大批量生产后，汽车工业更是一日千里。

1869 年，乔治·威斯汀豪斯获得空气制动器的专利权，该装置对铁路高速行车和安全具有重要作用。航空技术的萌芽在欧洲，19 世纪 90 年代初期英法等国都有发明家进行了一些飞行试验，但都是无动力的滑翔机。公认对于飞机的发明贡献最大者，为美国的莱特兄弟。1903 年 12 月 17 日，奥威尔·莱特驾驶兄弟俩人自制的飞机试飞成功，成为第一个驾驶有动力飞机实现持续可操纵飞行的人。1910 年，尤金·伊利驾驶柯蒂斯双翼飞机从美国军舰"伯明翰号"上起飞成功；次年，罗杰斯在 7 周内以 82 小时 4 分钟的飞行时间，从纽约出发飞抵加州长滩，实现了横跨美国的首次飞行，人们开始意识到航空技术巨大的潜在商业价值②。

4. 新材料、印刷和机械方面

1870 年，约翰·海厄特被授予塑料的专利权，两年后塑料开始投入商业化生产，从而开辟了以廉价人造材料代替昂贵的天然产品的时代。1874 年，格利登获得带刺铁丝的专利权。这种铁丝成为农民最欢迎的建筑栅栏的材料，从此牧场主们终于能够明确划分彼此的牧场，而农民也得以将牲畜阻拦在农田之外。1874～1881 年，其销量从 1 万磅剧增至 1.2 亿磅③。1891 年，爱德华·艾奇逊发现金刚砂（碳化硅），此后相当长时间内它一直是除了金刚石

---

① ［美］加尔文·林顿. 美国两百年大事记［M］. 上海：上海译文出版社，1984：252，259.
② ［美］加尔文·林顿. 美国两百年大事记［M］. 上海：上海译文出版社，1984：290 - 292.
③ ［美］加尔文·林顿. 美国两百年大事记［M］. 上海：上海译文出版社，1984：210，212，221.

以外最坚固的物质，工业磨料的最佳材质。1895年，艾奇逊在尼亚加拉大瀑布附近设立工厂，利用威斯汀豪斯公司的水电站的电力进行商业性质的碳化硅生产。1899年，他又在研究碳化硅的高温效应时，制成高纯度石墨，而它在电极和耐高温的特殊润滑剂等的制造方面堪称无与伦比。

在印刷业方面，1884年，奥托曼·默根特勒发明了莱诺铸排机（Linotype），采用浇铸的金属按照行和列排字，结束了手工排字的历史。它与托尔伯特·兰斯顿于1887年取得专利权的单字排版铸造机一起，极大地促进了印刷业的发展，尤其是对报业产生了革命性的影响。

在机械设备方面，1879年，詹姆斯·里蒂获得现金出纳机的专利权，随后以1000美元的价格卖出。几经改良和转让，1884年"美国销售之父"、现代销售学的奠基人约翰·帕特森以6500美元买下了现金出纳机的制造业务和专利权，更名为国家收银机公司（NCR）。到1910年，美国90%的现金出纳机都由该公司售出；次年，NCR卖出了它的第100万台现金出纳机①。

西方经济学说史上的传统观点认为，美国市场发展和经济增长的主要推动力量是资本积累。无疑，在经济发展的早期，资本积累确实是"经济增长的最重要源泉"。如在独立战争以后，商业资本大规模地转化为工业资本，是美国第一次工业革命兴起的前提②。然而，随着经济的发展，技术的重要性日渐增长，第二次工业革命从兴起、展开到最后完成的整个过程，这一时期各行业领域的科技进步都发挥着基础和第一推动力的作用。

5.2.3 良好的社会资本

美国是个起步较晚的资本主义国家，它没有英德等欧洲国家那样悠久的科学传统和雄厚的自然科学理论基础。但是美国在学习和引进欧洲最新科技成果的同时，大力开展应用研究，科学、技术、生产的结合使美国的应用科

---

① ［美］丹尼尔·布尔斯廷. 美国人民主历程［M］. 北京：生活·读书·新知三联书店，1993：231-233.
② 美国第一次工业革命的资金主要来自国内商业资本。其背景是独立后对英贸易的急剧衰落，工业对商业资本的吸引力上升。此后在1812~1814年第二次美英战争期间，美国外贸陡降，国内商品短缺，从而又形成商业资本转化为工业资本的第二次高潮，推动了工业革命的进一步发展。参阅：张友伦. 美国通史（第2卷）［M］. 北京：人民出版社，2002：187，189.

学和工艺技术不断突破并达到世界先进水平，这与教育的科学传播和美利坚民族开拓进取的精神不无关联。

首先，教育的发展促进了科学的传播，为科学技术创新准备了人才。19世纪末美国教育事业的发展，提高了美国人民的文化素质，壮大了科技队伍，推动了美国工业化的发展。科学技术发展的基础在教育，建立在近代科学技术基础上的工业革命，需要大批有高度专业知识和技能的科学家、工程师和有一定文化素养和技能训练的工人，因此普及和提高教育具有决定意义。伴随工业化的深入发展，美国资产阶级日益认识到智力开发的重要性。内战后，在实用、快速方针的指导下，进行了教育改革。一是增加教育投资，实行公立与私立办学并举的方针，加快教育的发展。联邦政府拨出1.5亿英亩土地给各州创办学校，同时各州征收特别税来扩大教育经费。1870~1915年教育经费由6000万美元增加到6亿多美元[①]。二是加强基础教育，推行小学义务教育制，将传统的专为升学做准备的普通中学改为兼具升学和就业双重职能的综合中学，加强职业技术教育，为工业化培养劳动技术大军。三是改革高等教育，重点发展理工农林医等专业院校，培养高、精、尖人才。1862年国会颁布了"莫里尔法案"，拨出国有土地在各州建立理工和农业学院。许多旧大学也增设了机械工程、采矿冶金、电气化工及电化学等新专业。1887年国会通过了"哈奇法案"，为各州大学提供科学实验基金。许多大学成为全国和各州的科学研究和生产技术指导中心，对推动新技术革命起了巨大的作用。

其次，工业实验室的设立打通了19世纪末20世纪初为适应社会化大生产的需要，科学研究也日益社会化，各种科技综合研究所和工业实验室纷纷建立。美国第一个大型的专业实验室是由爱迪生在1876年建立的，集中了近百名科学家、工程师和技师。这个实验室既有科学理论的指导，又有技术实践经验，由于集体攻关、分工合作，才使爱迪生完成了近两千件的发明，创造了世界科技史上的奇迹。许多大企业也建立起工业实验室和研究所，如贝尔系统的基础研究就聘请了由英德留学回来的应用科学家和工程师。到1941年，全国工业实验室和研究所已有356个，拥有近万名科技人员。所以，美

---

① Wells, L. R. The Industrial History of the United States [M]. New York: Macmillan Co., 1922: 332.

国第二次工业革命充分体现了以发明家为中心的应用科学家与工程师的直接结合的特点,说明科学与技术结合是技术开发的必由之路。同时,美国的科研机构大部分是由企业家和发明家出资建立的,它直接为生产服务,并以增殖利润为目的。科研项目主要是生产中急待解决的课题,一旦新技术、新设备、新产品研究成功,立即在生产中应用,转化为生产力,省去许多中间环节和烦琐程序,表现出惊人的效率。

再者,开拓进取、勇于尝试的创新精神形成了科技创新不断涌现的助力。作为资本主义世界的后起之秀,美国有着学习、引进欧洲先进科学技术,并在此基础上根据自己的实际需要加以创新的传统。南北战争以前,主要是从欧洲尤其是英国购买技术。19 世纪后期,美国为了适应自身的需要,继续采用并修改许多新技术方案。许多所谓重要的发明都是有针对性地以其他国家的先进基础科学和先进工程学作为依据的[①]。美利坚民族性格和当时从企业家、科技人员到广大工人都有的一种在竞争中求生存、在竞争中夺优势的强烈竞争意识和拼搏精神,对科技创新和发展起了重要作用。以汽车工业为例,1886 年德国人戈特利布·戴勒姆和卡尔·奔驰几乎同时发明了世界上第一辆四轮内燃汽车,杜里埃兄弟制造出美国第一部汽车要等到 7 年之后。而当德国人奔驰对跌跌撞撞走走停停的汽车自惭形秽迟迟不敢开上路时,无所畏惧的美国人居然在制造出本国第一部汽车两年后就敢举办赛车比赛,全不在乎最终只有两辆车跑完 54 英里的赛程[②]。当德国的戴勒姆公司在自己高贵的梅赛德斯牌汽车面前顾影自怜时,美国的福特公司却忙于让自己价廉实用的 T 型汽车走进千家万户。

5.3 组织管理创新与结构变迁

5.3.1 企业管理革命

从 19 世纪下半叶到 20 世纪初,生产的快速发展对企业管理提出了变革的要求,正如恩格斯所说,"非常明显的是生产力将因此得到极大的发展,以至

---

① [美] 沙伊贝. 近百年美国经济史 [M]. 北京:中国社会科学出版社,1983:99.
② [美] 加尔文·林顿. 美国两百年大事记 [M]. 上海:上海译文出版社,1984:259.

于资产阶级对生产力的管理愈来愈不能胜任。"随着社会生产的发展，美国的企业管理也发生了革命性的变化，逐渐形成了现代工商企业的管理模式。一般认为，美国企业的管理革命，是指从传统的由企业主自己经营的单一单位的企业，向由职业经理人管理的多单位、多部门的现代大型企业转型的历史过程。它涉及企业内部组织结构、管理制度、管理方式等一系列重大变革，但其核心内容是相互关联的两个方面：一方面是企业内部形成一种分工细致又职责明确的管理层级制，造就了一个职业经理人阶层；另一方面是在企业内部实现所有权与经营权的分离，职业经理人逐渐取代原来的企业主控制企业的管理权，导致企业所谓的"产权革命"。美国企业管理革命最早开始于19世纪50年代，全面推进于19世纪八九十年代，基本完成于20世纪20年代，其结果是：现代企业内部行政管理协调这只"看得见的手"，在许多方面取代了亚当·斯密提出的市场协调的"看不见的手"，成为现代经济中主要的资源分配者。按照美国著名企业史学家钱德勒（Alfred D. Chandler）的说法，"事实上，大部分美国的财富就是从现代工商企业的建立和经营中得来的。"

1. 泰罗的科学管理

泰罗的科学管理思想形成于19世纪末20世纪初，当时，随着美国经济高速增长，企业规模迅速扩大。但由于管理跟不上，生产秩序混乱，劳资关系紧张，工人消极怠工，经营效率低下。泰罗认为，造成这种现象的主要原因是企业缺乏合理的工作定额、工人缺乏科学指导。因此，必须把科学知识和科学研究系统地运用于管理实践，科学地挑选和培训工人，科学地研究工人的生产过程和工作环境，并据此制定出严格的规章制度和合理的工作定额，采用差别计件工资制调动工人的积极性。而要成功地实施科学管理，劳资双方必须进行一次伟大的"精神革命"，即以友好合作代替对立斗争，把注意力从盈余的分配转向盈余的增长，强调"管理的主要目的是使雇主实现最大限度的富裕，也联系着使每个雇员实现最大限度的富裕。科学管理的真正基础在于相信两者的利益是一致的"。即"双方合作尽到生产最大盈利的责任，必须用科学知识来代替个人的见解或个人的经验知识"。[①]

---

① ［美］弗雷德里克·泰罗. 科学管理原理［M］. 北京：中国社会科学出版社，1984：157，240.

泰罗的管理思想先后运用于米德维尔钢铁厂和伯利恒钢铁厂的管理实践，指导了福特公司的管理变革，都取得了巨大成功。由于工人的劳动效率成倍提高，在不延长劳动时间的情况下，工人平均产量增加了1倍多，而工资增幅约为30%~100%。受益于工资增长，工人生活也有较大的改善。移民为主的社会构成使美国工人更珍惜劳动，更易合作，在当时劳资矛盾尖锐、工人运动高涨、罢工此起彼伏的社会大背景下，这些工厂没有发生过一次罢工事件。列宁评价说："泰罗制，同资本主义的其他一切进步的东西一样，既是资产阶级剥削的最巧妙的残酷手段，又包含一系列的最丰富的科学成就。"[1]

2. 福特的大规模生产

第一次工业革命以工厂制取代了工场制，第二次工业革命则是以大规模生产取代一般小规模机器生产的过程。大规模生产的三个基本特征是：互换性、标准化和装配作业。应该指出，标准化零件和装配作业在南北战争前就已经在部分机械制造业如钟表、缝纫机和某些农业机械的制造过程中得到了较为广泛的运用。而1865年以后，装配作业变得更加普遍。而现代意义上的大规模生产——自动生产流水线的诞生，则是与美国汽车工业的发展分不开的。

福特汽车公司不仅是汽车技术发展的先驱者，更是大规模生产的先驱者。福特指出："大规模生产，就是把动力、准确性、经济性、系统性、连续性和高速运转等原则运用到制造一种产品的生产上面……其正常结果就是这样的一种生产组织，即用最少成本、大量生产出按标准化设计，标准化工艺和标准化材料制成的有用商品。"[2] 他认为某一型号汽车的零件，不仅对同一型号的所有其他汽车是通用的，而且和已经生产出来的所有汽车的相似零件也应该是通用的。[3] 为了实践这一思路，1913年，福特在汽车工业中创立了自动生产流水线。采用了流水线以后，生产成本急剧下降。以T型汽车为例，1909年的售价为950美元，1914年为490美元，几乎下降了一半，到1916年只要360美元。换言之，福特公司的工人1914年的收入能买2~3辆T型

---

[1] 列宁选集（第三卷）[M]. 北京：人民出版社，1995：491.
[2] [美]沙伊贝. 近百年美国经济史[M]. 北京：中国社会科学出版社，1983：96.
[3] 余志森. 美国通史（第4卷）[M]. 北京：人民出版社，2002：11.

汽车，1916年更能买3~4辆，汽车终于不再是富人独享的奢侈品。1920年，福特汽车的生产量占到世界汽车生产总量的50%。① 自动流水线的生产方式把整个生产流程分解为一个个简简单单的纯机械动作，等于把复杂劳动转化为简单劳动，降低了对劳动者的技术要求，使生产机械化、自动化程度大大提高。每一道工序都被拆分为若干个单一的环节，每个环节的工作时间都有科学规定，分工细化到无以复加的地步，效率与过去不可同日而语。

福特为降低T型车制造成本的不懈努力，创造了世界经济史上的一大辉煌。T型车的巨大成功带动了整个汽车工业的强劲发展。由于在降低成本上的效益，福特的自动流水线生产方式以惊人的速度从汽车工业推广到各个行业部门。美国1900年的汽车生产总量是4000辆，到1910年达到187000辆。1919年约有190万辆汽车下线，810万辆汽车登记在案。1920年，美国汽车产量达到450万辆，2310万辆汽车登记在案。20世纪20年代汽车制造已经成为美国经济第一大产业。② 汽车产业的发展不仅为人们带来了成百上千的工作机会，带动了钢铁、橡胶、玻璃、石油等其他产业的发展，而且改变了人口、商业和银行业的地区分布，对美国人民的生产生活都产生了极大的影响。

3. 现代工商企业的建立

从传统家族企业到现代工商企业的转变，对于企业的所有者来说，特别是对企业的创业者来说，是一个极不情愿的甚至是痛苦的长时间的取舍和抉择的过程；与此同时，它又是生产力发展的必然，是企业真正做大做强必须付出的代价和翻越的难关。现代工商企业的建立是适应经济发展要求的转变，具有一定的客观必然性。

一是随着企业规模的膨胀，企业经营的复杂性日益增加，客观上要求企业管理者必须是具备全面经营管理知识和相关技能的管理专家。当时美国企业的创业者主要有两类，一类是试图亲自将自己的发明创造的专利权转化为物质财富的"知本家"，另一类是精于通过合法不合法的手段廉价取得他人或社会的资源、被称为"强盗贵族"的资本家，或者是两者的结盟。两者都不是经营管

---

① ［美］约翰·戈登. 财富的帝国：一部记录美国经济发展的史诗［M］. 北京：中信出版集团，2015：290.
② ［美］约翰·戈登. 财富的帝国：一部记录美国经济发展的史诗［M］. 北京：中信出版集团，2015：290-291.

理企业的最佳人选。"知本家"尤其是技术精英往往是拙劣的经营管理者。到爱迪生的研究实验室找工作的年轻人只想知道工资的数额和工作时间的长短，而他的回答却是："哼！我们不付工资！我们成天干活！"① 无怪乎虽然他发明的电器数不胜数，而他创办并自任董事长的爱迪生通用电力公司却因为经营不善濒临倒闭，最终只能低价出售了事（颇具讽刺意义的是，该公司被摩根财团兼并重组后，发展成为美国乃至世界电气行业至今的龙头老大通用电气）。被称为"强盗贵族"的资本家在经营管理上比"知本家"强得多，但其中大多数也绝非最佳的 CEO 人选，他们勤于兼并扩张而疏于建设发展，精于巧取豪夺而拙于统筹兼顾，忙于弱肉强食而惮于互利共赢……这一切都决定了他们在完成创业或者资本原始积累的过程后必须退位让贤，否则企业难有进一步的发展。

二是随着市场规模的不断扩大，行业分工越来越细，这就要求企业管理者还要对自己所在行业的发展现状和前景充分了解，并具备一定的专业知识和技能。这一点对企业的创业者来说一般不在话下，但随着年龄的增长，他们却往往会变得观念保守、知识老化、思维僵化，还有成功人士到晚年很难避免的好大喜功、拒谏饰非、专权恋栈等问题。以"汽车大王"福特为例，T 型汽车固然是成功之作，他却将之奉若圭臬，19 年中拒绝任何改进。1928 年 5 月，T 型汽车终于在无情的竞争中被它自己所曾经促进的技术变革所遗弃。据后来担任过福特公司总裁和美国国防部长的罗伯特·麦克纳马拉回忆，福特最终下台前，"公司的情况糟糕到简直无法形容，沟通渠道不畅，缺乏控制性、组织性和策划，人事方面的问题极其严重。"②

从传统家族企业到现代工商企业的转化主要是源于企业发展的需要，内部因素占主导地位，但也不应忽视外部因素。广大中小企业主、劳动群众、进步人士对托拉斯和"强盗贵族"切齿痛恨猛烈抨击；工人运动高潮迭起；政府迫于舆论和选举压力不得不对垄断企业采取一些限制措施，如 1890 年的《谢尔曼法》，促使大型家族企业做出某些调整，如使企业股权分散化、承担更多社会责任、让家族成员退居幕后等。

---

① ［美］丹尼尔·布尔斯廷. 美国人民主历程［M］. 北京：生活·读书·新知三联书店，1993：600.
② ［美］理查德·约翰逊. 传奇：改变世界汽车工业的六巨头［M］. 北京：中国铁道出版社，2006：30.

4. 职业经理人阶层的成长

伴随现代工商企业建立的是职业经理人阶层的成长。按照钱德勒的定义，现代工商企业即是由各层级职业经理人管理的多单位企业。早在 1841 年，美国乃至世界上第一个经理人就出现在铁路行业中。一般认为，1841~1925 年是美国职业经理人阶层的诞生和成长期，这一阶段美国企业基本上完成了所有权与经营权两权合一到两权分离的转化，即由传统家族企业到现代工商企业的转化。

美国企业规模不断扩大、社会生产力日益智能化，由此所导致的资本占有与经营才能不对称的矛盾，是经理人阶层诞生发展的根本原因。传统的资本主义企业多是个人或合伙制企业，其特点是所有者即为管理者。而随着企业规模的扩大尤其是多元化企业的出现，所有者家族或其合伙人所能提供的管理人员在质量和数量上都不能胜任管理工作，从而为职业经理人阶层提供了用武之地。不仅如此，企业规模的扩大必然导致股权分散化，尤其是当企业经营发展中需要大比例的外来资金时，所有权结构的变动都会导致管理权分配的博弈，其结果往往是独立的职业经理人阶层成为各方股东都可以接受的次优选择。

美国最早的职业经理人产生于铁路和通讯等部门，最初大多是负责协调和管理当前生产流程的中层管理者。到 19 世纪末 20 世纪初，随着资本主义经济从自由竞争向垄断过渡，现代意义上的工商企业如雨后春笋，职业经理人在中层管理部门中牢牢占据了主导地位，并且开始向高层进军。当他们不仅负责协调和管理流经当前生产流程的资源，而且要决定企业资源的未来分配时，企业所有权与经营权分离的过程宣告完成，所有者正式退居幕后，形成经理式的企业，或现代意义上的工商企业。

现代工商企业中，职业经理人所承担的管理协调职能，替代了过去由市场执行的职能，即由"看得见的手"取代"看不见的手"配置企业资源，是管理革命的重要内容，对镀金时代美国资本主义经济的发展影响至深。职业经理人的管理协调职能大大提高了产品流量通过生产和分配过程的速度与均衡性，有助于实现规模经济，降低单位产品生产成本，"其重要性及革命性实不亚于五百年前随着商业资本主义的兴起而带来的变革"[①]。在实践过程

---

① [美]小艾尔弗雷德·钱德勒. 看得见的手 [M]. 北京：商务印书馆，1987：117.

中，随着管理逐步职业化，管理创新源源不断，如麦考密克公司在销售上创立了特约经销商制度、分期付款购买方式及其他消费者信贷方法；杜邦公司在会计核算程序上创立的被称为"杜邦方法"的现代工业会计核算和监督方法一直沿用至今……①

管理协调是现代工商企业的灵魂，它决定职业经理人的作用具有不可替代性。现代市场经济中，一家企业的兴衰存亡，在很大程度上取决于其职业经理人的职业精神、素养和技能，以及其行使管理协调职能的空间和机制。如前所述，爱迪生自己经营的爱迪生通用电力公司濒临倒闭的同时，由当时电气领域的另一位天才人物、电焊机的发明者汤姆生控股的汤姆生——休斯顿公司却是蒸蒸日上，原因很简单，因为汤姆生自己只专心致志搞发明，而把公司的管理都交给了2003年被美国《财富》杂志评为"世界历史上10佳CEO"之首的查尔斯·科芬。1892年科芬力促两家公司合并为美国通用电气公司后，他又出任首任总裁，10年后改任董事长，总计掌舵通用电气20年之久，对公司的发展居功至伟。

5. 从自由到垄断

美国经济的垄断化过程开始于南北战争以后，基本完成于20世纪初。19世纪六七十年代，美国资本主义的自由竞争发展到顶点，而自由竞争的必然趋势就是优胜劣汰、生产和资本日益集中，垄断组织逐渐形成，正如列宁所指出："集中发展到一定阶段，可以说，就自然而然地走到垄断。因为几十个大型企业彼此之间容易形成协定，另外，正是企业的规模巨大，造成竞争的困难，产生了垄断的趋势。这种从竞争到垄断的转变，是最新资本主义经济的最重要的现象之一，甚至是唯一的最重要的现象。"②

垄断组织的发展经历了一个"简单协定—普尔—托拉斯"的初级到高级、临时到永久、简单到完善的过程。19世纪七八十年代，大企业之间的价格战达到白热化的程度，恶性的价格竞争，加上1873~1878年的经济危机，中小企业纷纷破产倒闭。幸存下来的少数大企业彼此势均力敌，不得不暂时妥协休兵以免同归于尽。通过各种协定或联合的方式，避免过分的

---

① 李欢. 美国经理人市场的成长与启示 [J]. 南方经济, 2004 (4): 70-72.
② 列宁选集（第二卷）[M]. 北京：人民出版社, 1972: 740.

价格竞争，以保持一定的市场秩序和"合理"的利润水平。70 年代以前的简单协定主要是限制各企业的产量和规定共同价格。这些协定大多是口头默契而缺乏法律约束力，其临时性和不稳定性极为明显。它就很快被成文的普尔协定取代。最早出现的普尔仍然是在铁路部门，各铁路公司以之来控制运价。此后，在许多制造业部门中相继涌现，以 1876 年组建的密歇根盐会和 1887 年成立的钢轨普尔为代表。随着企业以控制原料来源和销售市场为目的的纵向合并和以控制同一产品或相近产品生产、进而对该产品销售实行垄断价格为目的的横向合并的发展，这种形式已完全不能适应垄断发展的需要。到 19 世纪 80 年代末，除了一些短期普尔以外，大公司一般放弃了这种垄断形式，由美孚石油公司创立的托拉斯开始盛行。托拉斯的出现，为当时企业合并和谋求垄断地位找到一种在实际操作中很难判定其违法性的组织形式。垄断资本趋之若鹜，制造业各部门中托拉斯组织如雨后春笋，有棉籽油托拉斯（1884 年）、亚麻籽油托拉斯（1885 年）、威士忌酒托拉斯、炼铝业托拉斯、制糖业托拉斯（均 1887 年）、火柴托拉斯（1889 年）、烟草托拉斯（1890 年）等。1887~1897 年，资本额在 100 万美元以上的大公司共有 86 个，其中 20 多家垄断了生产和销售①。1899 年，美国制造业产值的 2/3 出自托拉斯企业②。

  美国第一次企业合并高潮的特殊背景和重要原因是 1893 年的经济危机。一方面美国的外债和国内的铁路债务、中西部的农场抵押日积月累，另一方面农业长期萧条、农民购买力低迷，加之 1892 年金融形势急剧恶化、国际股市波动、国家黄金储备锐减，终于使经济不堪重负，危机于 1893 年 5 月爆发。危机中共有 640 家银行倒闭，3.8 万多家企业破产。最惨的是铁路行业，有 3/4 以上的铁路公司破产；黑色冶金、造船、机车车辆等行业中一半以上的企业停产③。中小企业的纷纷破产对垄断资本而言不啻天赐良机，企业合并迅速进入高潮。1893~1904 年新增托拉斯组织 350 个以上。拉尔夫·纳尔逊指出，这次合并高潮中"几乎有一半企业被吞并了，并且有 7/10 的合并资

---

① 黄安年. 美国的崛起 [M]. 北京：中国社会科学出版社，1992：385.
② 黄绍湘. 美国通史简编 [M]. 北京：人民出版社，1979：280.
③ 黄安年. 美国的崛起 [M]. 北京：中国社会科学出版社，1992：387.

本都属于在市场上取得领导地位的那些合并者所占有"①。经过这次合并高潮,大约有3000个企业的68.127亿美元资本被合并到垄断组织之中②。至此,美国经济结构的部分质变已相当深刻地表现出来了。经济危机只不过是将19世纪最后30年美国经济新旧结构交替之中的各种矛盾冲突加以激化,以为垄断资本主义的最终确立奠定基础。1895~1914年美国企业合并总体情况如表5-2所示。

表5-2　　　　　1895~1914年的美国企业合并总体情况一览

年份	被合并的企业数(家)	被合并的资本额(万美元)	年份	被合并的企业数(家)	被合并的资本额(万美元)
1895	43	4080	1905	226	24300
1896	36	2470	1906	128	37780
1897	69	1970	1907	87	18480
1898	303	65060	1908	50	18760
1899	1208	226270	1909	49	8910
1900	340	44240	1910	142	25700
1901	423	205290	1911	103	21050
1902	379	91080	1912	82	32240
1903	142	29760	1913	85	17560
1904	79	11050	1914	39	15960

资料来源:[美]拉尔夫·纳尔逊. 美国工业的合并运动(1895-1956)[M]. 普林斯顿:普林斯顿大学出版社, 1959:37. 转引自[美]H·N. 沙伊贝. 近百年美国经济史[M]. 北京:中国社会科学出版社, 1983:120.

19世纪90年代到20世纪初是美国托拉斯运动的高峰期。尤其是1897~1903年,有超过100家总资产在1000万美元以上的大公司是在这一时期组成③。19世纪90年代以前,托拉斯主要出现在榨油、酿酒、烟草、屠宰等消费品生产部门。而此时自然资源开发和交通通讯部门也迅速托拉斯化。到20世纪初,美国的主要工业部门都已被少数几个有"大王"之称的大型托拉斯所垄断。以集中率(即一个行业中最大的4家销售商的销售额占该行业销售

---

① Nelson, Ralph L. Merger movements in American industry, 1895-1956[M]. Princeton University Press, 1959:102.
② Nelson, Ralph L. Merger movements in American industry, 1895-1956[M]. Princeton University Press, 1959:37.
③ 顾学稼, 等. 美国史纲要[M]. 成都:四川大学出版社, 1992:290.

总额的比例）来衡量，1901 年，集中率大于等于 50% 的行业占全部制造业增加值的近 1/3，如钢铁 78.8%、造纸及纸制品 71%、运输设备 57.3% 等①。经过这次托拉斯运动的高潮，垄断资本主义在美国最终确立。

5.3.2 经济发展与结构变迁

第二次工业革命推动了大工业企业的发展。南北战争后，北部工业资产阶级掌握联邦政权，统一的全国资本主义市场向纵深进一步发展，各种鼓励工业的积极措施与第二次科技革命相结合，有力地推动了美国工业化进程。19 世纪最后 30 年的美国经济呈现出罕见的高速度发展，60 年代初美国仍未摆脱对欧洲的经济依附，基本上是个农业国，1860 年，美国在世界主要工业国中位居第四，在英、法、德国之后；而到 90 年代末美国已拥有较完整的工业体系，1890 年工业产值第一次超过农业产值，1894 年更跃居世界首位。

1. 经济发展概览

第二次工业革命使美国初步完成了工业化和城市化，使世纪之交的美国在多项经济指标上超过英国，美国正式接替英国成为"世界工厂"，加入世界工业强国的行列。1860 年，美国工业生产排世界第 4 位，而到 1894 年美国已跃居第 1 位，生产量等于欧洲各国生产总量的一半。20 世纪初美国在工业上的优势更为突出，1913 年工业产品已占世界工业总产品的 1/3 以上，比英、法、德、日四国工业产品总量还多②。从 1897 年开始，美国出口超过进口，正式成为国际经济体系中的贸易顺差国。美国逐渐从半个世纪前国际经济体系中一个无足轻重的后发国家，成长为 20 世纪初世界的头号经济强国（参见表 4 - 8、表 4 - 9）。保罗·肯尼迪因此断言，"在 1914 年的大灾难到来之前，'达·伽马时代'——欧洲统治世界的 400 年历史就已经宣告结束。"③

回顾经济增长的梗概可以看出：1865 年，美国制造业的产值只是 1900 年该行业产值的 17%。尽管 1873 年的经济恐慌阻碍了制造业特别是新工厂的建立，但到 1880 年制造业的产值已达 1900 年的 42%。19 世纪 80 年代制

---

① ［美］沙伊贝. 近百年美国经济史［M］. 北京：中国社会科学出版社，1983：119 - 121.
② 余志森. 崛起和扩张的年代：1898 - 1929［M］. 北京：人民出版社，2001：26.
③ 保罗·肯尼迪. 大国的兴衰［M］. 北京：国际文化出版公司，2006：236.

造业产值继续上升，80年代末已上升到1900年水平的70%①。尽管受到1893年的经济衰退的影响，但制造业的产值还是再次向前跳跃上升，并从19世纪末的高峰继续上升，仅在进入20世纪以后的15年里，制造业的产值就上升了近一倍。总之，1859~1914年，美国制造业产值增加了18倍。

1859年，美国约有14万个工业生产单位，其中许多是手工业作坊和街道作坊。这些生产单位全年生产总值略低于20亿美元。40年后，美国拥有20.7万多家工厂（手工业作坊和街道作坊除外），全年生产总值超过114亿美元。到1914年，工厂总数增至27.5万多家，全年生产总值在240亿美元以上。随着工厂和生产总值的增长，雇工人数也增加了。美国工人总数，1859年仅略多于130万人，而到1914年已超过700万人②。制造业的其他数值指标表明：到1900年，美国已形成了现代化的工业秩序。制造业的设备投资从1880年的30亿美元上升到1900年的80亿美元以上，接着到1914年更猛增到近400亿美元。1900年制造业的产值占全国商品总值的一半以上；而农业方面，尽管自1865年以来，农业产值的绝对数值显著增加，但其比重却下降到只占国民生产总值的1/3。1889~1919年美国农产品与制成品的价值比较如表5-3所示，1859~1919年美国工业、农业产值占GDP比重如表5-4所示。

表5-3　　　　1889~1919年美国农产品与制成品的价值比较　　　　单位：百万美元

产品价值	1889年	1899年	1909年	1919年
农产品	2460.1	4717.1	8498.3	23783.2
制成品（含农产品加工）	9372.4	11406.9	20672.1	62418.1

资料来源：[美]哈罗德·福克纳. 美国经济史（下卷）[M]. 辽阳：辽宁人民出版社，1981：39.

表5-4　　　　1859~1919年美国工业、农业产值占GDP比重　　　　单位：%

比重	1859年	1869年	1874年	1879年	1884年	1889年	1894年	1899年	1919年
工业	36.2	40.9	46.7	44.8	53.4	59.1	58.7	61.8	62.2
农业	63.8	59.1	53.3	55.2	46.6	40.9	41.3	38.2	37.8

注：工业包括加工工业及采矿业，不含建筑和电力工业。

资料来源：US. Bureau of the census. Historical Statistics of the United States：Colonial Times to 1970. Washington D. C, 1975：412.

---

① [美]沙伊贝. 近百年美国经济史[M]. 北京：中国社会科学出版社，1983：90.
② [美]吉尔伯特·菲特，吉姆·里斯. 美国经济史[M]. 沈阳：辽宁人民出版社，1981：449.

2. 主要产业领域

从表5-5可以看出,1860~1914年美国工业构成的变化,其中钢铁和汽车作为两大新兴产业开始崭露头角,机械工业也有所发展,本节主要对以上工业的发展以及与之相关的第二次工业革命的标志性行业电力工业和石油工业进行介绍。

表5-5　　　　　1860年及1914年的美国主要工业排序　　　　单位:万美元

排序	1860年		1914年	
	工业类别	产值	工业类别	产值
1	面粉及肉食	24858.0	屠宰及肉食罐头	165196.5
2	棉织品	11572.6	钢铁(锻铁、碾片及熟铁)	91866.5
3	木材(锯下和刨平的)	10492.8	面粉和谷粉厂产品	87768.0
4	制鞋	9188.9	翻砂和机器厂产品	86654.5
5	翻砂和机器厂产品	8864.8	木材和木材制品	71531.0
6	成衣(含修改)	8809.5	棉织品	67656.9
7	皮革	7569.8	铁路车辆制造和修理	51004.1
8	毛制品	6570.6	汽车	50323.0
9	酒类	5658.8	制鞋	50176.0
10	蒸汽机	4675.7	印刷及出版	49590.6
11	铸铁	3663.8	面包厂产品	49189.3
12	铁(锻铁、碾片及熟铁)	3653.7	女装	43788.8
13	副食品	3198.6	男装	45821.1
14	印刷	3106.3	炼铜	44402.2
15	车厢	2684.9	酒类	44214.9

资料来源:[美]哈罗德·福克纳.美国经济史(下卷)[M].沈阳:辽宁人民出版社,1981:42。

(1)钢铁和机械工业。

钢铁及其制品是现代工业所必需。美国不仅煤铁资源极其丰富,而且位置分布良好,钢铁工业的发展可谓得天独厚。镀金时代,美国钢铁工业中最重要的大事就是苏必利尔湖周边铁矿的开采。特别是19世纪70年代开始开采的位于明尼苏达州北部梅萨比山脉的露天铁矿,不仅开采成本极低,而且可以就近利用五大湖水系进行运输。廉价的水运加上专门设计的大湖区运矿船,1900年铁矿石运费降到了每吨·英里0.1美分①。到20世纪中期,苏必利尔湖周边铁矿石开采总量竟超过了开辟巴拿马运河的全部土方量。除此以外,亚拉巴马州有丰富的近乎焦煤的煤炭矿藏,犹他州既有煤矿又有铁矿,得克萨斯、加利福尼亚、科罗拉多州的铁矿也得到了开发利用。

1860年美国生铁产量不到100万吨,到1915年已超过3300万吨。19世纪80年代,美国生铁产量超过英国而居世界首位,到1899年更要占到全世界总产量的1/3左右②。钢在内战后初期仍算贵重商品,仅用于制刀剑和高级工具等。俾斯麦炼钢法和平炉炼钢法的广泛应用使钢产量大幅度提高、价格迅速下降。1867年,美国钢产量仅两万吨左右,1880年剧增至120万吨,1900年达到1000万吨,1915年已超过3250万吨③。1899年,美国钢产量约占全世界钢的总产量的43%。1914年,全国有钢铁工厂587家,全年粗铁和钢的产值在12亿美元以上。此外,还有1.7万多家钢铁制品生产企业,工人总数超过100万④。

廉价钢材的普遍应用给机械制造业带来质的飞跃,一系列大型机械都以钢代铁,开始在美国国内生产。19世纪70年代,机械产品如机车、机床、缝纫机、特种铸件、农业机械等开始对外出口。机械制造业的规模化、联合化和专业化,又为零部件的标准化创造了条件,机械修配业和连续生产工艺都随之兴起。机械制造业是整个制造业的核心部分,它带动了其他工业部门的连锁反应,极大地促进了铁路、建筑、汽车等工业部门的发展,大大加快了美国社会工业化、城市化、现代化进程,具有极其深远的影响。

(2)能源工业。

美国工业产值之所以能跃居世界首位,充足的能源特别是丰富的煤和石油是前提和基础。煤和石油产品的广泛应用,是两次工业革命的核心内容和标志性事件。第一次工业革命中,煤是蒸汽机动力的源泉。而没有从石油中提炼出的汽油、柴油等成品油,内燃机就无从谈起,也就没有第二次工业革命。而且,许多高附加值的副产品都源自煤和石油,两者分别衍生出在工业

---

① [美]吉拉尔德·冈德森. 美国经济史新编 [M]. 北京:商务印书馆,1994:401.
② 余志森. 美国通史(第4卷)[M]. 北京:人民出版社,2002:11.
③ [美]沙伊贝. 近百年美国经济史 [M]. 北京:中国社会科学出版社,1983:103.
④ [美]吉尔伯特·菲特,吉姆·里斯. 美国经济史 [M]. 沈阳:辽宁人民出版社,1981:451.

中占有重要地位的煤化工和石油化工。1860 年，美国煤产量 1450 万吨，1914 年则为 51350 万吨。到 1899 年，美国煤产量已居世界首位，占世界总产量的 32%①。

石油工业是 19 世纪末美国最为突出的新兴部门。1859 年，埃德温·德雷克在宾夕法尼亚州泰勒斯维尔打出第一口油井后，"黑色黄金热"迅速风靡美国。19 世纪 60 年代，原油开采企业从 64 个猛增到 2300 多个，产值从 200 万美元跃至 1800 万美元②。到 19 世纪 60 年代末，炼油业产量达到 520 万桶，其中出口 27 万桶，成为美国第四大出口商品。19 世纪 70 年代以后，石油业开始大量采用分馏和裂化提炼法，加速了炼油工业的自动化。同时，大规模铺设输油管道、扩大石油副产品种类，使石油工业向着多种经营的综合部门转变。到 1900 年，原油产量已近 1 亿桶，其中 300 万桶以上供出口③。

（3）电力工业。

列宁指出："电力工业是最能代表最新技术成就，代表 19 世纪末 20 世纪初的资本主义的一个工业部门。它在美国和德国这两个最先进的新兴资本主义国家里最发达。"④1882 年，托马斯·爱迪生在纽约建立了世界上第一座商业运行的发电站（当时仅有 6 部发电机，125 匹马力，向 59 户用户供电，输电距离不超过 1 英里）。次年，美国第一台 15 匹马力的电力机车在芝加哥的展览会上面世⑤。爱迪生的直流供电法电压低、输送距离有限，乔治·威斯汀豪斯发明了交流电远程输电技术，为真正实现电气化扫除了障碍。1886 年，他成立了西屋电机公司，在马萨诸塞州的大巴林顿设立了第一家实验工厂开始发电，其后又在纽约州的布法罗成立了第一家商业交流电灯厂。为解决输电、直流变交流、高压变低压等一系列电气应用技术问题，西屋电机公司的工程师发挥了重要作用。恩格斯敏锐地预见到电力革命的前景："菲勒克就电工技术革命掀起了一阵喧嚷，却丝毫不理解这件事的意义……但实际

---

① ［美］吉尔伯特·菲特，吉姆·里斯. 美国经济史［M］. 沈阳：辽宁人民出版社，1981：458.
② US. Bureau of the census. Historical Statistics of the United States：Colonial Times to 1970. Washington D. C，1975：684.
③ 丁则民. 美国通史（第 3 卷）［M］. 北京：人民出版社，2002：132.
④ 列宁选集（第二卷）［M］. 北京：人民出版社，1972：788.
⑤ ［美］加尔文·林顿. 美国两百年大事记［M］. 上海：上海译文出版社，1984：236 – 237.

上是一次巨大的革命。蒸汽机教我们把热变成机械运动,而电的利用将为我们开辟一条道路,使一切形式的能——热、机械运动、电磁光互相转化,并在工业中加以利用。"① 1913 年美国发电量已达 248 亿度,电力成为工业的基础②。

电的应用不仅引起国民经济活动的大幅重组,而且直接导致对新的原材料的大规模开发利用,最典型的莫过于铜和铝。电力工业兴起后,为了架设电线,对铜的需求激增。到第一次世界大战前,不算发电机等电力机械设备上的电线,单是架设在野外的电线总长度即达 900 万英里。铜的年产量迅速从 1880 年的 2.5 万吨增加到 1890 年的 13 万吨,一战期间更接近 2100 万吨③。由于冶炼困难,在地壳中含量最丰富的金属铝直到 1890 年仍然比白银还要贵重。19 世纪 90 年代,电解铝技术的应用使铝的成本以惊人的速度下降。从车厢到啤酒罐,轻便、耐腐蚀、易加工的铝迅速得到广泛应用。

(4) 汽车工业。

汽车工业是 19 世纪末 20 世纪初最具有代表性的新产业,其诞生和发展被称为"汽车革命"。1892 年,杜里埃兄弟制造出美国第一辆汽车。1895 年,乔治·塞尔登获得由汽油内燃机驱动的"无马马车"的专利权④。美国第一个批量生产汽车的制造商是兰塞姆·奥兹,他于 1897 年建立了奥兹汽车公司,两年后开始生产奥兹牌汽车。1901 年,该公司生产了 425 辆汽车,1904 年达 5000 辆。1903 年,亨利·福特在底特律创建福特汽车公司并且运用部件标准化原理进行大批量生产,汽车工业自此迅速扩展。1908～1909 年,产量达 10660 辆⑤。1909 年,福特的现代 T 型汽车问世,并且一年之内价格迅速从 780 美元跌至 360 美元,很快就占领了全国市场。到 1914 年,美

---

① 马克思恩格斯全集(第三十五卷)[M]. 北京:人民出版社,1972:445-446.
② 余志森. 美国通史(第 4 卷)[M]. 北京:人民出版社,2002:11.
③ [美]吉拉尔德·冈德森. 美国经济史新编[M]. 北京:商务印书馆,1994:408.
④ 塞尔登随后成立了一个强大的辛迪加,向每一辆在美国生产或销售的"无马马车"收取专利使用费。1903 年,福特汽车公司在没有塞尔登授权的情况下投入生产。双方随即进入历时八年、耗资巨大的极其复杂的诉讼程序。1911 年,法院最终判决福特汽车公司胜诉。此判决为整个汽车工业的发展扫清了道路。
⑤ 黄安年. 美国的崛起[M]. 北京:中国社会科学出版社,1992:453.

国年产汽车已达 57.3 万辆①。1900 年,美国登记的汽车总数达 8000 辆。到 1905 年,公共汽车和长途汽车线路已逐步建立。到 1913 年,登记的汽车已超过 100 万辆,10 余年间汽车保有量增长了 100 多倍②。

汽车工业在经济上和重要性和历史上的影响,远远超过其产品价值。汽车的普及极大地促进了美国公路网络的发展;汽车是橡胶和石油产品最大的应用者,对钢铁工业也有很大的影响。更重要的是,汽车改变了城市的布局,使人们的生活方式发生巨大变化,美国人与生俱来的流动性更加一发不可收拾;在农村,汽车的普及使人类历史上持续了三千多年的畜力运输退出历史舞台,既促进了农业生产的发展又推动了农业劳动力转移……从某种意义上说,汽车已经成为美国文化的象征。

3. 工业布局

第二次工业革命期间,美国工业发展的地域性特点十分明显。工业布局的总体特点是工业区扩大、经济重心西移,但地域发展仍呈严重不平衡状态。

(1) 传统工业区。

南北战争以前,美国的工业区主要集中于新英格兰和大西洋沿岸中部。特别是大西洋沿岸中部的纽约、宾夕法尼亚和新泽西三州,堪称美国工业的大本营。内战前,仅纽约一州的工业产值就 4 倍于南部 11 个分离州③。1900 年,这三个州的占全国工业总产值的 38%,到 1914 年仍占 1/3 左右④。

东北部的新英格兰诸州历来是美国的重要工业区。1850~1900 年,该地区工业产值翻了 5 倍左右。但由于其他地区的崛起,其在全国的地位却呈相对下降趋势:1850 年,该地区工业产值占全国工业总产值的 27%,1900 年为 14.4%,1914 年为 12%⑤。

(2) 新兴工业区。

内战后工业发展最快的是中部东北地区,即从苏必利尔湖到伊利湖沿岸

---

① 余志森. 美国通史(第 4 卷)[M]. 北京:人民出版社,2002:11.
② [美] 本·塞里格曼. 美国企业史[M]. 上海:上海人民出版社,1975:363.
③ [美] 亨利·莫里森,等. 美利坚合众国的成长(上卷)[M]. 天津:天津人民出版社,1979:819.
④ [美] 吉尔伯特·菲特,吉姆·里斯. 美国经济史[M]. 沈阳:辽宁人民出版社,1981:451.
⑤ [美] 吉尔伯特·菲特,吉姆·里斯. 美国经济史[M]. 沈阳:辽宁人民出版社,1981:452.

的威斯康星、伊利诺伊、印第安纳、密歇根、俄亥俄五州。内战前这些州都是农业州，工业产值微乎其微。内战后该地区工业之所以迅速发展，主要原因有三：首先是西进运动中大规模拓荒开垦的影响，这主要表现在农机制造业方面。西部开发中需要大量的新式农机具。受其影响，在靠近西部且交通便利的五大湖区建立起许多新的农机具制造企业，许多东部的老企业也纷纷西移。其次是西部农业的迅速发展特别是农业商品化的推动，这主要表现在农副产品加工业方面。1850~1880年，面粉加工业成为威斯康星州最重要的工业，1860年仅密尔沃基就有加工厂14家。反映畜产品加工的罐头业的发展也很迅猛，其中心最早是在俄亥俄州的辛辛那提，1860年后先后移到密尔沃基、芝加哥和圣路易斯，其中密尔沃基的牛肉制品产量在1870年后的40年内就增加了26倍[1]。最后还得益于该地区丰富的自然资源和优越的运输条件，尤其是苏必利尔湖周边铁矿和五大湖水运系统。

到1904年，该地区工业产值已占全国工业总产值的1/4左右，成为仅次于大西洋沿岸中部地区的工业化地区。五大湖工业区的兴起具有重要意义：首先是加速了美国经济重心的西移。1850年，以数学方式计算的美国制造业中心在宾夕法尼亚州的哈利斯堡附近，1890年移至俄亥俄州的坎顿城附近，40年间向西移动了225英里[2]。其次是带动了大批新兴工业城市的兴起，对美国社会的城市化进程有很大的影响。最典型的是芝加哥。芝加哥在1850年人口还不到3万，到1890年已超过100万，成为美国第二大城市。据统计，1879年，芝加哥共有企业2271家，年产值2.68亿美元，同时还是16条铁路线的交通枢纽，已成为中西部最重要的工商业中心和交通运输中心，俨然美国工业化的象征[3]。

（3）相对落后地区。

内战后，中西部和南部也都形成了大小不等的工业区。首先，中西部的艾奥瓦、明尼苏达和密苏里三州工业发展迅速，产值在1860~1870年间翻了2倍，在1870~1890年间又翻了2倍。其次，在1880年之后，随着铁路网络

---

[1] 何顺果. 美国历史十五讲［M］. 北京：北京大学出版社，2007：143.
[2] ［美］哈罗德·福克纳. 美国经济史（下卷）［M］. 北京：商务印书馆，1989：53.
[3] 何顺果. 美国历史十五讲［M］. 北京：北京大学出版社，2007：144.

的不断完善，南部工业也逐渐发展起来，主要有棉纺、钢铁、木材及其制品、炼油、烟草加工等，特别是得克萨斯州石油的开采成为20世纪初南部工业化的象征。但从总体上看，直到1900年，南部工业无论在工厂数量还是资本额上，在全国总量中的比重仍未超过1860年时的水平[①]。

远西部的八个"山区州"和太平洋沿岸诸州仍处于初步开发阶段，工业主要是矿业。1860~1890年是西部矿业开发的繁荣时期，30年间共开采了价值12亿多美元的黄金和9亿多美元的白银，这是美国政府能够恢复硬币支付的重要条件。除此以外，蒙大拿州比尤特地区有当时世界上最丰富的铜矿藏。19世纪80年代末美国铜的产值已超过黄金产值，1900年更接近金银产值的总和[②]。随着电气蓄电池的广泛应用，密苏里、爱达荷、科罗拉多州丰富的铅矿藏也被大量开采。远西部虽然一时间成为"矿业王国"，但其开采模式却是野蛮落后的掠夺式开发，不仅给当地印第安人带来深重的苦难，而且严重破坏生态环境，造成自然资源的极大浪费。

5.4　金融寡头与国家政权

本节我们将看到伴随着第二次工业革命而迅速扩大和集中的生产资本与金融资本在垄断资本主义发展中走向联合，形成巨型金融寡头。他们掌控国家经济命脉和政治决策，随着美国成长为世界第一大经济体，这些决策也对世界格局的变化产生了深刻影响。

5.4.1　金融寡头的形成

1836年，事实上承担美国中央银行职能的第二合众国银行由于杰克逊总统否决延长其执照有效期的法案而被取消。此举直接导致美国银行业此后上百年的混乱状态，并为日后华尔街的崛起直至主宰美国金融业扫清了道路。1873年，由于欧洲爆发金融危机而停止了对美国的资本输出，华尔街无力继

---

① Charles M. Dollar. America Changing Times, A Brief History [M]. John Wiley & Sons, Inc., 1980: 360.
② 丁则民. 美国通史（第3卷）[M]. 北京：人民出版社，2002：132.

续向美国的铁路公司和工业企业放款。9月，当时美国最主要的股票经纪人，拥有北太平洋铁路大量债券的杰伊—库克金融公司宣告破产，从而引发了著名的"1873年恐慌"。J. P. 摩根公司趁此机会完全垄断了美国公债市场。1884年，美国再次爆发金融危机，惊慌失措的投资者们竞相抛售各种证券，摩根顺势以低价大量买入，在美国金融界的地位更加不可撼动。而1893金融危机爆发后，企业合并浪潮迅速波及金融业，从而产生了一批巨型金融企业。

证券市场的出现既是对企业兼并的一大助力，又为银行资本对工业的渗透和控制大开方便之门，1893～1904年的企业合并高潮又扩大了证券市场的作用。1893年危机后，证券交易的重点从政府公债和铁路股票转向企业证券。当时，大约有3/5的合并企业股票进入了纽约证券交易所。大公司发行巨额证券以吸引资本，从而使金融界越来越渗透到工业资本之中。银行参与工业有价证券的投机交易和公司改组，成为证券市场的中心。另一方面投资银行在这时期蓬勃兴起，作为投资者和企业家之间的中介人，通过代销证券控制企业，从而加速了工业垄断资本与银行垄断资本的融合。摩根就是在这种融合过程中成为美国最大财团的首领。他控制的J. P. 摩根公司和纽约第一国民银行拥有雄厚的金融实力，以此为基础对钢铁、造船、电气、农机、铁路等部门进行巨额投资，控制了许多垄断企业的股份，从而形成美国第一个大财团。洛克菲勒的美孚托拉斯也在90年代打入金融界，他通过当时的花旗银行总裁詹姆斯·斯蒂尔曼控制了花旗银行，进而向其他工业部门和铁路投资，形成当时美国的另一个金融中心。

进入20世纪以后，美国的银行资本和工业资本融合的过程大大加快。到1904年，美国有318家产业联合公司，它们控制了5000家以上的工厂[①]。美国的经济生活被控制在少数金融寡头手中，导致在许多基本工业部门中，新的企业几无立足之地。列宁指出，"1900年的经济危机，是现代垄断组织史上的转折点。"[②] 危机加速了工业和银行业的集中过程，促使二者融合成为金融垄断资本，"银行就由普通的中介人变成万能的垄断者"[③]，迅速在国民经

---

① 顾学稼等. 美国史纲要 [M]. 成都：四川大学出版社，1992：213.
② 列宁选集（第二卷）[M]. 北京：人民出版社，1972：752.
③ 列宁选集（第二卷）[M]. 北京：人民出版社，1972：753.

济中占据了主导地位。到 1910 年，美国的托拉斯组织已达 800 家①。托拉斯已成为美国经济生活的统治力量，掌握着国家的经济命脉，而众多托拉斯组织的核心则是最终形成了 20 世纪初的以摩根和洛克菲勒为首的八大财团。八大财团掌握了美国的政治、经济命脉，不少主要工业部门中，都有一家巨型垄断企业的产量占部门总产量的 90% 以上，而这些大型企业的背后几乎无一例外就是这八大财团。以八大财团为主体的美国金融资本不仅支配着整个美国经济，成为商业和企业生活的"心脏"和"源泉"，而且还操纵政府、干预政务，并将其触角伸向社会的每一个角落。

5.4.2 国家权力结构的变迁及影响

1. 现代国家政权的建设出现成效

金融寡头的形成，经济资源的过分集中，严重侵蚀了美国社会的平等。这些垄断巨头在美国的政治结构中，形成了如曼瑟·奥尔森所说的"分利集团"，通过各种手段游说并腐蚀国会议员和行政官员，控制了美国的公共政策，对美国经济效率的提高和普通民众的福利都构成了重大威胁。②同时，实力增强的美国对在国际体系中发挥更大角色产生了需要。而以杰斐逊思想为根基建起来的"国会政府"，面对社会和经济结构的巨大变化时，日益显示其治理能力的不足。国会本身是一个立法机构，它的代议性的权力结构特征效率低下，容易受到地方势力和狭隘利益集团的束缚，造成国会内部意见的分歧和无休止的争论，在当时，国会特别受制于民主共和两党在争夺领导权上的"拉锯战"。美国"强国会、弱总统"的宪政模式所导致的虚弱的国家政权，不能独立地制定包括国际经济政策在内的各种公共政策，频繁地受到社会特殊利益集团的冲击，无法应对 20 世纪初期国内和国际形势的重大变化。于是，建立一个高质量的并具有独立性的行政部门，依靠官僚和技术专家通过理性和科学的施政行为，对无序的经济行为进行调控与规划，对日益严峻的社会问题进行管理与干预的进步主义思潮日渐形成。③

---

① 任学安等. 大国崛起系列丛书——美国[M]. 北京：中国民主法制出版社，2006：192.
② 曼瑟·奥尔森. 国家的兴衰：经济增长、滞胀和社会僵化[M]. 上海：上海人民出版社，2007.
③ Robert Harrison. Congress, Progressive Reform, and the New American State[M]. New York: Cambridge University Press, 2004: 5.

第5章　第二次工业革命前后的美国与世界

进步主义运动呼吁重新重视汉密尔顿传统，加强国家对经济和社会生活的干预，以纠正第二次工业革命所给美国的经济和社会结构所造成的巨大的失衡。在国家政权建设方面，其核心思想是增强和扩张联邦政府的行政能力，提高技术专家而非特殊利益集团在国家事务中的作用①，增强行政部门独立施政的能力，削弱国会的控制力，因为国会决策最容易受地方选区和政党压力的干扰②。正因为如此美国现代国家政权体系的建设首先从调整总统与国会的关系开始。

1901年，西奥多·罗斯福上台后对托拉斯发起了强大的攻势，一些巨型托拉斯都在司法部的起诉之下被迫解散，罗斯福为此获得了"托拉斯轰炸机"的绰号。此外，为了加强对国家经济的管理，罗斯福还进行了一系列国家制度上的改革与创新。1903年罗斯福要求国会增设商务与劳工部，从而开创了通过建立大批行政机构来扩大总统权力的先河；作为总统，他比前任总统更加看重强有力的独立委员会在管理国家事务中的作用，这些委员会往往由专家组成，不受国会的干涉，也就使他们能够摆脱社会集团利益的控制，独立发挥管理作用。这些举措大大提高了美国联邦政府的权威，一个能与利益集团和大托拉斯作战的强大的联邦政府在美国初现端倪。联邦政府开始扮演一个超乎于社会不同利益集团之上的"协调者"决策，行使"中立"的国家职能，依据公共福利的原则，来管理国内市场和国内社会。威尔逊延续了由罗斯福开启的对行政领导权力的重建，继续为扩展总统权力采取措施，实施立法干预、增设职能委员会加强社会经济管理③、降低关税税率（《安德伍德关税法》）等一系列制度变革，进一步改变了府会关系结构，再一次推动了美国现代行政体系的形成和总统权力的增长，并且借助第一次世界大战所提供的机遇，决定性地推动美国逐渐告别经济上的保护主义和政治上的孤立主义。

---

① Stephen Skowronek. Building a New American State: The Expansion of National Administrative Capacities, 1877-1920 [M]. Cambridge: Cambridge University Press, 1982: 42-45, 165-166.

② Sidney Milkis. Political Parties and Constitutional Government: Remarking American Democracy [M]. Baltimore: Johns Hopkins University Press, 1999: 42-71.

③ 针对货币金融方面的混乱和巨大缺陷，促使国会通过立法创立了管制金融的联邦储备委员会，为美国国际金融政策的形成提供了制度基础。联邦储备委员会和地区储备银行的建立，使得美国自杰克逊时代以来第一次有了富有效率的银行系统，增强了整个金融体系防范、化解金融危机风险的能力。

进步主义运动和罗斯福、威尔逊的努力带来了美国政府治理方式上的大转型，直接促成了美国现代国家政权体系的形成：第一，美国政府的行政能力大大增强，"专业化"的行政机构而非"政治化"的国会在公共政策的制定上起着主导作用；第二，诞生了一系列相对独立于行政—立法部门的专业性的中间部门，这些超党派的部门既能有效对抗社会压力集团，也能不受行政部门的支配，公平施政；第三，政党领导长期以来是"国会政府"的堡垒，罗斯福之后，政党在美国政治体系中的作用有所下降，政党政治对国家政权的冲击大为减弱，这相应地加速了权力从国会向白宫的转移。①

2. 政府权力回摆和两大联盟的斗争

第一次世界大战的结束进一步建巩固了美国在国际政治经济体系中的霸权地位。美国不仅成为世界上最大的贸易国家，其国际金融地位也迅速提高，从债务国变成世界上最大的债权国。世界金融中心也从伦敦转移到纽约。正如威尔逊所言，"金融地位将属于我们，工业首要地位将属于我们，贸易优势将属于我们，世界其他国家都期望我们给予领导和指引。"②但战争结束后，面对国际体系提供的如此机遇美国不仅没能主动担起世界领导者的职责，相反，伴随着威尔逊的下台，美国很快重新退回到孤立主义：拒绝参加国联，拒绝担起重建欧洲的责任，不愿参加国际经济会议，而且重建了保护性的关税体系。美国具有领导世界的能力，威尔逊也有雄心勃勃的领导计划，欧洲列强也一直积极鼓动美国承担起领导世界经济重建的职责，但是威尔逊之后的美国自动放弃了领导世界的责任③。当时著名的国际主义者托马斯·拉蒙特哀叹道："美国穿着财富与权力的盛装步入了20世纪20年代，但是却完全没有通过发挥其巨大潜力来加强世界稳定与和平的抱负。"④凯恩斯也曾感慨，这在十多年后被证明是给包括美国自身在内的整个世界带来了灾难性影响的

---

① Robert Harrison. Congress, Progressive Reform, and the New American State [M]. New York: Cambridge University Press, 2004: 6.
② 余志森. 崛起和扩张的年代：1898 – 1929 [M]. 北京：人民出版社, 2001: 437.
③ 约翰·伊肯伯里. 大战胜利之后：制度、战略约束与战后秩序重建 [M]. 北京：北京大学出版社, 2008: 162 – 198.
④ Thomas Lamont. Across World Frontiers [M]. New York: Harcourt & Brace, Inc., 1951: 217 – 218.

错误选择①。

经历了世界大战的硝烟，1920年的选民普遍厌倦了战时的紧张状态和长年的进步主义改革所带来的动荡不安，他们拒绝了威尔逊激进的理想主义冲动转而要求恢复社会的"常态"。正如沃伦·哈定在竞选时指出的那样，"美国目前所需要的不是豪情壮志，而是休养生息；不是济世灵药，而是正常状态；不是革命，而是复原；不是激烈震荡，而是轻微调整；不是手术，而是精养；不是激情，而是冷静；不是试验，而是均势；不是沉湎于国际理想，而是维持国家的优势地位。"②这次总统大选主要是围绕美国是否参加国际联盟展开的，保守的和反国际联盟的共和党参议员哈定当选总统，不仅"标志着进步主义运动的终结"，而且对于威尔逊的总统权力理论和强政府实践"都是一次重大的挫折"③。

在整个20年代，美国出现了制度结构的"回复"和"回归"现象，强势总统被一些弱势总统取代。所谓恢复"常态"就是对罗斯福—威尔逊时期的强势政府的否定。在哈定—柯立芝—胡佛的20年代，自由放任、权力回归的传统在美国再次占据上风。与雄心勃勃、渴望有所作为的老罗斯福和威尔逊相比，这三人在性格上也颇为适合当时要求总统无所作为的时代背景。④这一系列弱势总统的出现，在很大程度上代表了当时美国国内社会情绪的产物，而不能完全归咎于选举政治的巧合。⑤"或许一代白宫英雄之后，一种柯立芝式的总统正是所有美国人在感情上所能够接受的。"⑥他们共同缔造了一

---

① 由于美国不愿承担起领导世界经济重建的职责，主导了凡尔赛和会的英、法等国对德国采取了包括赔款、割地在内的各种异常严苛的惩罚性政策，它导致了后来纳粹德国的兴起，参加这次和会的经济学家凯恩斯天才般地预见到了这种结果。参见：约翰·梅纳德·凯恩斯. 和约的经济后果 [M]. 北京：华夏出版社，2008.

② 转引自：Robert Murray. The Harding Era: Warren G. Harding and His Administration [M]. Minneapolis: University of Minneapolis Press, 1969: 70.

③ 西德尼·米尔斯奇，迈克尔·尼尔森. 美国总统制：起源与发展（1776 – 2007）[M]. 上海：华东师范大学出版社，2008: 260 – 261.

④ 这三位总统都信仰无为而治。有一次，有一名参议员指责总统无所作为，要求他做点什么的时候，柯立芝两脚翘在书桌上回答道，"难道你不知道我们现在生活中所遇到的麻烦中有五分之四是可以避免的，如果我们愿意只坐在那里保持安静。"参见：Arthur M. Schlesinger. The Crisis of the Old Order, 1919 – 1933 [M]. Boston: Houghton Mifflin Company, 1957: 57 – 58.

⑤ 加里·沃塞曼. 美国政治基础 [M]. 北京：中国社会科学出版社，1994: 38 – 39.

⑥ Forrest McDonald. The Torch is Passed: the United States in the 20th Century [M]. Wayne State University Press, 1968: 195.

个重新削弱行政职权、国会权力反弹，并且减少政府干预的新时代。

制度结构的回归充分表明，一旦像老罗斯福和威尔逊这样的政治强人落幕，以及国际和国内环境重新走向缓和之后，政策权力的钟摆又重新从国家向社会回摆，并通过强国会、弱政府的府会关系表现出来。这种制度结构使得国际体系的变化不能很快地传递到政策决策者，美国的国际经济政策更多的是对国内特殊经济集团的反应。而在当时的美国政治格局中，民族主义和保护主义联盟依然具有传统的权力优势，使得国际主义的政策偏好很难成为国家政策，尽管后者从总体上符合当时美国的国家利益。因此，要想从根本上改变美国"弱国家"与"强社会"的宏观制度结构，相当困难。而国家力量的削弱，总统从公共政策的领导地位再度退出，国会权力的重新扩张，政党力量再度复兴，带来的结果就是，社会中的各种经济压力集团重新活跃起来，他们根据自身在对外经济关系中的利益得失进行积极的政治结盟活动，这使得美国在 20 年代的国际经济政策体现为浓厚的社会中心论的特征：有关美国国际经济政策的决策权力、信息流动和政策偏好都倒向国内社会而非国际体系。

20 世纪初，美国社会经历了利益集团大规模发展的黄金时期，利益集团成为美国政治体系中引人注目的社会行为体。尤其在 20 年代，美国产生了大量的贸易协会，几乎每个较大的产业都建立了贸易协会。这些以贸易协会为名的利益集团积极影响联邦政府的公共政策，特别是通过院外活动影响国会立法，几乎蔚然成风。这在 20 年代的美国国际经济政策中表现尤为明显，因为当时的弱势总统无力干预利益集团对国会对外经济立法的影响。一战结束后，欧洲的衰落更加奠定了美国在国际经济体系中的霸主地位，并深刻地改变了美国国内社会的利益结构。第一次世界大战再一次推动了美国经济的国际化，增加了许多美国大银行和大公司的海外利益，它们强烈地支持美国政府更积极地参与世界事务。但是，那些内向型的经济集团依然在美国政府特别是国会中具有强大的势力，它们是孤立主义的坚定拥护者。在整个 20 年代和 30 年代初期，这两大联盟围绕对外经济政策进行了激烈的斗争，不仅导致了国会投票的分裂，而且带来行政部门内部剧烈的官僚政治斗争。涉外的行政机构和来自具有重大海外利益的选区的议员支持国际主义，支持美国政府运用权力重组世界政治经济秩序；而那些国内导向（domestically oriented）的部门和议员坚持要限制美国的国际角色。[1]美国国际经济政策就犹如运行在两条轨道上,彼此矛盾,充满了混乱。这种混乱格局一直持续到罗斯福新政重组了美国的政治格局。两次世界大战之间的美国政治联盟格局如表5-6所示。

表5-6 两次世界大战之间的美国政治联盟格局

政策立场	社会集团	政府机构
民族主义	中西部农民	国会
	中小制造业者	商务部
国际主义	南部农民	国务院
	华尔街金融集团	美联储
	对外投资的大企业	

资料来源:Jeff Frieden. Sectoral conflict and U. S. foreign economic policy, 1914 – 1940 [J]. International Organisation, 1988, 42 (1): 61-62.

经济国际主义和经济民族主义这两大社会联盟集团,都努力在联邦政府中寻找政治上的支持者。由于西部农业州在数量上具有优势,因此在每州一律两个席位的参议院具有优势席位。而中小企业分布广泛,与在地理上相对集中的金融集团和大企业相比,在众议院也具有数量上的优势,同时在国会各关键委员会中也占据了不成比例的席位。这样在国会中,绝大部分议员都是民族主义的支持者。结果是国务院和美联储始终站在国际主义的战壕;而国会和商务部则坚决站在经济民族主义一边,他们虽然支持采取一定的措施鼓励美国的出口,但却不赞成大规模的资本输出,认为这会带来国内资本的匮乏,同时支持贸易保护。而且国会坚决不同意取消战债,认为这会带来国内财政的损失以及每个纳税人的损失。[2]

正因为如此,1921~1932年这12年里,作为霸权国的美国形成了一种奇异的对外政策路线图:政治上的孤立主义,贸易上的保护主义和金融上的扩张主义。这种完全为国内社会联盟所左右的对外政策,是美国的国内制度结构与美国在国际体系中的霸权地位相互矛盾的产物,它充分体现了美国国

---

[1] Jeff Frieden. Sectoral conflict and U. S. foreign economic policy, 1914 – 1940 [J]. International Organisation, 1988, 42 (1): 61-62.

[2] Jeff Frieden. Sectoral conflict and U. S. foreign economic policy, 1914 – 1940 [J]. International Organisation, 1988, 42 (1): 68.

家政权的对外强大和对内虚弱。这种国家政权的矛盾和掣肘反映在美国国际经济政策上,就表现为贸易保护主义和金融扩张主义。它是美国国内出口产业和内向性产业在国际经济政策上所达成的一个平衡。这对相互矛盾的国际经济政策使美国的对外经济活动不是建立在稳固的互惠和生产交换基础之上,而是失衡的国际资本流动。

在20世纪20年代,美国的对外贸易一直保持顺差,1928年顺差额达到最高峰的10亿美元以上。但保护性的关税政策阻碍了其他国家的出口能力以清偿债务,因此这种顺差只能靠大量的对外贷款基础之上。国际经济关系被严重扭曲,而且建立在一个失衡的要素流动基础之上。这种相互矛盾的国际经济政策将国际金融体系和国际贸易体系对立起来,为后来的国际经济大萧条埋下了隐患,因为建立在其他国家单方面对美国借贷基础上的国际经济关系必然不能持久,一旦美国的投资者开始减少对外贷款,国际经济系统将会发生严重危机,它为大萧条的产生和蔓延起了推波助澜的作用。

对此,英国《金融时报》的财经评论员马丁·沃尔夫写道,"如果自由世界的主导权从英国到美国的移交不是那么失败的话,后面的灾难可能还没有那么严重。到第一次世界大战结束的时候,一个疲惫不堪、实力严重削弱的英国已经不能再有效地维持世界秩序了,同时在加入第一次世界大战到第二次世界大战爆发前的这段时间里,新兴的北美巨人却犯了所有我们可能想到的错误。美国参战带来的和平秩序难以运转下去,但它却拒绝参与强制执行;美国坚持要盟国支付战争期间的债务,从而加剧了赔偿危机;美国没有遵守重建金本位制下的货币规则;美国引发了大萧条;美国的中央银行没有阻止货币崩溃通过金本位制传递到全球;美国通过的《斯穆特—霍利关税法》加剧了世界范围的保护主义;也没有有效阻止法西斯主义和纳粹主义的军事扩张。英国不再拥有足够的实力和威望,而美国则缺乏决心和智慧。假如美国在1917年就能像1941年那样去思考世界的问题,后来的悲剧或许可以避免。"[1]美国政府之所以做出这种扭曲的国际经济政策,完全是对国内社会多元的利益集团的反应。美国国内不同的社会联盟,分别俘获了美国的国际经济决策系统的不同部门和不同机构,这导致了美国相互矛盾的政策。

---

[1] 马丁·沃尔夫. 全球化为什么可行? [M]. 北京:中信出版社,2008:108-109.

3. 权力结构重塑与罗斯福"新政"

美国立宪以来,其奠定的政治经济制度曾遭遇两次重大危机。一次是19世纪南北战争对美国联邦制度构成严重的挑战,最终美国是以战争的方式巩固了其联邦制度;一次就是20世纪30年的大危机对美国自由放任的经济制度构成严重挑战,最终美国是以"新政"的方式对原有的经济制度进行改革,渡过了危机。

1929~1933年的经济大危机是美国历史上一次空前严重的并且到目前为止仍然是最为严重的经济危机。①这场危机将美国的经济制度推向崩溃的边缘,对美国国内政治经济结构影响至深。它充分暴露了保守共和党人在20年代所坚守的政府制度在处理新的经济问题上的无能和严重不足,为罗斯福实施"新政"、扩充总统权力扫清了障碍。

12年来,共和党政府所坚持的自由放任主义政策,在面对大萧条时,几乎完全无能为力。②公众越来越强烈地要求胡佛披挂上立法领导者的战袍,努力制定出一揽子法令来授权行政部门各机构承担更多的职责,协调经济和提供社会服务。但胡佛坚持认为,"就像我们不能通过法律条文来驱散加勒比飓风一样,我们也不能通过立法走出一场世界范围的经济萧条","宪法确立的权力分立原则是我们自由的堡垒,而不是用来展示总统威力的战场。"③胡佛对保守主义政治信念的支持使他丧失了人民的支持,罗斯福正是在美国旧制度一败涂地的"危难之时"和"资本主义本身已到了尽头"的巨大恐慌之中④就任总统的。在1932年的美国总统选举中,罗斯福和他的民主党以大比例优势获得总统、国会和州政府三场选举的胜利⑤,也意味着自由放任主

---

① 美国学者为了区别于其他的历次危机,特称之为大萧条(Great Depression)。
② 哈定、柯立芝和胡佛三任政府积极鼓动的自由放任的经济政策,把美国的市场经济的潜力发挥到了顶点,造成所谓的20世纪20年代的繁荣,从而更巩固了对这种制度的信心。在大萧条中,胡佛和他的政府竭力保护自由放任的美国经济制度,反对联邦政府直接干预经济生活;即使不得已而为之,也要尽力限制干预的深度和广度。
③ 西德尼·米尔斯奇,迈克尔·尼尔森. 美国总统制:起源与发展(1776-2007)[M]. 上海:华东师范大学出版社,2008:280.
④ Arthur M. Schlesinger. The Crisis of the Old Order, 1919-1933 [M]. Boston: Houghton Mifflin Company, 1957: 48-55.
⑤ 西德尼·米尔斯奇,迈克尔·尼尔森. 美国总统制:起源与发展(1776-2007)[M]. 上海:华东师范大学出版社,2008:284.

义的衰落和"新政"的开始。

"新政"急剧扩大了联邦政府的职能,特别是总统的权力,使三权分立的政府制度结构发生了显著变化。罗斯福把处理经济危机看成一场挽救国家命运的斗争,他上台伊始就在职演讲中直言不讳地表达了扩大总统权力的直接要求,"人们希望,无须改变行政和立法部门之间的正常平衡,即足以应付摆在我们面前的史无前例的任务……但是,国家的紧急状况仍然刻不容缓……我将向国会要求剩下的最后手段以对付危机,也就是赋予我广泛的行政权力以发动一场对付紧急状况的战争,这种权力之大,就如同我们真正遭到外敌入侵时所能给予我的权力那样。"[1]"新政"推动了美国联邦政府主要是行政部门在管理经济和政治事务中的权力扩张,使权力从国会向行政部门的转移,大大增强了国家相对社会的自主行为能力。

首先,总统的立法职能得到扩大。为了制止危机,此时的国会对总统的立法要求都一一应允。在罗斯福的"百日新政"期间(1933年3月9日至6月16日),罗斯福向国会递交了15项重要提案,国会几乎没有经过任何周折,全部予以批准。在立法效率方面,国会是无法与总统竞争的,总统拥有众多的专门机构来进行调查研究,而国会则没有这样的人力和专业技术人才资源,这使得国会的立法越来越依靠专业的行政部门来进行立法建议和起草工作。过去那种仅由总统建议、国会主导立法的做法完全被总统的主动立法行为代替了,这在美国政府制度史上"几乎是前所未有"的。[2]在罗斯福政府的主导下,美国国会先后通过了《紧急银行法》《全国工业复兴法》《农业调整法》《社会保障法》《全国劳工关系法》等新政的核心法律。

其次,总统办公室成立。总统职位自成立以来,主要依靠其领导的行政部门各机构来行使权力,在某种意义上,总统几乎是孤家寡人。罗斯福上任后,成立了直接服务于总统的白宫办公室,该办公室包括了1921年成立以来一直归属于财政部的预算局和一个新的白宫办公厅,白宫办公室的多数人员由总统选定,而且无须参议院的批准。直接隶属于总统的白宫办公室的成立是美国"行政制度史上一件划时代的标志性事件,或许也是有关总统职位的

---

[1] 李剑鸣等. 美利坚合众国就职演说全集 [M]. 天津:天津人民出版社,1996:352.
[2] 王希. 原则与妥协:美国宪法的精神与实践 [M]. 北京:北京大学出版社,2005:338.

制度建设中最为重要的单一步骤"①。这为总统的独立行动敞开了大门,总统可以借助它突破权力分立的体制,从而加速权力从国会向行政部门的转移。

再次,行政机构得以膨胀。罗斯福新政的核心思想就是全面加强政府(主要是新政部门)对国内经济和社会事务的管理,以扭转放任自由的诸种恶果。而加强政府对社会和经济事务的干预,必然要求成立新的机构或者赋予原有机构新的职能,这些都要求在机构人员和行政费用上予以扩张。

尽管西奥多·罗斯福和伍德罗·威尔逊开启了加强总统和行政权力的先例,但直到富兰克林·罗斯福时期,总统才真正确立联邦政府体系中的中心位置和权威,强总统的政府格局才得以制度化。这标志着美国联邦政府不再是国会政府或政党政府,而成为真正的行政政府或总统政府,这与1787年的联邦宪法的制定者们所设想的政府制度体系是极不相称的。有历史学家写道:"1933~1938年这六年,标志着美国制度上的巨变;这次变动之大,超过我国历史上任何类似的时期,也许只有内战对南部的冲击可以除外。"②

强总统的形成为政府的公共政策在日益复杂化和多元化的利益集团之间保持中立和平衡,为实现国家整体利益而进行政策制定提供了制度基础。而之前,美国政府的公共政策体现为社会中在政治上有影响力的特殊集团的利益。此外,罗斯福新政不仅仅从中观制度层次上大大加强了总统和行政部门的权力,它带来的微观制度层次上的副产品就是国会将贸易政策权让渡给行政部门,主要是国务院;同时大大加强了财政部和美联储在管理国内经济活动的能力。因为罗斯福新政在学理上得到了凯恩斯主义经济学的支持,而凯恩斯主义赋予了财政政策——有目的地操纵、控制政府预算的各个领域,包括开支、税收和借贷,以改进商业循环、改善经济增长与失业的变化比率的合法性,财政部门能够通过财政政策改善美国的国内经济活动,而这种能力随着美国经济的国际化很快延伸到国际经济活动中。财政部和美联储一改过去软弱无力的状态,正式成为美国国际经济决策体系中的核心角色,主要表现国际金融和货币政策领域。

---

① [美]阿克塞尔罗德. 美国总统制 [M]. 北京:经济科学出版社,2013:129.
② William Leuchtenberg. Franklin Roosevelt and the New Deal, 1932-1940 [M]. New York: Harper and Row, 1963:4.

此后，第二次世界大战决定性地将美国推上了世界政治和经济舞台上的霸主地位。威尔逊主义的国际理想终于得到实现，美国通过奉行一种慷慨大方的国际主义战略以实现其对资本主义世界的领导。而苏联作为一种安全威胁的持续存在，使得总统具有强大的行政资源，迫使国会在对外政策中屈从于总统。美国政治精英认识到，要想维护世界安全，必须依赖于经济事务上的持续合作，也就必须要重建世界经济秩序。正是对安全的关切，刺激了美国在国际上采取一系列主动的经济倡议，以建立一个由其领导的自由的多边国际贸易和金融体系。①这种领导包括建立布雷顿森林体系，提供美元取代黄金作为当时急需的国际清偿货币；出台规模庞大的马歇尔计划用于支持欧洲盟国的经济复苏；在关税与贸易总协定的框架下展开自由贸易谈判。由于美国占世界经济的份额最大，美国也乐于提供清偿、开放的市场、稳定的货币等国际经济的公共产品，并从这种公共产品中的获得最多收益。

开始于1929年的经济大危机带来的灾难性影响以及随后的"新政"，深刻改变了美国国内制度结构，特别是总统与国会的权力分配关系。处理危机一定需要强大而且集中的权力，而在效率方面，国会是无法与总统竞争的。②富兰克林·罗斯福通过所谓的"新政"，进行了一系列的制度改革，建立起了一个"帝王式总统"③，美国从此进入了一个一个"强总统、弱国会"的新时代。随后不久，第二次世界大战爆发，紧接着又是两大集团的冷战对峙，美国一直处于建国以来最为严峻的安全困境之下，这种来自国际体系的巨大压力使得这一政治格局得以持续。

5.5 小结

南北战争后，北部工业资产阶级独掌联邦政权，各种鼓励工业的积极措施与第二次工业革命相结合，有力地推动了美国工业化进程，正如马克思所指出的，"美国南北战争的结果……造成了最迅速的资本集中……在那里，

---

① Fred C. Bergsten. The Primacy of Economics [J]. Foreign Policy, 1992 (87): 3.
② 王希. 原则与妥协：美国宪法的精神与实践 [M]. 北京：北京大学出版社, 2005: 338-339.
③ 参见: Arthur M. Schlesinger. The Imperial Presidency [M]. Boston: Houghton Mifflin Company, 1973.

资本主义生产正在飞速向前发展"①。美国工业增长率始终保持在每年4%～5%，在当时的大国中首屈一指；70年代人均产值531美元，到1900年已达1000美元②。1884年美国工业在国民经济中所占的比重第一次超过农业③，1890年美国工业产值跃居世界首位，打破了英国工业的垄断地位。到20世纪初，美国的工业化、城市化、现代化三大历史任务基本完成。

在第二次工业革命中，以市场、制度创新为准备，科技创新为先导，在多种组织管理创新的交织中美国社会经济状况发生了翻天覆地的变化，科学创新一日千里，技术发明比比皆是，科技转化突飞猛进，新兴产业层出不穷，社会状况千姿百态，生活方式日新月异。……19世纪末20世纪初，美国已基本完成了崛起过程，生产力有新发展，思想文化有新突破，价值观念有新变革，为美国在20世纪谋取世界霸权奠定了坚实的基础。正如第一次工业革命奠定了英国"日不落帝国"的辉煌，第二次工业革命也确立了美国在20世纪的领先地位。

与此同时，剧烈的竞争和企业合并引起生产和资本的集中，使美国垄断资本较早地确立并由低级向较高层次不断发展，银行资本和工业资本融合为金融垄断资本，并最终形成了以摩根和洛克菲勒为首的八大财团。以八大财团为主体的美国金融资本不仅支配着整个美国经济，成为商业和企业生活的"心脏"和"源泉"，而且还操纵政府、干预政务，并将其触角伸向社会的每一个角落，深刻影响着美国经济、政治和社会的方方面面。国家权力沦为垄断资产阶级谋取利益的工具，不仅在很大程度上加剧了社会矛盾，还使美国虽在经济上独占鳌头，却在政治上无力、无暇应对国际格局的新变化，以致世界格局深陷混乱深渊数十年。20世纪头20年，由于进步主义运动和老罗斯福和威尔逊的努力，将国家决策权力第一次从社会特殊利益集团的控制中解放出来；后虽经历了权力的回摆，但罗斯福新政后，美国制度体系基本从以国会为重心、国会起主导作用转向以总统为重心、总统起主导作用的新格

---

① 马克思恩格斯全集（第二十三卷）[M]. 北京：人民出版社，1972：842-843.

② US. Bureau of the census. Historical Statistics of the United States: Colonial Times to 1970. Washington D. C，1975：224.

③ US. Bureau of the census. Historical Statistics of the United States: Colonial Times to 1970. Washington D. C，1975：693.

局。这种国家制度层面的权力格局的变化既是对美国国内经济和社会结构发生变化的一种反应，也源自美国在国际结构中地位全面上升的体系环境的刺激。在这种制度结构下，美国才开始大步走向贸易自由主义和金融国际主义，真正接掌世界霸权、引领世界格局。至此，美国第二次工业革命的社会经济变迁历程不仅使本书的理论框架在历史中得到进一步的诠释，而且其扩展到世界范围的这种影响，充分体现了大国政治制度和权力结构对世界的影响。

第 6 章
新一轮工业革命下中国的创新发展

　　历史的年轮滚滚向前，创新发展的步伐仍在继续。第二次工业革命之后，经过两次世界大战的洗礼，世界格局重新洗牌，尽管先后出现不同国家和地区的竞争，美国在世界舞台上"谁与争锋"的气势与地位却一直延续至今，在当前由信息通信技术发展所掀起的新一轮工业革命浪潮中依然如是。尽管美国在许多新技术领域率先突破，但是技术经济范式的转换同样为其他国家带来了发展的机会窗口，为此世界上各主要国家和地区都早早展开了战略部署。中国在经历了数十年的改革开放释放出巨大的经济发展潜力之后，也终于在新一轮工业革命方兴未艾的关口瞄准了这一发展机遇。先行者不一定能持续领航，后来者也不见得不能后来居上，先后借两次工业革命东风建立世界经济霸权的英美两国都是后来居上的典范。从二者社会经济演变的历史轨迹中，我们可以看出，追本溯源，英美两国崛起的关键不能简单归功于科技创新，因为独木难支；也不能用道格拉斯·诺思所强调的制度创新一以概之，因为制度变革同样依赖特定国家背景下具体的社会生态，并由阶层结构调整下不同群体的利益之争直接推动。遵循本书创新和结构变迁交织互动的发展框架，世界近代史上英国和美国的先后崛起是一系列创新和结构变迁相互作用的综合结果，这也为中国的创新驱动发展指出了一条可供参照的实现路径，机遇需要在正如火如荼进行着的新一轮工业革命和正悄无声息变动着的世界格局中寻找，而决定制度创新方向、路径、进展的关键在于其所依赖的国家权力。本章将回到中国创新发展的出发点，在阐述新一轮工业革命对社会经济领域产生广泛影响的基础上，分析新一轮工业革命背景和复杂的国际环境下，中国如何凭借自身的国家权力优势，进行创新布局、引导结构变迁，推动经济的高质量发展。

6.1 新一轮工业革命概述

6.1.1 关于"新一轮工业革命"的理解

两次工业革命之后,人类社会没有停下前进的步伐,在经过战争洗礼之后,信息技术的不断发展和成熟将人类引入了一场新工业革命之中,尤其是20世纪90年代以来,互联网、微电子、智能制造、3D打印等领域的发展及其在生产生活中的广泛渗透,使人们日益深刻地感受到这场新工业革命带来影响的同时,也在学界掀起了研究热潮。

关于第三次工业革命的讨论始于20世纪70年代,只是当时并未形成如今这样近乎一致的提法,而是以"后工业社会"(丹尼尔·贝尔,1973)、"第三次浪潮"(阿尔文·托夫勒,1980)、"信息社会"(约翰·奈斯比特,1982)[①] 等不同表达方式出现的,这些关于生产生活方式变化的描述和预测,虽各有不同,却都建立在革命性的信息技术基础上。第三次工业革命在我国研究领域掀起热潮却是近些年才开始的,原因是多方面的。一来以信息技术为基础的各种技术创新和应用发展到一个新的阶段,国际上第三次工业革命的呼声渐涨,有影响力的主流媒体的宣传和未来学家的观点在全世界引起了广泛共鸣,其中以英国《经济学家》杂志于2012年4月刊发的专题报道《第三次工业革命:制造业与创新》和美国未来学家杰里米·里夫金的著作《第三次工业革命》(2011)为代表;二来经过几十年的快速发展我国经济实力和科技实力日益增强,几代人的强国梦想终于迎来希望的曙光,英美两国先后在前两次工业革命中迅速崛起并称霸全球的历史经验,让我们看到了新一轮工业革命中中国的机遇,虽然目前我国学者关于第三次工业革命内涵的理解不尽相同,甚至在这一概念使用上也存在诸多分歧,研究侧重点更是各有不同,但出发点却无一不是着眼于中国未来发展的。

[①] 见各自著作:丹尼尔·贝尔. 后工业社会的来临 [M]. 北京:商务印书馆,1984;约翰·奈斯比特. 大趋势:改变我们生活的十个新方向 [M]. 北京:中国社会科学出版社,1984;阿尔文·托夫勒. 第三次浪潮 [M]. 北京:生活·读书·新知三联书店,1984.

关于第三次工业革命内涵的争议集中于对"工业革命"一词的理解上，并因研究视角的不同而被划分为多个学派，如 Mokyr（1985）将关于工业革命的研究分为社会变革学派、工业组织学派、宏观经济学派、技术学派[①]，我国学者舒小昀（2006）在关于工业革命定义之争的讨论中则将其划分为社会变革学派、工业组织学派、宏观经济学派、技术学派、能源学派和消费学派[②]。讨论第三次工业革命的代表里夫金（2011）和麦基里（2012）对三次工业革命的理解和划分也有所不同。里夫金认为工业革命是信息技术和能源技术相融合的驱动产物。第一次工业革命是报纸、杂志等纸质媒体和煤炭等燃料融合发展推动形成的；第二次工业革命是电话、无线电等电子通信技术和化石等燃料融合发展促使形成的；互联网和可再生能源结合则推动形成了第三次工业革命，它能够引起社会、经济发生重大变革[③]。麦基里（2012）则指出工业革命是生产方式的根本转变为划分依据，第一次工业革命发生于 18 世纪晚期，制造业的机械化催生了工厂制，取代了家庭作坊式组织方式；第二次工业革命开始于 20 世纪早期，以福特制为代表的大规模生产成为社会主导生产方式；而第三次工业革命是以制造业的数字化、智能化为基础的，大规模定制会成为主流生产方式，这种生产方式上的变化使每个家庭都可能成为独立的生产商，从而使生活方式走向分散和自给自足[④]。

国内学界的争论则主要集中于以下两点：①"第三次工业革命"这一内涵表达是否准确合理；②第三次工业革命所包含的领域和范围。在第一点上，部分学者接受第三次工业革命的表达，并给出定义，如芮明杰（2013）认为工业革命是由于重大的技术革命、创新集群涌现导致了人类能源动力使用上的变革与大量新兴的制造产业的出现，关键是导致了社会生产方式与生产组织方式的重大变化，进而使人类社会有了突破性的进步与发展[⑤]。而部分学者则持审慎态度，如贾根良（2013）更倾向于接受佩蕾丝所提出的"技术革

[①] 参见：Joel Mokyr. The Economics of the Industrial Revolution [M]. London: George Allen & Unwin, 1985: 3 - 4.
[②] 舒小昀. 工业革命定义之争 [J]. 史学理论研究, 2006（3）: 113 - 123, 160.
[③] 参见：杰里米·里夫金. 第三次工业革命——新经济模式如何改变世界 [M]. 北京：中信出版社, 2012: 5 - 18.
[④] 参见：Paul Markillie. A third industrial revolution [N]. The Economist, 2012 - 04 - 21.
[⑤] 芮明杰. 第三次工业革命与中国选择 [M]. 上海：上海辞书出版社, 2013: 2.

命浪潮"①，而技术经济范式概念也常被拿来与工业革命进行比较或相提并论。从一定意义上说，工业革命与技术经济范式的确可被视作同义语，二者皆源于重大技术进步，特别是创新集群的形成，存在起关键作用的主导技术和产业领域，且都会带来技术、产业乃至经济领域之外的广泛影响；但是，二者的出发点和侧重点却有所不同，工业革命强调产业结构的变化，倾向于社会经济的整体变革甚至被用作划分经济时代的标志，而技术经济范式则偏重技术创新，并主要用于考察由技术创新及其扩散所引致的经济周期波动。此外，在研究范围和影响上，关于工业革命的研究要比技术经济范式更为深刻，技术经济范式目前只是一个宽泛的理论框架，虽涉及经济、政治、社会等诸多方面，但并没有关于社会变革的深入研究，而从人口结构、城市化水平、城市空间格局、社会结构的剧烈变动以及由全球区域经济影响的不均衡所导致的世界格局变动等诸多方面对工业革命的研究则不胜枚举，因此，工业革命的内涵范围要比技术经济范式更为广阔。正是由于工业革命内涵范围的广泛性，笔者认为围绕第二点的争议虽普遍却没有必要，第三次工业革命是一个正在发生的过程，虽然信息技术的发展掀起这一浪潮的开端，随着信息技术在各领域的应用和发展，也逐渐涌现出越来越多的重大技术突破、产业领域、组织管理变革、生活方式变化，但是没有人知道这场划时代的变革会持续多久，这场革命刚刚在经济领域拉开序幕，其政治社会影响也才初见端倪，仅立足于当前对其所含范围和领域进行限定未免草率。此外，有不少学者对这场新工业革命进行了进一步的划分，认为应该将近年来大数据、云计算、人工智能等技术所主导的产业变革应该被称为第四次工业革命。笔者认为这些最近出现的技术形式本质上都是信息技术的进一步发展，以时代划分来看，依然属于信息时代所出现的渐进性创新，因而仍属于第三次工业革命的范畴。下文为避免不必要的争议，统一使用"新一轮工业革命"来代替第三次工业革命。

本书倾向于从社会基本矛盾运动的角度来理解新一轮工业革命，它是以

---

① 参见：贾根良. 第三次工业革命与新型工业化道路的新思维——来自演化经济学和经济史的视角［J］. 中国人民大学学报，2013，27（2）：43-52；贾根良. 第三次工业革命：来自世界经济史的长期透视［J］. 学习与探索，2014（9）：97-104.

信息通信领域一系列重大技术创新为先导，在经济、政治、社会各领域掀起的从组织管理、产业结构、职业结构、阶层结构到政治力量对比、世界格局调整的全方位变革，是人类社会发展迈入新的历史阶段的标志。

6.1.2 新一轮工业革命的影响

随着世界经济联系的日益紧密和跨国公司的深入发展，相对前两次工业革命而言，第三次工业革命在经济领域的影响更具有全球性，它对人类生产生活所产生的共性影响主要体现在以下几个方面。

1. 全球产业分工体系调整和新生产方式的诞生

（1）跨国巨头的"减重"与外包发展。

信息实时传递的实现动摇了前两次工业革命要求交通便利的工业聚集模式和产业链整合以降低交易成本的垂直企业管理结构，大型企业开始选择大批量外包，而将自己的核心越来越多的集中于研发和创新，苹果及其他聚集在硅谷的高科技企业还充分利用了中国和印度正在崛起的廉价且高素质劳动力大军，对一些本属于本土的工作岗位实施了大规模的海外转移，这是世界产业链的又一次大规模转移和调整，中国和印度都因承接这样的产业转移而实现了经济的持续快速增长，在知识型劳动者遍布的氛围中开始发展和建立自己的核心技术，并逐渐开始在世界某些前沿技术领域崭露头角。

（2）原料使用和产品生产方式的颠覆性革命。

伴随新技术革命而兴起的3D打印技术，是一种有别于传统工厂制造的新生产方式。传统的工厂制造是一种减材过程，原料被切割和筛选后，通过组装制造形成成品。在这个过程中，大量原料被浪费。而3D打印属于增材制造，软件向溶料发出指令，层层叠加，制造出整体产品，所需要的原料仅为减材的1/10。对材料耐用性、可回收性和无污染性的强调，带来实现可持续生产的希望。一是这种增材生产方式可以极大节约对原材料的使用；二是对原料本身可循环降解的强调可以使原料的循环利用、从而可持续生产成为可能。这种原料的节约和可循环利用可以有效解决资源供应不足和大量废物处理的问题。此外，传统集中化工厂建设高成本固定生产线，并进行大批量生产，缺乏灵活性；而3D打印则可以生产出同一原料的不同成品，而且由于信息和数据的共享，它可以以几乎相同的成本定制单件产品。

2. 企业组织结构的变革和小微企业的机遇

（1）定制化生产与企业组织结构"扁平化"。

网络的普及拉近了企业与消费者间的距离，使企业生产模式从大规模生产转向大规模定制，这也带动了企业内部垂直管理模式的变革，开始通过省去中间诸多传导环节——中间管理层，进一步缩减成本，组织结构也因而变得日益扁平化，海尔的变革就是最好的例子。在"像刀片一样"薄的利润逼迫下，海尔被迫改变原来大规模标准化生产模式，利用互联网平台了解消费者的切身需求，并根据需求进行定制化生产；与之相对应，其生产组织和管理模式也由原来的车间化垂直生产管理模式转变为以产品创新来划分的团队式组织管理模式。"小微"+"定制"的模式转变让海尔收获了连续十年的利润增长[①]。

（2）个人和小微企业前所未有的创业和发展机遇。

首先，知识和信息的可获得性可以没有门槛地为所有个体提供创新灵感，个人不会再因为信息闭塞而被阻隔于创新前沿之外；其次，大规模的用户、社区、群体等公开交流平台给所有个体提供了以低廉成本进行推广宣传的平台，这种新形式的广告不再是拥有大资本的大企业的专利，结束了大资本因过于高昂的广告费用而强化垄断的另一特权；再次，便利获得的众筹资本、日益健全的风险资本、低廉的上市成本、物流互联网都为大众创业、万众创新创造了一切可能的便利条件。大量P2P问题平台的出现和互联网金融监管的收紧，只会发展出更为健全的普惠金融。另外，从观念上说，生长在物质丰富、社会制度日益健全背景下的年轻一代，没有祖辈、父辈们的物质匮乏情结，相对而言，他们不拘于现实、不迷信权威，更具有理想主义精神和创新意识。

3. 生产生活空间分布格局的分散化发展趋势

第一次工业革命时期，蒸汽火车的出现和发展要求工厂聚集在拥有发达铁路网的城市周边，便于其承接由上游供应商提供的能源和原材料，并向批发商和下游供应商提供成品；工人必须居住在距离工厂和办公室步行可达的范围内，或者方便搭乘通勤火车和电车的地方，因而发展形成了密集的城市中心。第二次工业革命时期，汽车运输代替了铁路运输，随着城市中心拥堵

---

① "小微"+"定制"——海尔变革十年利润持续增长［EB/OL］. 2015 - 10 - 11. http：//news.xinhuanet.com/tech/2015 - 10/11/c_128306132.htm.

情况的加剧、城市地价上涨以及高速公路网的逐渐发展完善,工厂开始从密集的城市中心迁移到城郊,形成工业园区;工人也开始逐渐从城市中心转移到郊区生活,并驾车去更远的地方上班,从而出现了所谓"逆城市化"的现象。而伴随第三次工业革命兴起而日益完善的高铁航空等运输网路的信息化、借助互联网平台快速成长的电子商务的发展以及未来随着3D打印产业发展所可能出现的自产自销的生产方式,都昭示着未来人类生产生活空间分布格局分散化的发展趋势。美国思想家杰里米·里夫金甚至预言,"随着工人变成业主,消费者变成生产者,在分布式更加明显、协同进一步加强的经济时代,拥有15万~25万人口、被绿地包围的小型城市中心将慢慢取代密集的城市核心和郊区外围。"① 当然,每个国家和地区的空间分布格局都会因其独特的地理历史原因而有所不同,但我们却无法忽视因第三次工业革命发展而产生的整体分散化的演变趋势。

6.2 "大变局"时代的机遇与挑战

如果说第一次工业革命和第二次工业革命分别引领了英帝国和美帝国的崛起,影响了世界格局的变化,那么第三次工业革命的发展则为各国带来了巨大的发展机遇,世界格局的重新洗牌也充满未知。正如卡萝塔·佩蕾丝所说,"这些在方向上发生的变化也可能是便于新来者利用的时期。一次范式的转变为追赶和赶超打开了必要的机遇之窗,尽管跑在前边的人也在进行学习。"② 新一轮工业革命的发展加速了国家间政治经济力量对比的变化,美国逆全球化的对外政策极大扰乱了国际秩序,全球治理面临巨大挑战。在此背景下,2018年6月习近平总书记在中央外事工作会议上对当前的世界局势作出判断,指出当今世界处于"百年未有之大变局"③。

---

① [美]杰里米·里夫金. 零边际成本社会——一个物联网、合作共赢的新经济时代[M]. 北京:中信出版社,2014:92.
② [英]卡萝塔·佩蕾丝. 技术革命与金融资本——泡沫与黄金时代的动力学[M]. 北京:中国人民大学出版社,2007:25.
③ 坚持以新时代中国特色社会主义外交思想为指导 努力开创中国特色大国外交新局面[R]. 光明日报,2018-06-24.

6.2.1 "大变局"背后的政治经济根源

"大变局"的判断提出后,在中国学术界引起了热烈的讨论,这些讨论多集中于内涵性解读①,而少有根源性分析。只有深入理解这一国际秩序"大变局"背后的政治经济根源,才能在日趋复杂的国际环境中更好地把握机遇、应对挑战。当今世界的国际秩序建立在由美国主导、以美元霸权为核心的新自由主义全球积累体系基础之上,法国学者弗朗索瓦·沙奈在对全球化进行定义和描述时指出,以美国为中心、金融为主导的全球化积累方式构成了当代世界秩序的实质内容②。

20世纪70年代,布雷顿森林体系瓦解,美元不再与黄金挂钩,开始了其无约束行使世界货币职能的阶段,同时一系列政策上管制的放松,也使金融资本迎来新的繁荣。另外,第一次石油危机爆发,美国经济陷入"滞胀"局面,菲利普斯曲线受到挑战,凯恩斯主义在经历了几十年的辉煌之后,陷入了实践上的困境,饱受质疑和诘难,新自由主义(neo-liberalism)③开始由理论转为实践,逐渐走向兴盛和扩张。新自由主义主张自由市场和自由贸易,倡导私有化,反对政府干预,其理念在与资本扩张本性相契合的同时,也适应了经济发展实践寻找凯恩斯主义替代的需要。在理论上,西方经济学领域出现了包括货币主义、理性预期学派、供给学派、新制度经济学等诸多以新自由主义为核心的理论流派,其代表人物哈耶克和弗里德曼(Milton Friedman)也分别于1974年和1976年获诺贝尔经济学奖。在实践上,撒切尔夫人和里根分别于1979年和1980年出任英国首相和当选美国总统,均以新自由主义思想为指导实施了以减税、私有化、放松政府管制、削减社会福利等为核心的

---

① 参见:张宇燕. 理解百年未有之大变局[J]. 国际经济评论,2019(5):9-19,4;赵磊. 从世界格局与国际秩序看"百年未有之大变局"[J]. 中共中央党校(国家行政学院)学报,2019,23(3):114-121;高祖贵. 世界百年未有大变局的丰富内涵[N]. 学习时报,2019-01-21;吴正龙. 解读当今世界"百年未有之大变局"[N]. 北京日报,2019-01-06;等等。

② 弗朗索瓦·沙奈. 资本全球化[M]. 北京:中央编译出版社,2001:2.

③ 根据大卫·哈维(David Harvey)在《新自由主义简史》一书中的定义,新自由主义是一种政治经济实践的理论,旨在私有财产权、自由市场和自由贸易的体制框架内,通过解放个人的企业家精神、自由和技能以提高人类的幸福感。国家的作用是建立和保持适合这种做法的体制框架。(参见:大卫·哈维. 新自由主义简史[M]. 上海:上海译文出版社,2016:2-3.)

改革和政策。由于这些举措为资本流动和牟利大开方便之门,大量过剩资本进入股市、房地产等金融部门造成金融市场繁荣的同时,美元外流也稀释了国内的通货膨胀,经济得以迅速恢复。新自由主义在实践中的效力使之后的几届英美政府在政策上都沿用了其主张,并将其意识形态以"华盛顿共识"的形式在全球推广,金融资本加速了其全球扩张的步伐。20世纪80年代和90年代,贸易自由化、市场自由化、金融自由化的浪潮迅速席卷拉美、俄罗斯等国。以拉丁美洲各国为例,在私有化的配合下,大量外来资本的涌入虽然为其带来了暂时的表面繁荣,但这些资本并未进入实体经济领域,短暂逗留后在美联储货币政策的适时配合下快速回流,进一步加剧了拉美等国的债务危机,长期的经济发展困境加剧了贫困和对立,进而引发频繁的政治动荡,拉美经济发展深陷泥沼。信息技术的发展深化了国际分工,随着本国劳动力成本的上升和发展中国家高素质劳动力的成长,资本的逐利本性使 IBM、微软、惠普等高新技术领域的行业巨头纷纷通过分包和外包,逐渐将国内产业链中低端的生产制造企业向发展中国家转移。这些高科技企业往往为金融资本所主导,金融资本通过控制设计研发等核心环节来主导全球产业链。在新自由主义的开路下,金融垄断资本或以跨国公司为载体、或打着"援助"旗号,一面制造危机、一面以救世主的面貌以低廉的价格获得发展中国家优质实物资产的所有权,美国逐渐建立了金融资本主导的新自由主义全球积累体系。

  金融资本的壮大也强化了其对国家权力的控制,近几十年来,代表金融垄断资产阶级利益的美国政府还通过不断挑起局部地区战争、发动贸易战等手段辅助美元霸权下金融资本的全球剥夺,使很多国家和人民深受其害。然而,脱离产业资本发展的金融资本积累模式有其自身不可持续的发展限制。一方面减缓了科技创新和新兴产业发展的进程,使经济社会发展受阻;另一方面全球化扩张虽然为资本剥削开辟了新的空间,但由贫富分化所导致的社会矛盾并未得到缓解,而且世界范围的扩张也存在一定的限度。在拉美债务危机、东欧自由化、中东接连不断的战争和混乱、东南亚金融危机、乌克兰政变之后,随着中国经济的不断崛起和壮大,代表金融垄断资本利益的美国早已将目标瞄准中国,只是中国在"华盛顿共识"的扩张中杜绝了新自由主义,而坚持公有制为主体的经济制度,坚持金融业开放的循序渐进,使美国金融垄断资本通过金融市场直接掠夺发展成果的路径受阻，只能通过掌控产业链核心环节的贸易剪刀差获得积累。2008 年，由美国次贷危机蔓延而形成的全球性金融危机爆发，为稳定金融市场、维护金融垄断资本的利益，美国政府直接通过公开市场买进主要金融公司的资产，将私人债务转嫁到公众头上，此举虽然一定程度上稳住了金融市场的，使 GDP 在虚拟交易的恢复下快速回升，却进一步加剧了贫富分化和社会矛盾，新自由主义也广受诟病。金融危机后，世界经济复苏乏力，美国等主要资本主义国家为加快国内经济复苏，刺激出口、减少失业，纷纷走向了贸易保护主义，新自由主义全球积累体系受到冲击。特朗普政府上台后，更是坚持奉行单边主义和"美国优先"战略，与中国、欧盟等多国经贸摩擦不断的同时，在政治领域采取了一系列"退群"行为，先后退出了《跨太平洋伙伴关系协定》、《巴黎气候协定》[①]、联合国教科文组织、人权理事会等国际组织与条约。美国的一系列"逆全球化"行为极大冲击了国际秩序，打乱了全球治理格局，而政治混乱背后的经济根源在于美国主导的新自由主义全球积累体系衰竭。

6.2.2 "大变局"时代的机遇与挑战

对中国发展而言，世界"大变局"中同时包含着机遇与挑战两重要义：一是大国战略竞争激烈，国际环境日趋复杂；二是国际秩序的重构为中国进一步走向世界提供了难得的机遇。

1. 中美贸易摩擦升级

中国虽然也逐渐参与进美国金融垄断资本主导的全球积累体系，但中国金融市场的有序开放使美国金融资本的入侵遭遇障碍，只能通过掌控产业链核心环节的贸易"剪刀差"获得积累。然而随着中国不断通过自发的创新引导和结构调整向产业链上游过渡，不仅缩小了与美国核心生产环节的代差，在一些新兴技术领域甚至开始与美国形成竞争，使美国逐渐丧失核心生产环节的垄断优势，美国主导的全球分工体系受到挑战。

近年来，美国为遏制中国发展，在中国周边海域及地区频频制造争端，2012 年的钓鱼岛、黄岩岛争端阻碍了中日韩东北亚自贸区谈判。但是美国的

---

① 2021 年 2 月 19 日，美国正式重新加入《巴黎气候协定》。

遏制并未阻断中国走出去的决心，2013年中国提出"一带一路"倡议，开始在美国主导的金融全球化体系之外，探索一条新的全球之路。"一带一路"的运行方式具有鲜明的中国特色，大多以国家为中介，在政府合作协议框架下，划定合作范围、制定长期规划，引导民间投资和项目合作。这种国际合作方式以国家权力为主导，打破了私人资本主导对外投资方式，更有利于发展中国家根据各自的发展情况和国情特点自主选择符合国家整体发展利益的全球化参与模式。"一带一路"使中国模式外溢的同时，也加快了人民币国际化的进程，一定程度上动摇了美元霸权。

中国的不断崛起和得力应对，加深了美国对其霸权地位的忧虑，开始对中国实行严厉的经贸制裁。事实上，早在奥巴马执政期间，美国政府就因高额的贸易投资逆差对中国施压，要求人民币升值，并频频对中国产品发起反倾销和反补贴调查；特朗普上台以后，于2017年8月18日根据"301调查"结果，列出了建议征收的1300个中国商品关税清单，对清单上的中国进口商品征收额外25%的关税，2018年7月6日正式生效；此后美国对华为等高科技企业的制裁力度逐渐加大。美国瞄准中国高科技企业的主要原因是其打破了美国金融垄断资本的技术封锁，损害了其金融资本的利益。

尽管美国一味谴责中国、转移国内社会矛盾，为发动贸易战找了诸多借口，但根本上是因为中国的发展冲击了美国金融垄断资本全球积累体系，特朗普政府为维护美国金融垄断资本利益所作出的应对。中国由于参与全球产业链分工而积累了巨额的贸易顺差和美元外汇储备，在美元霸权地位不变的情况下，日益紧逼的经贸制裁的确会恶化中国经济的发展环境，并对人民币汇率的稳定和国际化进程带来不利影响。但是贸易战无法阻挡中国业已形成的强劲崛起之势，中国的发展和创新不会止步，未来十年，中美在高科技领域的竞争会愈发激烈，同时也会为国际环境带来更多的不确定性。

2. 积极参与全球治理

在全球化体系受到冲击、国际秩序遭到破坏、国家间政治经济力量对比发生深刻变化的背景下，全球治理面临着严峻挑战。一方面，美国在"美国优先"的战略引导下的一系列退出行为造成原有以七国集团为核心的全球治理体系出现主体缺位；另一方面，随着实力的不断增强，以中国为代表的新兴市场国家要求在全球治理体系中享有更大的话语权与决策权，深入参与全球治理。

近年来,国际社会多次出现"中国威胁"的声音,不少西方国家担心中国崛起会走上霸权主义的老路。中国政府对外始终坚持和平与发展的基本国策,在联合国大会等多个重要国际会议上反复表明中国立场,并为全球治理贡献中国智慧。2015年9月,习近平主席在联合国总部出席第七十届联合国大会并发表题为《携手构建合作共赢新伙伴同心打造人类命运共同体》的讲话,提出构建人类命运共同体和以合作共赢为核心的新型国际关系[①];2015年10月,习近平总书记在主持中共中央政治局第二十七次集体学习时指出,要推动全球治理理念创新发展,继续丰富打造人类命运共同体等主张,弘扬共商共建共享的全球治理理念[②];2017年1月,习近平主席在联合国总部日内瓦发表演讲,深入阐述了构建人类命运共同体的内涵、愿景以及实现路径,并强调了中国维护世界和平、促进共同发展、打造伙伴关系和支持多边主义的决心[③]。

全球治理涉及政治、经济、安全、人文等多方面的问题,"共商共建共享"是中国首次明确提出的全球治理理念。共商,就是集思广益,由全球所有参与治理方共同商议,强调话语权的平等;共建,就是各施所长、各尽所能,发挥各自优势和潜能并持续加以推进建设,强调合作和优势互补;共享,就是让全球治理体制和格局的成果更多更公平地惠及全球各个参与方[④]。它们构成了加强全球治理、推进全球治理体系与治理能力现代化的系统链条,缺一不可。

中国在全球治理领域的积极探索和实践,使构建人类命运共同体和"共商共建共享"的全球治理理念产生了广泛而深远的国际影响。近年来,"构建人类命运共同体"的思想理念已经被先后写入联合国决议、安理会决议、联合国人权理事会决议等权威国际组织会议决议。随着"一带一路"的深入

---

① 习近平在第七十届联合国大会一般性辩论时的讲话(全文)[EB/OL]. 新华网,2015-09-29. http://www.xinhuanet.com/world/2015-09/29/c_1116703645.htm.
② 中国首次明确提出全球治理理念[EB/OL]. 新华网,2015-10-14. http://www.xinhuanet.com/world/2015-10/14/c_1116824064.htm.
③ 习近平主席在联合国日内瓦总部的演讲(全文)[EB/OL]. 新华网,2017-01-19. http://www.xinhuanet.com/world/2017-01/19/c_1120340081.htm.
④ 中国首次明确提出全球治理理念[EB/OL]. 新华网,2015-10-14. http://www.xinhuanet.com/world/2015-10/14/c_1116824064.htm.

推进和中国模式的输出，中国将在世界舞台和全球治理中发挥日益重要的角色和作用，这是大变局时代为中国带来的前所未有的机遇。

6.3 创新发展与结构变迁

以本书的创新发展框架为基础，从第4章和第5章对前两次工业革命前后英美两国历史分析中可以看出，一国能否抓住工业革命机遇迅速崛起、后来居上的关键在于，不同国家在各自的历史道路上形成了各具特色的权力结构和体制特点，阶层结构变迁和利益格局调整通过国家权力及其构成影响制度创新的成本、方向、路径、效力等方方面面，从而决定能否形成有利于科技创新、组织管理创新、新产业发展、社会进步的制度环境，因此在世界联系交流日益紧密、新一轮工业革命在全球范围几乎同时拉开序幕的背景下，中国体制特殊性成为探讨中国机遇与抉择的关键着眼点。

6.3.1 产业升级与基础设施布局

1. 激励科技创新，引导产业升级

产业是经济的重要支撑，产业结构是经济结构调整的重要内容，引导产业升级、大力发展高新技术产业，是把握新一轮工业革命机遇推动我国经济由大转强，并在未来的国际竞争中实现超越的重要手段。

美国是信息通信技术革命领域的先驱。20世纪70年代经济滞胀之后，美国的经济发展很大程度上依赖于新技术发展应用所带来的生产力潜力的释放。里根政府的供给改革为90年代美国经济持续十年的繁荣奠定了基础，而正是因信息通信技术革命而兴起的高新技术企业引领了这一时期的美国经济增长。众多高新技术创新企业集聚于硅谷和128公路沿线，成为美国高新技术产业发展的引领和标志。随着本国劳动力成本的上升和发展中国家高素质劳动力的成长，资本的逐利本性使IBM、微软、惠普等高新技术领域的行业巨头纷纷对工作岗位进行了大规模的海外转移，造成本国高科技人才大量失业的同时，也带动了中国、印度等发展中国家高新技术产业的发展和人口红利的进一步释放。为了获取高额利润、占据全球产业链的高端，发达国家的跨国巨头逐渐将生产加工的制造业分离和外包到发展中国家，而将核心集中于技术和产品的研发设计。2008年金融危机后,美国政府意识到缺乏制造业的产业结构弊端,试图重振美国制造业。然而,当美国总统奥巴马2013年3月29日在迈阿密港口发表演说,鼓励私人企业与资本投资美国基建,更广泛地使用"美国制造"的时候,一阵风吹过,其身后的美国国旗不翼而飞,更为讽刺的是,旗下竟赫然露出"上海振华重工"的商标。①

与之相对应,中国因抓住全球产业结构调整的机遇,利用劳动力价格低廉的优势承接发达国家的制造业转移,制造业迅速发展壮大为世界龙头,为世界各地输送各种制造业产品。然而,中国制造业在很长一段时间内一直处于价值链的最低端,利润微薄且资源消耗大、环境成本高,在国际上声誉也不好;粗放型的增长模式为中国经济带来了快速体量增长的同时,也造成了一系列资源、环境、社会等方面的伴生问题。为改变这一状况,充分利用信息通信技术革命所带来的发展机遇,2002年中共的十六大提出走"新型工业化道路",指出要"坚持以信息化带动工业化,以工业化促进信息化"。2005年发布《促进产业结构调整暂行规定》,进一步强调要坚持以信息化带动工业化,增强自主创新能力,鼓励支持高新技术的研发和应用,以提升和改造制造业,逐步形成以农业为基础、高新技术产业为先导、基础工业和制造业为支撑、服务业全面发展的产业格局。2006年十一五规划进一步提出,要以自主创新提升产业技术水平,积极推进信息化,发展先进制造业,推进工业结构的优化升级,加快发展电子信息制造业、生物产业、航空航天产业等高技术产业,构筑清洁安全的可再生能源供应体系。

然而,这一调整步伐被2008年一场突如其来的全球性金融经济危机打断。危机后的世界经济一度低迷,美国首当其冲,欧盟多国深陷债务危机。在此背景下,中国加快调整发展战略,强调着力加强供给侧结构性改革,一方面推进去产能、去库存、去杠杆、降成本和补短板;另一方面下决心强化高端制造业,将中国制造由大转强。2015年5月国务院公布《中国制造2025》的国家战略规划,明确提出重点要"提高国家制造业创新能力""推进信息化与工业化深度融合",实施制造业创新中心建设工程、工业强基工程、智能制造工程、绿色制造工程、高端装备创新工程五大工程,重点发展

---

① 奥巴马给振华重工"做广告":挡不住的是"上海智造"[EB/OL]. 2013-04-02. https://news.sina.com.cn/c/2013-04-02/112826712821.shtml.

新一代信息技术产业、高档数控机床和机器人、航空航天装备、节能与新能源汽车、新材料、生物医药及高性能医疗器械等十个重点产业领域,努力实现我国由制造大国到制造强国转变的目标。2016 年"十三五"规划提出"创新、协调、绿色、开放、共享"五大发展理念,要求深入实施创新驱动发展战略,着力构建创新能力强、品质服务优、协作紧密、环境友好的现代产业新体系。2017 年党的十九大报告进一步指出,以供给侧结构性改革为主线,推动经济发展质量变革、效率变革、动力变革,着力加快建设实体经济、科技创新、现代金融、人力资源协同发展的产业体系,促进我国产业迈向全球价值链的高端,推动经济高质量发展。近年来,随着大数据、云计算、5G、人工智能等新技术的不断涌现,出现了共享经济、数字经济等新经济形态,党中央和政府也加快了这些领域的产业发展部署。

在国家权力强有力的引导之下,近年来我国产业发展呈现以下变化趋势:①三次产业间结构不断优化,第三产业发展成为主导。改革开放以来,我国产业结构更替整体上经历了几个阶段:从改革开放初期到1984 年的"二一三"阶段、从1985 年第三产业份额超过第一产业到2012 年的"二三一"阶段,以及从2013 年第三产业份额持续增加超过第二产业之后的"三二一"阶段,且根据国家统计局数据显示,2015 年第三产业经济增长贡献率首次超过第一产业和第二产业之和,第三产业发展仍呈增长态势(见图 6 - 1)。②产业发展质量不断提高,产业内部结构也趋于优化。随着供给侧结构性改革的不断深化,我国工业产能利用率不断提高,战略性新兴产业和高技术制造业[①]持续快速发展,制造业内部结构由产业链下游的传统劳动密集型行业向中上游的信息通信设备、智能制造、高端装备制造等高技术含量行业调整;信息传输、软件和信息技术服务业持续快速发展,2018 年和 2019 年增速分别达 30.7%、18.7%[②],是支撑第三产业蓬勃发展的重要力量。③科技进步

---

① 工业战略性新兴产业包括节能环保产业,新一代信息技术产业,生物产业,高端设备制造产业,新能源产业,新材料产业,新能源汽车产业等七大产业。高技术制造业包括医药制造业,航空、航天器及设备制造业,电子及通信设备制造业,计算机及办公设备制造业,医疗仪器设备及仪器仪表制造业,信息化学品制造业。

② 数据来自国家统计局发布的《2018 年国民经济和社会发展统计公报》和《2019 年国民经济和社会发展统计公报》。

支撑作用愈益明显。随着我国研究与试验发展经费支出的稳步增长,高技术产业持续快速发展,科技创新对产业发展的支撑作用日益明显,科技进步的经济增长贡献率稳步提高。根据中国科技统计年鉴数据显示,2012~2018年高技术产业有效发明专利平均增速达30.4%,2019年科技进步贡献率达59.5%,并在2020年超额完成《"十三五"国家科技创新规划》提出的科技进步贡献达60%任务目标(见表6-1)。

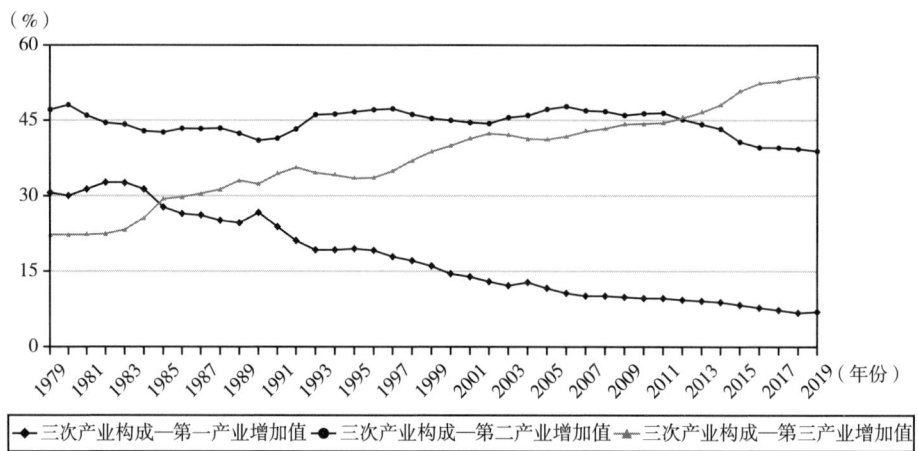

图6-1 1979~2019年我国三次产业增加值占GDP的比重

资料来源:国家统计局网站。

表6-1　　2012~2019年我国科技发展和经济支撑情况　　单位:%

年份	研究与试验发展经费支出增长	科技进步贡献率	高技术产业有效发明专利增长
2012	18.5	52.2	45.2
2013	15.0	53.1	18.4
2014	9.9	54.2	27.7
2015	8.9	55.3	35.0
2016	10.6	56.4	28.8
2017	12.3	57.5	19.1
2018	11.8	58.5	38.7
2019	10.5	59.5	—

资料来源:根据2013~2019年《中国统计年鉴》《中国科技统计年鉴》整理计算所得。

2. 新型基础设施布局

科技创新和产业升级均离不开前瞻性的基础设施部署，新型基础设施建设不仅是优化投资结构、拉动内需、促进经济增长的手段，而且孕育着科技创新不断突破、新兴产业领先发展的重大机遇。以研究经济增长理论著称的索洛（Robert M. Solow）曾对美国 1909～1949 年的人均产出增长进行考察，发现资本投入只占全部经济增长的 12.5%，而其余 87.5% 则是由技术进步所带来的[1]。沃尔等（B. Warr et al.，2010）通过对美国、日本、德国、澳大利亚 1900～2000 年的能源数据进行分析，强调了通常被传统经济学忽视的能源对经济增长的贡献，认为技术进步所带来的能源和原料转化率的提高才是导致经济增长的主要原因[2]。屈麦尔等（R. Kümmel et al.，2010）也持类似观点[3]。

这也就意味着，附着在交通通信—能源动力矩阵中的技术进步因子只有通过健全的配套基础设施才能在全社会范围内引起生产效率的全面提升、生产组织方式的重大变革以及日常生活方式的深刻变化，才能带来生产力的飞跃和经济的跨越式增长。电网为福特进行大规模汽车的生产准备了必要的动力条件；电话电报实现了上下游企业间指令的及时传达，使大规模垂直型企业的形成成为可能；遍及全国的发达道路交通系统以及长途汽车运输所需的能源补给设施（油井、炼油厂、加油站）降低了长途运输成本，促成了企业的大规模集聚和大批工业园区的形成。二战之后，发达资本主义国家借助战后重建的机遇通过合理的规划和完备的基础设施建设将第二次工业革命的技术成果广泛用于经济社会整体，在促进资本主义新的黄金发展的同时，也使人们的生活更加便利、有序。1900～1929 年，美国初步建立了第二次工业革命的基础设施体系，包括电网、通信网、道路网、油气运输网、自来水污水处理网、公立学校系统等，战后又铺设完善了州际公路网、全国电力电信网，

---

[1] ［美］罗伯特·索洛. 经济增长因素分析［M］. 北京：商务印书馆，1991：19.

[2] Warr, B. et al.. Energy use and economic development: A comparative analysis of useful work supply in Austria, Japan, the United Kingdom and the US during 100 years of economic growth［J］. Ecological Economics, 2010, 69 (10): 1904–1917.

[3] Kümmel R. et al.. Thermodynamic Laws, Economic Methods and the Productive Power of Energy［J］. Journal of Non-Equilibrium Thermodynamics, 2010, 35 (2): 145–179.

最终形成了成熟的综合性基础设施体系①。而今，伴随第三次信息通信技术革命浪潮应运而生的"物联网"的出现，为正处于城市化进程中的发展中国家提供了经济跨越发展、引领世界潮流的机遇，由于第二次工业革命的基础设施无论如何升级改造都无法改变其终会因高成本、低效率而被淘汰的命运，各国都将物联网作为培育核心竞争力的战略重点，审时度势地制定了物联网建设发展战略性规划，如欧盟的14点行动计划、日本U-Japan计划、韩国IT839战略等。

中国政府也深刻认识到在新一轮工业革命背景下，基础设施领域以大数据和云计算为基础的物联网的建设完善对我国崛起和发展具有重大意义，从而展开了在这一领域的全面部署。自2011年底工信部印发《物联网"十二五"发展规划》以来，物联网开始在我国蓬勃发展，并带动了大数据和云计算的发展和应用，进一步推动了我国信息化建设。在"宽带中国"战略引领下，我国在通信基础设施建设方面迅速发展，根据工信部数据显示，2019年，我国光纤总里程建设总长度4750万公里，相较2015年增长1倍左右；近年来，我国固定互联网宽带接入用户数量、移动互联网用户接入流量均呈快速增长态势（见表6–2）。同时，我国在光伏、风电等新能源领域的发展速度世界领先，根据国际能源署IEA数据显示，中国还是世界水能的最大生产国。国家发改委、外交部、商务部2015年3月联合发布了《推动共建丝绸之路经济带和21世纪海上丝绸之路的愿景与行动》，将实现能源、交通、电信基础设施互联互通作为"一带一路"建设的优先领域。根据杰里米·里夫金的观点，通信互联网、能源互联网、物流互联网正是物联网三个不可或缺的组成部分。2018年12月，中央经济工作会议进一步强调，"加强5G商用步伐，加强人工智能、工业互联网、物联网等新型基础设施建设"；此后多次中央和政府会议均有强调；经过一年多的酝酿，2020年4月在国家发改委召开的新闻发布会上首次明确新型基础设施的范围。根据国家发改委的定义，新型基础设施包含信息基础设施、融合基础设施、创新基础设施三个方面的内容；其中，信息基础设施主要包括以5G、物联网、工业互联网等为代表的

---

① [美]杰里米·里夫金. 零边际成本社会——一个物联网、合作共赢的新经济时代[M]. 北京：中信出版社，2014：70.

通信网络基础设施,以人工智能、云计算等为带你的新技术基础设施和以数据中心、智能计算中心为代表的算力基础设施;融合基础设施主要指依托互联网、大数据、人工智能等新技术,支撑交通、能源等传统基础设施的智能化升级;创新基础设施主要指用于支撑科学研究、技术产品开发的科教、科技基础设施等。[1]这些基础设施领域的一系列布局都将为中国经济实现高质量发展、国家继续走向繁荣富强提供坚实的基础和源源不断的动力。

表6-2　　　　2015~2019年我国信息通信基础设施发展情况

年份	移动互联网接入流量增长(%)	互联网宽带接入用户(万户)	互联网宽带接入用户增长(%)	全国光缆线路总长度(万公里)	全国光缆线路总长度增长(%)
2015	103.1	25946.6	29.4	2487	21.6
2016	124.0	29720.7	14.5	3041	22.3
2017	162.2	34854.0	17.3	3747	23.2
2018	189.1	40738.2	16.9	4358	16.3
2019	71.6	44928.0	10.3	4750	9.0

资料来源:根据《2019中国统计年鉴》、《2019年国民经济和社会发展统计公报》、工信部2015~2019年《通信业统计公报》整理计算所得。

6.3.2 "创新魔咒"与金融化陷阱

在经济学创新领域,金融在技术创新和新兴产业成长中的重要作用在马克思、熊彼特那里就被重视,2002年新熊彼特学派代表人物卡萝塔·佩蕾丝的《技术革命与金融资本》一书出版,她在书中基于早年提出的技术—经济范式框架,详细讨论了在技术革命不同时期和阶段金融资本与技术创新扩散之间的关系。她将每一次技术革命浪潮划分为两个时期和四个阶段,分别为导入期的爆发、狂热阶段和展开期的协同、成熟阶段。在导入期,首先,新技术、新产品中蕴藏着的潜在高利润吸引金融资本进入,为新兴产业的成长

---

[1] 2020年4月20日,国家发改委召开新闻发布会,国家发改委高技术司司长伍浩在回答关于新型基础设施建设的问题时指出,新型基础设施是以新发展理念为引领,以技术创新为驱动,以信息网络为基础,面向高质量发展需要,提供数字转型、智能升级、融合创新等服务的基础设施体系,并提到新型基础设施所包括的三方面内容。

提供资金支持,佩蕾丝称之为"爆发阶段的恋爱"①;在狂热阶段,随着新企业投资的高利润回报凸显,越来越多的金融资本涌入,金融资本为获得持续的高利润逐渐脱离产业本身的发展,转向金融市场的短期投资,各种金融衍生工具不断涌现,导致债务累积、资产价格膨胀,金融资本疯狂蔓延,造成经济的虚假繁荣;泡沫的堆积无法持续,在经历过危机的转折和制度的适应性调整之后,经济恢复理性,金融资本和生产资本再度耦合,新兴产业开始稳步发展并走向成熟;在成熟阶段,金融资本开始与原有产业分离,寻找新的投资机会,孕育下一轮技术革命(见图6-2)。这一理论是基于主要发达国家发展实践的经验总结,虽然看似合理地概括了技术创新扩散过程中的阶段性规律,却回避了造成泡沫和崩溃的国家制度根源。美国左派学者威廉·拉让尼克在其著作《创新魔咒:新经济能否带来持续繁荣》曾经详细分析了20世纪70年代起美国信息通信技术产业发展中所形成的新经济商业模式如何助长了美国经济的金融化趋势,并加剧了美国社会经济的不稳定和不公平,

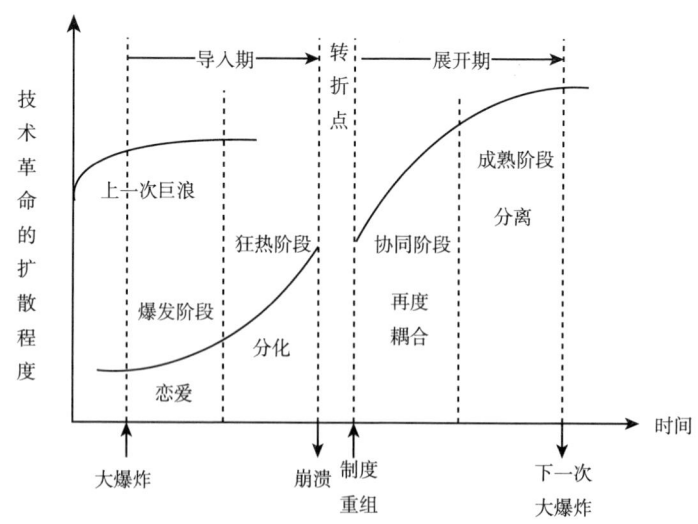

图6-2 金融资本和产业资本在不同阶段的互动关系

资料来源:卡萝塔·佩蕾丝. 技术革命与金融资本——泡沫与黄金时代的动力学[M]. 北京:中国人民大学出版社,2007:82.

---

① 卡萝塔·佩蕾丝. 技术革命与金融资本——泡沫与黄金时代的动力学[M]. 北京:中国人民大学出版社,2007:82.

将其称之为"创新魔咒"。破除这一"魔咒"的关键在于政府政策的干预,在佩蕾丝那里,从泡沫崩溃走向协同阶段的关键也在于制度的调整和重组,而政府决策背后支配其行为的动机和利益立场才是主导政策取向和制度调整的关键所在。

从20世纪70年代起,美国大量中小高新技术企业逐渐在硅谷和128公路沿线聚集的同时,一种适于这些企业发展的融资模式——风险投资也应运而生了。在资本家和政府的联合推动下,美国迅速形成了一个有利风险资本发展的经济环境。1971年纳斯达克市场开放,放松上市条件,使风险资本更容易实现投资回报;1975年,美国政权交易委员会禁征证券交易佣金;1978,在硅谷利益集团两个组织游说下美国国会开始大幅减低资本利得税,促使对创业企业的投资。1974年《雇员退休收入保障法》和1979年劳工部对养老金灵活进入资本市场的首肯使风险资本经历了冬春,养老金占风险资本的比例从1978年的15%一路飙至1990年的80%[①],养老金、大学基金、银行逐渐成为风险资本的主要来源。风险资本在股市上频繁的活动和作用让人们看到了股票的价值,随着风投企业的发展壮大,企业开始需要职业经理人来进行战略管理和运营以及更多的资金,于是企业在二者的矛盾中开创出一种新的薪酬模式——股票期权。通过这种方式企业所有者成功地将高管们同自身的利益捆绑在一起,全心致力于企业的发展和盈利。然而,股市在为股东带来这种便利的同时也为社会大众埋下了隐患。经理人们开始逐渐把目标转向抬高公司股价而不是全心致力于企业的创新和员工的福利。在股市的投机和炒作浪潮中公司高管们利用其手中的权力(如企业的资金盈余)发挥了重要的作用,通过这种方式,他们再一次大幅搜刮了原本就业处境和收入状况就因企业将岗位向发展中国家大幅转移而愈益艰难的普通工作者,而股市则为这轮搜刮提供了便利的平台。风险资本始终追逐高新技术产业发展的前沿而行,从办公和计算机设备到通信和电子产品、生物医药,其中以互联网产业尤为突出。由于风险资本的追逐,互联网产业在拉动美国经济经历了20世纪90年代持续十年的繁荣之后,终于在21世纪初期迎来了长期积累泡沫的破灭。互联网泡沫破灭之后,美国政府本该通过强有力的技术创新激励

---

① P. Gompers, J. Lerner. The Venture Capital Circle [M]. Cambridge: MIT Press, 2002: 8.

和适时的制度调整振兴实体经济，但为维护金融资本的惯性利益，美联储却在之后的两年间13次下调准备金率至1%的历史最低水平，以极度宽松的货币政策刺激经济复苏，造成了金融资本的再度膨胀，大量资本流入股票、债券、房地产市场，各种金融衍生产品大幅增加，经济呈现虚假繁荣，终于在不久后的2008年，迎来了更大规模的金融危机。金融危机期间，公司高管们不但没有因其管理不善而受到处罚，反而获得了巨额的过渡薪酬，企业倒闭的损失最终还是由美国公众来承担，美国社会由此产生了更多的穷人和接连不断的混乱，也让我们看到了美国经济社会更不平等、更不稳定的发展趋势。在这股资本和劳动利益再分配的浪潮中，国家无疑充当了帮凶。资本家不但通过金融市场实现了更隐蔽、更大范围的剥削，而且利用股票和股票市场成功分化了劳动者，将经理层培养成忠实地为其剥削和敛财的工具，2008年金融危机也多少有些人为操纵的嫌疑。

新技术革命在为美国带来经济发展新机遇的同时，也让金融资本看到了新的获利机会，高投资回报吸引越来越多的资本进入金融领域，金融资本得到了空前的发展。当今资本主义进一步发展最大的障碍就在于，国家政权性质所决定的产品在资本和劳动间的不合理分配阻碍了生产力的发展，而金融资本则借新技术革命的东风使这种不平等进一步强化，也由此加剧了资本主义危机。美国左派经济学家威廉·拉让尼克指出，"对于为数日益增长的大多数美国人来说，新经济企业模式以为基础的股票市场导向的政治经济将继续催生越来越多的不稳定和不平等，这些不稳定和不平等将成为生活的常态。"① 遗憾的是，在劳动和资本之间唯一可以主持公道的第三方——国家和政府，则由资本所把控，并站在了资本一边，因此，这种社会经济状况恶化的趋势就会成为不可逆转的必然。

尽管起步比较滞后，信息通信技术革命在中国的发展同样产生了一批像华为、联想、腾讯等高新技术企业；互联网的发展和普及为以阿里巴巴为代表的电子商务企业的发展提供了广阔的空间，众多小微企业也由此成长起来。然而，伴随中国政府的一系列引导和改革措施，新工业革命在中国蓬勃发展

---

① [美] 威廉·拉让尼克. 创新魔咒——新经济能否带来持续繁荣 [M]. 上海：上海远东出版社，2011：243.

的同时，并未使其经济本身经历重大的崩溃和危机，金融化趋势和贫富分化及时受到了遏制。这种迥异的发展趋向根本上要归因于，中国国家政权与以美国为首的发达资本主义国家相比，始终独立于私人资本，保持为社会经济全局发展谋利。为应对新一轮工业革命所带来的机遇和挑战，中国政府在布局基础设施、激励技术创新、引领新兴产业发展之外，还重视发展过程中所出现的结构性矛盾和金融化趋势，并及时进行针对性、趋向性的改革和引导。2008年金融危机后，中国政府开始重视经济发展中的脱实向虚倾向，进行了一系列金融体制改革，在稳步开放金融市场的同时，加强金融监管，完善金融发展的体制机制，强调金融对实体经济的支撑作用，以供给侧结构性改革为主线，将重点放在生产领域的结构性调整上，明确金融服务实体经济发展的角色，在稳定金融发展的同时，引导金融更好地服务于创新和实体经济发展。2012年党的十八大报告强调，"牢牢把握发展实体经济这一坚实基础，实行更加有利于实体经济发展的政策措施，推动战略性新兴产业、先进制造业健康发展，加快传统产业转型升级，推动服务业特别是现代服务业发展壮大，支持小微企业特别是科技型小微企业发展"。2017年党的十九大报告进一步指出，"深化供给侧结构性改革。建设现代化经济体系，必须把发展经济的着力点放在实体经济上，把提高供给体系质量作为主攻方向……坚持去产能、去库存、去杠杆、降成本、补短板，优化存量资源配置，扩大优质增量供给，实现供需动态平衡。"2019年党的十九届四中全会再次强调，"加强资本市场基础制度建设，健全具有高度适应性、竞争力、普惠性的现代金融体系，有效防范化解金融风险"。各地方政府响应中央号召纷纷出台了金融支持实体经济发展的一系列意见和方案。中央政府的有力引导和地方政府的强力配合阻止了中国经济脱实向虚的发展趋势，根据国家统计局数据显示，2014年起，金融业固定资产投资增长速度大幅回落，甚至在2016~2018年连续三年出现负增长，金融业增加值也在2016年后降至10%以下（见图6-3）。

中国政府由上而下有序的结构性调整，不仅使中国经济发展沿着供给侧结构性改革的方向实现了新兴产业的稳步发展和产业结构的不断升级，而且使中国经济发展打破了佩蕾丝所描述的技术创新扩散过程中的周期性规律，避开了"狂热"后的崩溃重组，破除了拉让尼克所谓的新经济发展的"创新魔咒"。

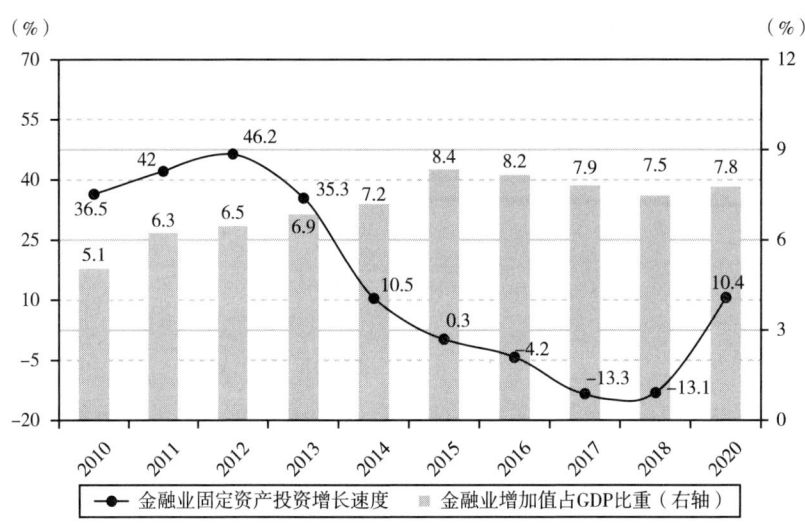

图 6-3　2007~2019 年我国金融业发展情况

资料来源：根据 2009~2019 年《中国统计年鉴》和 2018~2019 年《国民经济和社会发展统计公报》计算整理所得。

6.4　小结

第二次工业革命之后，美国确立了金融垄断资本在国家权力中地位；20世纪70年代，随着布雷顿森林体系的解体，金融垄断资本开始凭借手中的美元霸权走上了不受约束的扩张之路。在新一轮技术革命浪潮的扩散推动和新自由主义的大肆宣扬下，美国逐步放松了对金融市场的限制，大量资本流入金融市场，各类金融衍生产品不断出现，在铸就金融市场繁荣、经济快速复苏的同时，美国经济越来越为金融发展所主导，不可逆转地走向了与实体经济持续割裂的金融化发展之路。20世纪八九十年代，随着新自由主义思想理论和政策实践在拉美、俄罗斯等国家和地区的广泛传播和金融市场的开放，美国金融垄断资本在"自由化"的掩护下迅速进入这些国家的金融市场，并与美联储的货币政策相互配合，利用开放的金融市场对其发展成果进行了大规模的掠夺，并加剧了拉美多国的债务危机。同时，信息技术的发展使跨国公司将中低端生产制造企业大规模转移到劳动力价格低廉和投资环境较好的发展中国家，而只在本土保留设计研发等核心环节，以此建构起金融资本主导的新自由主义全球积累体系。多年来，美国在发动军事战争、制造地区混乱和贸易战等手段的配合下，利用美元霸权通过金融手段已经几乎在世界范围内吃尽了经济发展成果，新自由主义全球积累体系走向衰竭。另一方面，中国有序开放的金融市场和不断增强的科技经济实力，使美国的金融扩张遇到阻碍的同时，也对美国主导的金融全球化形成挑战。因此，近年来美国在政治上不断在中国周边制造混乱和争端，在经济上接连发起反倾销反补贴调查，以遏制中国发展，维护其业已建构的全球积累体系和金融资本利益。自特朗普政府执政以后，更是不断升级贸易摩擦，不惜发动贸易战，加大对华为、中兴等中国高科技企业的制裁力度。随着美国经济上的衰落，特朗普政府奉行单边主义和"美国优先"战略，在国际政治上采取了一系列退出行动，国际秩序和全球治理迎来了时代性的挑战。对此，习近平总书记对世界局势作出了"百年未有之大变局"的重要判断。对中国发展而言，世界"大变局"中同时包含着应对美国遏制的挑战和重构全球化的机遇两重要义。在此时代背景和国际环境下，中国只有继续发挥国家制度性优势，坚持创新和开放，不断进行多方位的制度创新、突破核心领域的科技创新、引导组织管理和商业模式创新，适时调整经济结构和社会结构，化解发展过程中出现的结构性矛盾，才能在世界变局中充分把握机遇、成功化解挑战，向"两个一百年"的奋斗目标不断靠近。

总结与展望

本书从我国经济发展的困境与需求入手,在现实困境和现有创新理论的基础上提出了本书的论题——创新、结构变迁与经济发展,旨在揭示创新系统在与社会经济结构变迁的互动中推动经济发展的具体过程和内在规律。在系统梳理当前经济学中较具代表性的创新理论的基础上,提出了一个包含系统性创新、结构变迁与经济发展的理论框架,从而构成本书的核心内容。

这一框架是从唯物史观出发阐明创新本质和内涵特征的基础上,将创新系统分解为制度创新、科技创新、组织管理创新、产品/部门创新四种基本创新形式;以马克思社会基本矛盾(生产力与生产关系、经济基础与上层建筑)运动的分析框架为参照,在生产资料所有制关系的基础上,分别选择产业结构、就业结构和阶层结构的视角考察社会经济结构的整体变迁。不仅创新系统内部各种创新形式之间、经济结构与社会结构之间相互关联,而且创新系统与结构变迁之间也存在紧密联系和相互作用,从经济动态发展的角度,这些联系的共同作用构成创新与社会经济结构变迁之间的互动影响机制,主要包括以下四个方面。

首先,社会资本和阶层结构变迁共同影响和推动制度创新。在阶层结构基础上形成的利益群体是推动制度变迁的主要主体,阶层结构的变动会改变社会原有的利益分配格局,引发利益群体之间的权利博弈与争夺,推动制度创新;社会资本也会影响社会成员之间的交流、合作,影响社会阶层的分化和对立,以及人们选择进行什么样的制度创新和怎样进行制度创新。

其次,社会资本与制度创新共同影响科技创新。社会资本可以促进交流与合作,有利于知识和技术的分享和扩散,以社会网络为基础的知识创新网络构成科技创新的重要基础;制度可以为科技创新提供有效的激励和保障,为个人提供稳定的创新收益预期,降低创新成本;社会资本作为一种非正式制度，在影响制度创新及运行的同时，其培养也是制度创新的有益补充，共同构成科技创新及扩散的社会生态，影响经济运行绩效。

再次，科技创新及其扩散会引起组织管理创新、产业结构和就业结构变迁等一系列经济变化，并在社会分工和组织内部分工发展的基础上，与组织管理创新协同演进，推动产业结构和就业结构的不断变化。需要指出的是，产业结构和就业结构变迁虽然受科技创新和组织管理创新的影响，但创新并不构成产业结构、就业结构变迁的唯一动力，市场条件和资源禀赋的变化都会引起产业结构和就业结构的调整；另外，个人职业选择和社会职业构成也与个人自身的禀赋差异、价值观和社会文化息息相关。

最后，产业结构和就业结构等经济结构上的变化构成阶层结构变化的经济基础，推动阶层结构变迁。建立在生产资料所有制基础上的经济关系决定了人与人之间的社会关系。生产决定分配，产业结构和就业结构中包含了一定的收入分配关系，承载生产过程和体现社会劳动分工的产业部门和职业岗位之间的差异决定了各自收入水平和社会地位的差异，这种差异及其变动决定了一个社会基本的经济利益格局，并构成阶层分化和阶层结构变迁的经济基础。

随后，本书以第一次工业革命前后的英国和第二次工业前后的美国为对象，在特定历史阶段和长期经济变迁中对以上理论模型进行了检验。现实的历史发展过程远比任何的理论分析更为复杂，本书的框架也只是呈现出一种创新在政治、经济、社会领域互动协调的社会经济演进逻辑，一种强调创新和结构变迁的综合视角，不可避免地会遗漏一些重要的发展因素和细节。尽管两个国家在其各自不同的历史阶段的发展过程中有着各自的特点，但还是能从中看到些相似之处以为参考和借鉴，比如市场创新虽然并没有在本书的理论框架中直接体现出来，但它的确构成了技术创新最直接的动力的来源，这种基于预期收益的激励作用比来自产权的刺激更为直接、也更为强烈。

两次工业革命之后，人类社会没有停下前进的步伐，在经过战争洗礼之后，信息技术的不断发展和成熟将人类引入了一场新工业革命之中，尤其是20世纪90年代以来，互联网、微电子、物联网、人工智能等领域的发展及其在生产生活中的广泛渗透，使人们日益深刻地感受到这场新工业革命带来的影响。有不少学者对这场新工业革命进行了进一步的划分，认为应该将近年来大数据、云计算、人工智能等技术所主导的产业变革应该被称为"第四次工业革命"。笔者认为这些最近出现的技术形式本质上都是信息技术的进一步发展，以时代划分来看，依然属于信息时代所出现的渐进性创新，因而仍属于第三次工业革命的范畴。文中为避免划分上的不必要争议，统一使用"新一轮工业革命"来代替第三次工业革命。

随着美国金融资本主导的新自由主义全球积累体系的衰竭，国际秩序和全球治理格局不断受到英美等国一系列"逆全球化"政策的冲击。2018年6月，习近平总书记在中央外事工作会议上对当前的世界局势作出判断，认为当今世界处于"百年未有之大变局"。世界变局对中国发展而言既是机遇，又是挑战。中国抓住新一轮工业革命的机遇在新兴技术和产业领域加紧部署，使中国在这些领域的竞争力不断增强，在个别领域挑战美国的垄断地位，隐隐形成与美国竞争的态势。中国的发展和崛起对美国的霸权地位构成了威胁，美国开始对中国实施越发严厉的制裁，尤其在高科技领域。由于中国在美国主导的全球化体系中积累了巨额的贸易顺差和美元储备，在美元霸权地位没有动摇的情况下，美国制裁一定程度上恶化了中国发展的国际环境，构成当前发展的重要挑战。在英美"逆全球化"政策冲击和以中国为代表的新兴国家的推动下，全球政治经济秩序迎来了重构的重大契机，也为中国深入参与全球治理、走向世界舞台的中央提供了机遇。

美国单方面的经济制裁或许会多少延缓中国的发展进度，却阻断不了中国业已形成的强劲势头，只会加剧其自身的结构性危机和社会性矛盾。由于大多数美国家庭，尤其是低收入群体日常生活所使用的消费品均来自中国，对中国产品加征关税直接损害普通民众的经济利益，只会使原本就处于动荡边缘的美国社会状况进一步恶化。金融垄断资本主导的国家权力一味照顾金融资本利益，而罔顾社会经济深层次的结构性矛盾，让社会经济发展滞于困境。

回到中国创新发展的出发点，英美两国分别在前两次工业革命中实现创新发展和迅速崛起的经验告诉我们，虽然科技创新是工业革命的基础和前提，但从创新的国家视角而言，制度创新才是各国角逐的主战场，而制度创新又在很大程度上取决于阶层结构和国家权力。多年来，中国在国家制度性优势主导下，进行了卓有成效的全方位创新部署，不断改革体制机制、适时调整经济结构、稳步推进对外开放,产业结构不断升级,科技竞争力不断增强,这些都离不开国家权力对创新发展和结构变迁的持续引导和推动。虽然在一些高新技术领域我们还在与世界各国的竞争中力求突破,但在部分科技创新领域及其应用上也取得了初步的成效,在移动支付等不少方面都领先于欧美发达国家,智能制造、3D 打印、新能源等战略性新兴产业快速发展,"一带一路"倡议的稳步推进也在为中国制造开辟新的市场……相对前两次工业革命带给英国和美国的经济成就,我们或许才刚刚开始借助新一轮工业革命的东风。未来,随着中国在多方位创新和结构性调整配合下科技领域的不断突破,逐渐挣脱美国的技术封锁,中美之间必将展开一场更为激烈、更大范围的竞争和较量。

主要参考文献

[1] 阿尔文·托夫勒. 第三次浪潮 [M]. 北京：生活·读书·新知三联书店，1984.

[2] 阿弗纳·格雷夫. 大裂变：中世纪贸易制度比较和西方的兴起 [M]. 北京：中信出版社，2008.

[3] 阿克塞尔罗德. 美国总统制 [M]. 北京：经济科学出版社，2013.

[4] 埃德蒙·费尔普斯. 大繁荣：大众创新如何带来国家繁荣 [M]. 北京：中信出版社，2013.

[5] 埃维纳·格雷夫. 经济、社会、政治和规范诸因素的相互关系与经济意义：中世纪后期两个社会的状况 [A]//约翰·德勒巴克，约翰·奈. 新制度经济学前沿. 北京：经济科学出版社，2003：72-116.

[6] 埃维纳·格雷夫. 制度、历史和发展 [A]//黄少安. 制度经济学研究（第11辑）. 北京：经济科学出版社，2006：225-241.

[7] 艾德荣. 职权结构、产权和经济停滞：中国的案例 [J]. 经济学（季刊），2005（1）：541-562.

[8] 艾伦·麦克法兰. 现代世界的诞生 [M]. 上海：上海人民出版社，2013.

[9] 安格斯·麦迪森. 世界经济千年史 [M]. 伍晓鹰. 北京：北京大学出版社，2003.

[10] 巴里·R. 温格斯特. 有限政府的政治基础：17-18世纪英格兰的议会和君主债务 [A]//约翰·德勒巴克，约翰·奈. 新制度经济学前沿. 北京：经济科学出版社，2003：258-261.

[11] 保尔·芒图. 十八世纪产业革命——英国近代大工业初期的概况 [M]. 北京：商务印书馆，2012.

[12] 保罗·肯尼迪. 大国的兴衰：1500 年到 2000 年的经济变化和军事冲突 [M]. 北京：世界知识出版社，1990.

[13] 保罗·斯威齐. 资本主义发展论 [M]. 北京：商务印书馆，2009.

[14] 本·塞里格曼. 美国企业史 [M]. 上海：上海人民出版社，1975.

[15] 查尔斯·P. 金德尔伯格. 世界经济霸权：1500 - 1990 [M]. 北京：商务印书馆，2003.

[16] 查尔斯·P. 金德尔伯格. 西欧金融史 [M]. 北京：中国金融出版社，1991.

[17] 查理斯·吉斯特. 美国垄断史——帝国的缔造者和他们的敌人 [M]. 北京：经济科学出版社，2004.

[18] 陈国富. 国家与产权：一个悖论？[J]. 南开学报，2004（6）：76 - 84.

[19] 陈劲，王锟. 朴素式创新：正在崛起的创新范式 [J]. 技术经济，2014（1）：1 - 6，117.

[20] 程恩富，胡乐明. 经济学方法论 [M]. 上海：上海财经大学出版社，2002.

[21] 程汉大.《大宪章》与英国宪法的起源 [A]//张仁善. 南京大学法律评论. 北京：法律出版社，2003：14 - 29.

[22] 戴伦·阿西莫格鲁，西蒙·约翰逊，詹姆斯·罗宾逊. 制度：长期增长的根本原因 [A]//刘志彪. 南大商学评论（第10辑）. 北京：人民出版社，2006：1 - 17.

[23] 丹尼尔·贝尔. 后工业社会的来临：对社会预测的一项探索 [M]. 北京：商务印书馆，1984.

[24] 丹尼尔·布尔斯廷. 美国人民主历程 [M]. 北京：生活·读书·新知三联书店，1993.

[25] 道格拉斯·诺思，罗伯特·托马斯. 庄园制度的兴起和衰落：一个理论模型 [A]//现代制度经济学. 北京：北京大学出版社，2003：304 - 311.

[26] 道格拉斯·诺思，巴里·R. 温加斯特. 宪政与承诺：17 世纪英国公共选择治理制度的变迁 [A]. 吴敬琏. 比较（第六辑）[C]. 北京：中信出版社，2003：65 - 66.

[27] 道格拉斯·诺思,罗伯特·托马斯. 西方世界的兴起[M]. 北京:华夏出版社,1989.

[28] 道格拉斯·诺思. 制度变迁与经济绩效[M]. 上海:上海三联书店,1994.

[29] 丁则民. 美国通史(第3卷)[M]. 北京:人民出版社,2002.

[30] 凡勃伦. 有闲阶级论——关于制度的经济研究[M]. 北京:商务印书馆,1983.

[31] 樊亢,宋则行. 外国经济史(近代现代)第一册[M]. 北京:人民出版社,1991.

[32] 费尔南·布罗代尔. 15至18世纪的物质文明、经济和资本主义(第二卷)[M]. 北京:生活·读书·新知三联书店,1993.

[33] 费尔南·布罗代尔. 15至18世纪的物质文明、经济和资本主义(第三卷)[M]. 北京:生活·读书·新知三联书店,1993.

[34] 费尔南·布罗代尔. 15至18世纪的物质文明、经济和资本主义(第一卷)[M]. 北京:生活·读书·新知三联书店,1993.

[35] 费尔南·布罗代尔. 资本主义的动力[M]. 北京:生活·读书·新知三联书店,1997.

[36] 弗朗索瓦. 沙奈. 资本全球化[M]. 北京:中央编译出版社,2001.

[37] 弗雷德里克·泰罗. 科学管理原理[M]. 北京:中国社会科学出版社,1984.

[38] 高峰. 产品创新与资本积累[J]. 当代经济研究,2004(4):3-10.

[39] 高富平,吴一鸣. 英美不动产法:兼与大陆法比较[M]. 北京:清华大学出版社,2007.

[40] 顾学稼等. 美国史纲要[M]. 成都:四川大学出版社,1992.

[41] 郭锐,孙天宇. 制度性话语、制度性开放与制度性合作——全球治理体系变革的中国探索[J]. 教学与研究,2020(8):81-92.

[42] G. 多西等. 技术进步与经济理论[M]. 北京:经济科学出版社,1992.

[43] 哈罗德·福克纳. 美国经济史（下卷）[M]. 沈阳：辽宁人民出版社，1981.

[44] 哈罗德·福克纳. 美国经济史（下卷）[M]. 沈阳：辽宁人民出版社，1981.

[45] 哈罗德·克博. 社会分层与不平等：历史、比较、全球视角下的阶级冲突[M]. 上海：上海人民出版社，2012.

[46] 何顺果. 美国历史十五讲[M]. 北京：北京大学出版社，2007.

[47] 亨利·莫里森等. 美利坚合众国的成长（上卷）[M]. 天津：天津人民出版社，1979.

[48] 侯建新. 富裕佃农：英国现代化的最早领头羊[J]. 史学集刊，2006（4）：42-50.

[49] 胡艳萍. 中国推动全球治理体系变革的动因、制约因素及实现路径[J]. 学术界，2020（9）：140-146.

[50] 华勒斯坦等. 开放社会科学[M]. 北京：生活·读书·新知三联书店，1997.

[51] 华阳. 柯达公司的创始人——乔治·伊士曼[J]. 经济世界，1994（1）：36-37.

[52] 黄安年. 美国的崛起[M]. 北京：中国社会科学出版社，1992.

[53] 黄仁宇. 大历史不会萎缩[M]. 桂林：广西师范大学出版社，2004.

[54] 黄仁宇. 放宽历史的视界[M]. 北京：九州出版社，2007.

[55] 黄仁宇. 中国大历史[M]. 北京：生活·读书·新知三联书店，1997.

[56] 黄绍湘. 美国通史简编[M]. 北京：人民出版社，1979.

[57] 黄志贤，郭其友. 当代西方经济学流派的演化[M]. 厦门：厦门大学出版社，2006.

[58] 吉尔伯特·菲特，吉姆·里斯. 美国经济史[M]. 沈阳：辽宁人民出版社，1981.

[59] 加尔文·林顿. 美国两百年大事记[M]. 上海：上海译文出版社，1984.

[60] 加里·沃塞曼. 美国政治基础 [M]. 北京：中国社会科学出版社，1994.

[61] 贾根良. 比较创新体制与比较历史创新体制——开创比较经济学研究的新框架 [J]. 经济理论与经济管理，2011（5）：17-26.

[62] 贾根良. 第三次工业革命：来自世界经济史的长期透视 [J]. 学习与探索，2014（9）：97-104.

[63] 贾根良. 第三次工业革命与新型工业化道路的新思维——来自演化经济学和经济史的视角 [J]. 中国人民大学学报，2013，27（2）：43-52.

[64] 贾根良. 美国学派：推进美国经济崛起的国民经济学说 [J]. 中国社会科学，2011（4）：111-125，222-223.

[65] 杰克·戈德斯通. 为什么是欧洲？世界史视角下的西方崛起（1500-1850）[M]. 杭州：浙江大学出版社，2010.

[66] 杰里米·里夫金. 第三次工业革命——新经济模式如何改变世界 [M]. 北京：中信出版社，2012.

[67] 杰里米·里夫金. 零边际成本社会——一个物联网、合作共赢的新经济时代 [M]. 北京：中信出版社，2014.

[68] 经济合作与发展组织. 以知识为基础的经济 [M]. 北京：机械工业出版社，1997.

[69] 卡罗尔·卡尔金斯. 美国科学技术史话 [M]. 北京：人民出版社，1984.

[70] 卡萝塔·佩蕾丝. 技术革命与金融资本——泡沫与黄金时代的动力学 [M]. 北京：中国人民大学出版社，2007.

[71] 康芒斯. 制度经济学（上册）[M]. 北京：商务印书馆，1983.

[72] 克里斯·弗里曼，罗克·苏特. 工业创新经济学 [M]. 北京：北京大学出版社，2004.

[73] 克里斯托弗·戴尔. 转型的时代：中世纪晚期英国的经济与社会 [M]. 北京：社会科学文献出版社，2010：106.

[74] 赖纳特. 富国为什么富穷国为什么穷 [M]. 北京：中国人民大学出版社，2010.

[75] 李策划，李臻. 美国金融垄断资本全球积累逻辑下贸易战的本

质——兼论经济全球化转向［J］．当代经济研究，2020（5）：66－76．

［76］李国平，杨柏林等．区域科技发展规划的理论与实践［M］．北京：海洋出版社，2002．

［77］李欢．美国经理人市场的成长与启示［J］．南方经济，2004（4）：70－72．

［78］理查德·约翰逊．传奇：改变世界汽车工业的六巨头［M］．北京：中国铁道出版社，2006．

［79］列宁选集（第一卷）［M］．北京：人民出版社，1972．

［80］列宁选集（第二卷）［M］．北京：人民出版社，1972．

［81］列宁选集（第三卷）［M］．北京：人民出版社，1995．

［82］林毅夫．繁荣的求索——发展中经济如何崛起［M］．北京：北京大学出版社，2012．

［83］林毅夫．新结构经济学［M］．北京：北京大学出版社，2012．

［84］刘炯忠，叶险明．经济增长与经济发展关系刍议［J］．经济理论与经济管理，1990（1）：25－30．

［85］刘雅南，邵宜航．供给侧结构性改革视角下的社会结构与经济增长［J］．东南学术，2016（4）：52－59．

［86］陆寒寅．制度变迁与长期经济发展：英国工业革命前后的实录［A］//华民等．制度变迁与长期经济发展．上海：复旦大学出版社，2006．

［87］陆学艺．当代中国社会结构［M］．北京：社会科学文献出版社，2010．

［88］陆学艺主编．当代中国社会阶层研究报告［M］．北京：社会科学文献出版社，2002．

［89］罗伯特·普特南．使民主运转起来［M］．南昌：江西人民出版社，2001．

［90］罗凤礼．美国历史上的社会达尔文主义思潮［J］．世界历史 1986（4）：19－27．

［91］罗斯托．这一切是怎么开始的——现代经济的起源［M］．北京：商务印书馆，1997．

［92］马丁·沃尔夫．全球化为什么可行？［M］．北京：中信出版社，

2008.

[93] 马克思,恩格斯. 马克思恩格斯选集（第一卷）[M]. 北京：人民出版社, 1995.

[94] 马克思恩格斯全集（第一卷）[M]. 北京：人民出版社, 1976.

[95] 马克思恩格斯全集（第二十卷）[M]. 北京：人民出版社, 1972.

[96] 马克思恩格斯全集（第二十三卷）[M]. 北京：人民出版社, 1972.

[97] 马克思恩格斯全集（第四十六卷上）[M]. 北京：人民出版社, 1979.

[98] 马克思恩格斯文集（第二卷）[M]. 北京：人民出版社, 2009.

[99] 马克思恩格斯文集（第五卷）[M]. 北京：人民出版社, 2009.

[100] 马克思恩格斯文集（第八卷）[M]. 北京：人民出版社, 2009.

[101] 马克思恩格斯选集（第三卷）[M]. 北京：人民出版社, 1995.

[102] 马克思恩格斯选集（第四卷）[M]. 北京：人民出版社, 1995.

[103] 迈克尔·赫德森. 保护主义：美国经济崛起的秘诀（1815 - 1914）[M]. 北京：中国人民大学出版社, 2010.

[104] 曼库尔·奥尔森. 通向经济成功的一条暗道 [A]//吴敬琏. 比较（第11辑）. 北京：中信出版社, 2004.

[105] 曼瑟尔·奥尔森. 国家的兴衰：经济增长、滞胀与社会僵化 [M]. 上海：上海人民出版社, 2007.

[106] 曼瑟尔·奥尔森. 集体行动的逻辑 [M]. 上海：上海三联书店, 1995.

[107] 曼瑟尔·奥尔森. 权力与繁荣 [M]. 上海：上海人民出版社, 2016.

[108] 孟捷. 产品创新与马克思的分工理论 [J]. 当代经济研究, 2004(9)：46 - 52.

[109] M. M. 波斯坦, H. J. 哈巴库克. 剑桥欧洲经济史（第五卷）[M]. 北京：经济科学出版社, 2002.

[110] M. M. 波斯坦, H. J. 哈巴库克. 剑桥欧洲经济史（第四卷）[M]. 北京：经济科学出版社, 2002.

[111] 纳尔逊、温特. 经济变迁的演化理论 [M]. 北京：商务印书馆, 1997.

[112] 内森·罗森堡, 小伯泽尔. 西方现代社会的经济变迁 [M]. 北京: 中信出版社, 2009.

[113] 奇拉波. 欧洲经济史（第四卷）[M]. 北京: 商务印书馆, 1989.

[114] 钱乘旦, 许洁明. 英国通史 [M]. 上海: 上海社会科学院出版社, 2007: 122.

[115] 钱乘旦. 英国王权的发展及文化与社会内涵 [J]. 历史研究, 1991 (5): 175-190.

[116] 钱纳里, 塞尔奎因. 发展的型式: 1950-1970 [M]. 北京: 经济科学出版社, 1988.

[117] 青木昌彦. 比较制度分析 [M]. 上海: 上海远东出版社, 2001.

[118] 芮明杰. 第三次工业革命与中国选择 [M]. 上海: 上海辞书出版社, 2013.

[119] 沙伊贝. 近百年美国经济史 [M]. 北京: 中国社会科学出版社, 1983.

[120] 邵宜航. 社会分层、社会流动与经济增长——兼议供给侧结构性改革 [J]. 贵州省党校学报, 2018 (6): 5-11.

[121] 施托克马尔. 16世纪英国简史 [M]. 上海: 上海人民出版社, 1958.

[122] 史晋川等. 经济结构调整与经济发展方式转变 [M]. 北京: 经济科学出版社, 2012.

[123] 舒小昀. 工业革命定义之争 [J]. 史学理论研究, 2006 (3): 113-123.

[124] 宋博. 经济金融化与新自由主义及其悖论初探 [J]. 国外理论动态, 2019 (9): 32-42.

[125] 速水佑次郎, 弗农·拉坦. 农业发展的国际分析 [M]. 北京: 中国社会科学出版社, 2000.

[126] 孙晓华, 秦川. 产业演进中技术与制度的协同演化——以中国水电行业为例 [J]. 中国地质大学学报（社会科学版）, 2011 (5): 78-85.

[127] 泰勒·考恩. 大停滞——科技高原下的经济困境 [M]. 上海:

上海人民出版社，2015.

［128］谭崇台，叶初升. 在跨期比较中拓展发展经济学的研究领域——发达国家早期发展与当今发展中国家经济发展比较研究论纲［J］. 社会科学研究，2005（1）：32-36.

［129］托克维尔. 论美国的民主（下）［M］. 北京：商务印书馆，1988.

［130］王加丰. 美国历史与文化［M］. 杭州：浙江大学出版社，2005.

［131］王森垚，张姗. 全球化大变局下拉美新自由主义实践的回顾与反思［J］. 理论月刊，2020（7）：57-64.

［132］王希. 原则与妥协：美国宪法的精神与实践［M］. 北京：北京大学出版社，2005.

［133］威廉·拉左尼克. 车间的竞争优势［M］. 北京：中国人民大学出版社，2007.

［134］威廉·配第. 政治算术［M］. 北京：中国社会科学出版社，2010.

［135］威廉·詹姆斯. 实用主义［M］. 北京：商务印书馆，1979.

［136］西德尼·米尔斯奇，迈克尔·尼尔森. 美国总统制：起源与发展（1776-2007）［M］. 上海：华东师范大学出版社，2008.

［137］西蒙·库兹涅茨. 现代经济增长：速度、结构与扩展［M］. 北京：北京经济学院出版社，1989.

［138］小艾尔弗雷德·钱德勒. 看得见的手［M］. 北京：商务印书馆，1987.

［139］熊彼特. 从马克思到凯恩斯［M］. 南京：江苏人民出版社，2000.

［140］熊彼特. 经济分析史（第一卷）［M］. 北京：商务印书馆，2005.

［141］熊彼特. 经济分析史（第二卷）［M］. 北京：商务印书馆，2010.

［142］熊彼特. 经济分析史（第三卷）［M］. 北京：商务印书馆，2010.

［143］熊彼特. 资本主义、社会主义与民主［M］. 北京：商务印书馆，1999.

［144］亚当·斯密. 国民财富的性质和原因的研究（上卷）［M］. 北京：商务印书馆，1988.

［145］亚当·斯密. 国民财富的性质和原因的研究（下卷）［M］. 北京：商务印书馆，1988.

[146] 余志森. 崛起和扩张的年代：1898－1929 [M]. 北京：人民出版社, 2001.

[147] 余志森. 美国通史（第4卷）[M]. 北京：人民出版社, 2002.

[148] 约翰·戈登. 财富的帝国：一部记录美国经济发展的史诗 [M]. 北京：中信出版社, 2015.

[149] 约翰·戈登. 资本的冒险 [M]. 北京：中信出版集团, 2005.

[150] 约翰·康芒斯. 资本主义的法律基础 [M]. 北京：商务印书馆, 2003.

[151] 约翰·梅纳德·凯恩斯. 和约的经济后果 [M]. 北京：华夏出版社, 2008.

[152] 约翰·米尔斯. 一种批判的经济学史 [M]. 北京：商务印书馆, 2005.

[153] 约翰·奈斯比特. 大趋势：改变我们生活的十个新方向 [M]. 北京：中国社会科学出版社, 1984.

[154] 约翰·伊肯伯里. 大战胜利之后：制度、战略约束与战后秩序重建 [M]. 北京：北京大学出版社, 2008.

[155] 约瑟夫·熊比特. 经济发展理论——对于利润、资本、信贷、利息和经济周期的考察 [M]. 北京：商务印书馆, 1990.

[156] 张凤, 何传启. 国家创新系统——第二次现代化的发动机 [M]. 北京：高等教育出版社, 1999.

[157] 张仁德. 新比较经济学再研究与构建——评西方比较经济学危机与创新 [M]. 北京：经济科学出版社, 2012.

[158] 张友伦. 美国的独立和初步繁荣（1775－1860）[M]. 北京：人民出版社, 1993.

[159] 张友伦. 美国通史（第2卷）[M]. 北京：人民出版社, 2002.

[160] 张宇燕, 高程. 美洲金银和西方世界的兴起 [J]. 社会科学战线, 2004（1）：42－69.

[161] 张宇燕. 理解百年未有之大变局 [J]. 国际经济评论, 2019（5）：9－19.

[162] 郑杭生等. 当代中国社会结构和社会关系研究 [M]. 北京：首

都师范大学出版社，1997.

[163] A. Chalk. Relativist and Absolutist Approaches to the History of Economic Theory [J]. The Southwestern Social Science Quarterly, 1967, 28 (1): 5 - 12.

[164] A. Chalk. Schumpeter's Views on the Relationship of Philosophy and Economics [J]. Southern Economic Journal, 1958, 24 (3): 271 - 282.

[165] A. Grief. Cultural Beliefs and the Organization of Society: A Historical and Theoretical Reflection on Collectivist and Individualist Societies [J]. Journal of Political Economy, 1994, 102 (5): 912 - 950.

[166] A. Grief. Institutions and the Path to the Modern Economy: Lessons from Medieval Trade [M]. New York: Cambridge University Press, 2006.

[167] A. Grief. The Fundamental Problem of Exchange: A Research Agenda in Historical Institutional Analysis [J]. Review of European Economic History, 2000, 4 (3): 251 - 284.

[168] A. Gerschenkron. Economic Backwards in Historical Perspective: A Book of Essays [M]. Cambridge: Harvard University Press, 1962: 189.

[169] A. King. Ideas, Institutions and the Policies of Governments: a Comparative Analysis: Part Ⅲ [J]. British Journal of Political Science, 1973, 3 (4): 409 - 423.

[170] A. Kleinknecht. Innovation Patterns in Crisis and Prosperity [M]. London: Macmillan, 1987.

[171] A. M. Schlesinger. The Crisis of the Old Order, 1919 - 1933 [M]. Boston: Houghton Mifflin Company, 1957.

[172] A. Smith et al. Grassroots innovation movements: challenges and contributions [J]. Journal of Cleaner Production, 2013, 63 (2): 114 - 124.

[173] A. W. Coats. The Sociology of Knowledge and the History of Economics [A]//n A. W. Coats. The Sociology and Professionalization of E-conomics. London: Routledge, 1993: 6.

[174] A. Y. Lewin, C. P. Long and T. N. Carroll. The co-evolutionary of new organization forms [J]. Organization Science, 1999, 10 (5): 535 - 542.

［175］A. Young. Learning by Doing and the Dynamic Effects of International Trade［J］. Quarterly Journal of Economics, 1991, 106 (2): 369 – 405;

［176］B. McKelvey. Quasi-natural organization science［J］. Organization Science, 1997, 8 (4): 351 – 380.

［177］B-A. Lundvall. National Systems of Innovation: Towards a Theory of Innovation and Interaction Learning, London and New York: Pinter, 1992.

［178］B. Warr et al.. Energy use and economic development: A comparative analysis of useful work supply in Austria, Japan, the United Kingdom and the US during 100 years of economic growth［J］. Ecological Economics, 2010, 69 (10): 1904 – 1917.

［179］C. Edquist. Reflections on the systems of innovation approach［J］. Science and Public Policy, 2004, 31 (6): 485 – 489.

［180］C. Freeman. Technology policy and economic performance: Lessons from Japan［M］. London: Pinter Publishers, 1987: 12 – 18.

［181］C. Edquist. Systems of Innovation: Technologies, Institutions and Organizations［M］. London: Pinter Publishers, 1997.

［182］C. Freeman, F. Louçã. As Time Goes By: From the Industrial Revolutions to the Information Revolution［M］. Oxford: Oxford University Press, 2001.

［183］C. Freeman. Technological infrastructure and international competitiveness［J］. Industrial and Corporate Change, 2004, 13 (3): 541 – 569.

［184］C. M. Christensen et al. Disruptive innovation for social change［J］. Harvard Business Review, 2006, 84 (12): 94 – 101.

［185］C. Perez. Microelectronics, long waves and world structural change: New perspectives for developing countries［J］. World Development, 1985, 13 (3): 441 – 463.

［186］C. Perez. Structural change and assimilation of new technologies in the economic and social systems［J］. Futures, 1983, 15 (5): 357 – 375.

［187］D. Acemoglu, R. James. Economic Backwardness in Political Perspective［J］. American Political Science Review, 2006, 100 (1): 115 – 132.

[188] D. Acemoglu, R. James. Economic Origins of Dictatorship and Democracy [M]. Cambridge University Press, 2006.

[189] D. Acemoglu. The Rise of Europe: Atlantic Trade, Institutional Change and Economic Growth [J]. American Economic Review, 2005, 95 (3): 546 – 579.

[190] D. M. Amidon Rogers. Knowledge innovation system: The common language [J]. Journal of Technology Studies, 1993, 19 (2): 2 – 8.

[191] E. S. Reinet. Globalization, Economic Development and Inequality [M]. London: Edward Elgar Publishing Limited, 2004.

[192] E. S. Anderson, Schumpeter's Evolutionary Economics: A Theoretical, Historical and Statistical Analysis of the Engine of Capitalism, London: Anthem Press, 2009: 12.

[193] F. McDonald. The Torch is Passed: the United States in the 20th Century [M]. Wayne State University Press, 1968.

[194] F. C. Bergsten. The Primacy of Economics [J]. Foreign Policy, 1992 (87): 3.

[195] F. Hayek. The Use of Knowledge in Society [J]. The American Economic Review, 1945, 35 (4): 519 – 530.

[196] G. Dosi. Sources, procedures and microeconomics effects of innovation [J]. Journal of Economic Literature, 1988, 26 (3): 1120 – 1171.

[197] G. E. Mingay. England Landed Society in the Eighteenth Century [M]. London: Rutledge, 1963: 88.

[198] G. Grossman, E. Helpman. Quality ladders in the theory of growth [J]. The review of economics studies, 1991, 58 (1): 43 – 61.

[199] H. W. Chesbrough. Open innovation: The new imperative for creating and profiting from technology [M]. Harvard Business School Press, 2003.

[200] He Chuanqi. National Knowledge Innovation System: Structure, Function and Indicators. In Proceedings of 98' Sino-French workshop on S&T Policy, Beijing: CHEP, Springer Press, 1998: 18 – 26.

[201] J. Frieden. Sectoral conflict and U. S. foreign economic policy, 1914 –

1940 [J]. International Organisation, 1988, 42 (1): 61 - 62.

[202] J. Mokyr. The Economics of the Industrial Revolution [M]. London: George Allen & Unwin, 1985.

[203] K. Arrow. The Economic Implications of Learning by Doing [J]. Review of Economic Studies, 1962, 29 (3): 155 - 173.

[204] L. R. Wells. The Industrial History of the United States [M]. New York: Macmillan Co., 1922.

[205] L. Stone. Social Mobility in England: 1500 - 1700 [J]. Past and Present, 1966 (33): 16 - 55.

[206] M. Blaug. Not Only an Economist: Autobiographical Reflections of a Historian of Economic Thought [J]. American Economist, 1994, 38 (2): 12.

[207] M. Campbell. The English Yeoman, under Elizabeth and the Early Stuarts [M]. New York: Augustus M. Kelley Publishers, 1968.

[208] M. D. Charles. America Changing Times, A Brief History [M]. John Wiley & Sons, Inc., 1980.

[209] M. Aoki. Endogenizing Institutions and Institutional Changes [J]. Journal of Institutional Economics, 2007, 3 (1): 1 - 31.

[210] N. Sharif. Emergence and development of the National Innovation Systems concept [J]. Research policy, 2006, 35 (5): 745 - 766.

[211] O. E. Williamson. Markets and Hierarchies: Analysis and Antitrust Implications [M]. New York: The Free Press, 1975.

[212] O. E. Williamson. The New Institutional Economics: Taking Stock, Looking Ahead [J]. Journal of Economic Literature, 2000, 38 (3): 595 - 613.

[213] OECD. Accessing and Expanding the Science and Technology Knowledge Base [R]. STI Review16. Paris: OECD, 1995.

[214] OECD. Boosting Innovation: The Cluster Approach [R]. Paris: OECD, 1999.

[215] OECD. Innovative Networks: Co-operation in National Innovation Systems [R]. Paris: OECD, 2001.

[216] OECD. Managing National Innovation Systems [R]. Paris: OECD,

1999.

[217] OECD. National Innovation System [R]. Paris, 1997

[218] OECD. The Knowledge – based Economy [R]. Paris: OECD, 1996.

[219] P. Aghion, P. Howitt, A Model of Growth through Creative Destruction [J]. Econometrica, 1992, 60 (2): 323 – 351.

[220] P. Pelikan. Bringing institutions into evolutionary economics: another view with links to changes in physical and social technologies [J]. Journal of Evolutionary Economics, 2003, 13 (3): 237 – 258.

[221] P. Ehrlich and P. Raven. Butterflies and plants: A study in co – evolution [J]. Evolution, 1964, 18 (4): 586 – 608.

[222] P. Patel, K. Pavitt. The continuing, widespread (and neglected) importance of improvements in mechanical technologies [J]. Research Policy, 1994, 23 (5): 533 – 545.

[223] P. Patel, K. Pavitt. National Innovation Systems: Why They Are Important, And How They Might Be Measured And Compared [J]. Economics of Innovation and New Technology, 1994, 3 (1): 74 – 95.

[224] P. Markillie. A third industrial revolution [N]. The Economist, 2012 – 04 – 21.

[225] P. Romer. Endogenous Technical Change [J]. Journal of Political Economy, 1990, 98 (6): 71 – 102.

[226] P. Romer. Growth Based on Increasing Returns Due to Specialization [J]. American Economic Review, 1987, 77 (2): 56 – 62.

[227] P. Romer. Increasing Returns and Long – Run Growth [J]. Journal of Political Economy, 1986, 95 (5): 1002 – 1037.

[228] P. Stoneman. Soft innovation: economics, product aesthetics, and the creative industries [M]. Oxford University Press, 2010.

[229] R. E. Lucas. On the Mechanics of Economic Development [J]. Journal of Monetary Economics, 1988, 22 (1): 3 – 42.

[230] R. E. Lucas. Why Doesn't Capital Flow from Rich to Poor Countries? [J]. America Economic Review, 1988, 80 (2): 92 – 96.

［231］R. Hausmann et al. The Atlas of Economic Complexity: Mapping Paths to Prosperity［EB/OL］. http://www.cid.harvard.edu/documents/complexityatlas.pdf, 2011.

［232］R. Harrison. Congress, Progressive Reform, and the New American State［M］. New York: Cambridge University Press, 2004.

［233］R. Harrison. Congress, Progressive Reform, and the New American State［M］. New York: Cambridge University Press, 2004.

［234］R. H. Coase. The New Institutional Economics［J］. Journal of Institutional and Theoretical Economics, 1984, 140（1）: 229 – 231.

［235］R. H. Tawney. The Agrarian Problem in the Sixteenth Century［M］. New York, 1967.

［236］R. Kümmel et al. Thermodynamic Laws, Economic Methods and the Productive Power of Energy［J］. Journal of Non-Equilibrium Thermodynamics, 2010, 35（2）: 145 – 179.

［237］R. Murray. The Harding Era: Warren G. Harding and His Administration［M］. Minneapolis: University of Minneapolis Press, 1969.

［238］R. Nelson. Bringing institutions into evolutionary growth theory［J］. Journal of Evolutionary Economics, 2002（1）: 17 – 28.

［239］R. Nelson. The Co – evolution of technology, industrial structure, and supporting institutions［J］. Industrial and Corporate Change, 1994, 3（1）: 47 – 63.

［240］R. Nelson. Merger movements in American industry, 1895 – 1956［M］. Princeton University Press, 1959.

［241］R. Nelson. National System of Innovation: A Comparative Study［M］. Oxford: Oxford University Press, 1993.

［242］R. Nelson. Understanding technical change as an evolutionary process［M］. Amsterdam: Elsevier Science Ltd, 1987.

［243］R. Solow. A Contribution to the Theory of Economic Growth［J］. Quarterly Journal of Economics, 1956, 70（1）: 65 – 94.

［244］R. Solow. Technical change and the aggregate production function

[J]. Review of Economics and Statistics, 1957, 39 (3): 312 – 320.

[245] R. Swedberg. Schumpeter: A Biography [M]. Princeton: Princeton University Press, 1991.

[246] S. Metcalfe. The Economic Foundations of Technology Policy: Equilibrium and evolutionary Perspectives in P. Stoneman. ed. Handbook of the Economics of Innovation and Technical Change [M]. London: Blackwell, 1995.

[247] S. Milkis. Political Parties and Constitutional Government: Remarking American Democracy [M]. Baltimore: Johns Hopkins University Press, 1999.

[248] S. R. Metcalfe. Innovation systems and the competitive process in developing economies [J]. The Quarterly Review of Economics and Finance, 2008, 48 (2): 433 – 446.

[249] S. Singh, G. D. Sharma. The jugaad technology [M]. Saarbrücken: Lap Lambert Academic Publishing, 2012.

[250] S. Skowronek. Building a New American State: The Expansion of National Administrative Capacities, 1877 – 1920 [M]. Cambridge: Cambridge University Press, 1982.

[251] T. W. Swan. Economic Growth and Capital Accumulation [J]. Economic Record, 1956, 32 (2): 344 – 361.

[252] T. B. Porter. Co-evolutionary as a research framework for organizations and the natural environment [J]. Organization & Environment, 2006, 19 (4): 479 – 504.

[253] T. Lamont. Across World Frontiers [M]. New York: Harcourt & Brace, Inc., 1951.

[254] T. B. Veblen. Imperial Germany and the Industrial Revolution [M]. Nabu Press, 2012.

[255] US Bureau of the census. Historical Statistics of the United States: Colonial Times to 1970 [M]. Washington D. C, 1975.

[256] V. Wadhwa. Why It's China's Turn to Worry about Manufacturing [N]. Washington Post, 2012 – 01 – 11.

[257] W. G. Hoskins, The Age of Plunder, King Henry England 1500 –

1547 [M]. London: Longman, 1976: 223 - 224.

[258] W. H. Hamilton. The Institutional Approach to Economic Theory [J]. The American Economic Review, 1919, 9 (1): 309 - 318.

[259] W. Leuchtenberg. Franklin Roosevelt and the New Deal, 1932 - 1940 [M]. New York: Harper and Row, 1963.

[260] Y. Hayami, V. Ruttan. Toward a Theory of Induced Institutional Innovation [J]. Journal of Development Studies, 1984, 20 (4): 203 - 223.

[261] Y. Shionoya. Schumpeter and the Idea of Social Science [M]. Cambridge: Cambridge University Press, 1997.